D1665455

Б. В. Подсевалов, А. П. Фомин

Словарь стандартизованной терминологии в судостроении

ЛЕНИНГРАД
„СУДОСТРОЕНИЕ"
1990

ББК 39.42
   П44
УДК 629.12(038)

Рецензент канд. техн. наук М. Г. Гуськов

П44   **Подсевалов Б. В., Фомин А. П.**
      Словарь стандартизованной терминологии в судостроении.— Л.: Судостроение, 1990. 240 с., ил.
      ISBN 5—7355—0420—7

      Терминология объектов судовой техники в настоящее время рассредоточена в многочисленных нормативно-технических документах, использование которых для широкого круга специалистов связано с известными трудностями. Нет единого профессионального языка специалистов-судостроителей. Унификация судостроительных терминов необходима не только для облегчения разработки нормативной и научно-производственной документации, но и для автоматизации поиска и развития отраслевой информации, классификации и кодирования, для улучшения взаимопонимания при международном сотрудничестве и научно-технических обменах. Авторы предлагаемого справочника поставили перед собой задачу систематизировать и унифицировать профессиональный язык специалистов-судостроителей.
      Для специалистов в области судостроения.

П $\dfrac{2705140300—048}{048(01)—90}$ 2—90   ББК 39.42

Справочное издание

Подсевалов Борис Владимирович
Фомин Андрей Павлович

СЛОВАРЬ СТАНДАРТИЗОВАННОЙ
ТЕРМИНОЛОГИИ В СУДОСТРОЕНИИ

Заведующий редакцией *Ю. И. Смирнов*
Редакторы *Т. Н. Альбова, З. Г. Якимова*
Оформление художника *Т. В. Яковлева*
Художественный редактор *Е. Я. Радомысльский*
Технические редакторы *Г. Г. Федорова, М. И. Брайнина*
Корректор *Т. С. Александрова*

ИБ № 1484

Сдано в набор 09.01.90. Подписано в печать 18.06.90. Формат 60×90¹/₁₆. Бумага кн.-журн. Гарнитура литературная. Печать высокая. Усл. печ. л. 15,0. Усл. кр.-отт. 15,0. Уч.-изд. л. 20,5. Тираж 4370 экз. Изд. № 4378—88. Заказ № 44. Цена 1 р. 60 к.
Издательство «Судостроение», 191065, Ленинград, ул. Гоголя, 8.
Ленинградская типография № 4 ордена Трудового Красного Знамени Ленинградского объединения «Техническая книга» им. Евгении Соколовой Государственного комитета СССР по печати. 191126, Ленинград, Социалистическая ул., 14.

ПРЕДИСЛОВИЕ

Уточнение профессиональной терминологии и ее стандартизация необходимы как основа эффективной деятельности судостроителей — специалистов в области научно-технической информации, разработчиков нормативно-технической, научно-производственной документации, переводчиков, авторов учебников, учебных пособий и другой специальной литературы. Унификация терминологии способствует совершенствованию языка технических изданий, сокращению числа синонимов терминов, устранению устаревших терминов и жаргонизмов, появляющихся в результате неточного перевода технических текстов с иностранных языков.

В настоящий словарь включены термины и определения по всем вопросам судостроения, основанные на материалах соответствующих государственных и отраслевых стандартов, руководящих документов, правил классификации и постройки судов и других нормативно-технических документов, применяемых в судостроении. Словарь составлен с учетом научно-технической терминологии, применяемой в других отраслях техники и используемой в судостроении как для определения отраслевых терминов, так и самостоятельно. Наряду со стандартизованной терминологией в словаре приведены и рекомендуемые термины (обозначены звездочкой *), содержащиеся в стандартах и отраслевых руководящих документах по стандартизации. В отдельных случаях, в целях более полного представления терминологических систем, в словарь помещены термины и их определения, трактуемые «Морским энциклопедическим справочником» (Л., Судостроение, 1986) и другими справочными изданиями, учебной и технической литературой по судостроению. В определении понятий главным образом используются термины, помещенные в словаре; тем самым преобладающее большинство терминов взаимосвязано друг с другом и представляет собой систему однозначных терминов.

Термины и определения в словаре расположены в виде терминосистем применительно к соответствующим разделам судовой техники, приведенным в оглавлении. Внутри разделов термины сгруппированы в терминологические системы, включающие в себя мини-терминологические системы, в соответствии с принципом от общего — к частному, от определяющего — к определяемому (выделены жирным шрифтом). Приведены допустимые краткие формы терминов (светлый шрифт), которые представлены либо эллиптическим термином, образованным пропуском одного или нескольких терминоэлементов, либо аббревиатурой термина, образованной путем сложения начальных букв, а также обозначения величин. Термины-синонимы, употребление которых недопустимо, приведены для справки в конце определения, в скобках курсивом, и обозначены пометой «ндп». В случаях, когда в термине содержатся все необходимые и достаточные признаки понятия, определение в словаре не приведено.

В связи с непрерывным развитием судовой техники пополнение и обновление судостроительной научно-технической терминологии происходит постоянно и требует проведения дальнейших работ по упорядочению терминологии и ее стандартизации. Поэтому авторы считают, что словарь по стандартизованной терминологии также нуждается в периодическом обновлении и переиздании.

Поскольку издание словаря по стандартизованной терминологии предпринято впервые, авторы будут весьма признательны читателям за отзывы по содержанию книги. Отзывы просим направлять в адрес издательства: 191065, Ленинград, Гоголя, 8.

1.

СУДА

1.1. ОБЩИЕ ПОНЯТИЯ

* **Судно** — плавучее сооружение с водонепроницаемым корпусом, предназначенное для перевозки грузов и пассажиров, для водного промысла, добычи полезных ископаемых, спортивных соревнований, проведения научных исследований и пр., а также для военных целей.

* **Паром** — судно, предназначенное для регулярной перевозки пассажиров, а также железнодорожного подвижного состава и (или) безрельсового транспорта (с грузом и без груза), как правило, на палубе переборок и выше (рис. 1.1).

стоянно нагнетаемого под днище в полость, образованную специальным гибким или жестким ограждением (рис. 1.2).

* **Судно на подводных крыльях, СПК** — судно, корпус которого при движении поддерживается над водной поверхностью гидродинамическими подъемными силами, развивающимися на погруженных в воду крыльях, закрепленных на определенном расстоянии от корпуса с помощью вертикальных стоек (рис. 1.3).

* **Экраноплан** — скоростное судно, корпус которого при движении поднят над водой за счет аэродинамических подъемных сил, возни-

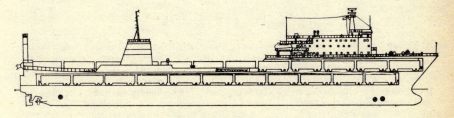

Рис. 1.1. Паром

* **Судно на воздушной подушке, СВП** — судно, у которого вся масса или значительная ее часть на ходу или без хода поддерживается над водой (грунтом, льдом и т. д.) силами избыточного давления воздуха (воздушной подушкой), по-

кающих на несущих поверхностях (крыльях) вблизи границы раздела воды и воздуха (экрана) (рис. 1.4).

* **Грузовое судно** — судно для перевозки любых грузов.

* **Пассажирское судно** — судно для перевозки пассажиров (не менее

5

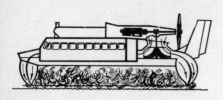

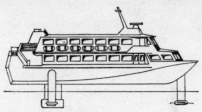

Рис. 1.2. Судно на воздушной подушке

Рис. 1.3. Судно на подводных
крыльях

12 человек) и их багажа на морских и океанских регулярных линиях, внутренних водных путях,

зов наливом в емкостях, оборудованных в корпусе судна.

  * **Сухогрузное судно** — грузо-

Рис. 1.4. Экраноплан

а также для отдыха и туристских
путешествий.

  * **Грузопассажирское судно** —
грузовое судно, имеющее помещения для 12 пассажиров и более,
или пассажирское судно с трюма-
ми для перевозки грузов.

  * **Судно смешанного плавания
река — море** — грузовое судно для
бесперевалочных перевозок грузов
по морским и внутренним водным
путям.

1.2. ГРУЗОВЫЕ СУДА

  * **Наливное судно** — грузовое
судно для перевозки жидких гру-

вое судно для перевозки различных
грузов (генеральных, контейнеров,
леса, грузов насыпью и т. п.), кроме жидких грузов наливом.

  * **Комбинированное судно** —
грузовое судно для перевозки наливом сырой нефти и нефтепродуктов,
а также насыпных грузов.

  * **Газовоз**—наливное судно для
перевозки наливом сжиженных газов.

  Нефтеналивное судно — наливное судно для перевозки наливом
сырой нефти и нефтепродуктов.

  * **Химовоз** — наливное судно
для перевозки жидких и расплав-
ленных химических грузов, опасных
для людей и окружающей среды.

* **Лесовоз** — грузовое судно для перевозки лесных грузов, имеющее верхнюю палубу повышенной прочности, освобожденную от палубных механизмов с целью размещения на ней около $1/3$ груза и оборудованную специальными устройствами для его крепления.

* **Лесовоз-пакетовоз** — лесовоз, приспособленный для перевозки лесных грузов в транспортных пакетах унифицированных размеров.

Судно-контейнеровоз — грузовое сухогрузное судно, предназначенное в основном или только для перевозки грузовых контейнеров (рис. 1.5).

Ячеистое судно-контейнеровоз — судно-контейнеровоз, трюмы которого разделены на ячейки, образованные специальными вертикальными балками — направляющими по габаритным размерам грузовых контейнеров (рис. 1.6).

Рис. 1.5. Судно-контейнеровоз

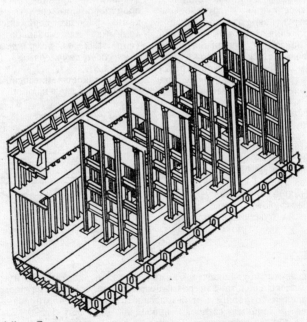

Рис. 1.6. Ячеистое расположение направляющих в трюме судна

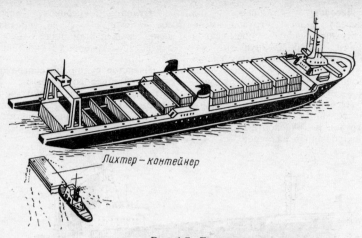

Лихтер—контейнер

Рис. 1.7. Лихтеровоз

Судно-контейнеровоз для отработавшего ядерного топлива, судно-контейнеровоз — судно специального назначения для перевозки транспортных упаковочных комплектов [1] с отработавшим ядерным топливом.

Накатное судно — грузовое судно, конструктивно приспособленное для выполнения грузовых операций методом наката и предназначенное для перевозки грузов на ролл-трейлерах, в контейнерах, на автотранспортных средствах, а также на другой колесной и гусеничной технике.

Контейнерная баржа — несамоходное грузовое судно с дополнительным оборудованием для перевозки грузовых контейнеров.

Лихтеровоз — грузовое судно для перевозки грузов в лихтерах-контейнерах (рис. 1.7).

Лихтер-контейнер, лихтер — несамоходное грузовое судно для перемещения на буксире, в толкаемом составе или на лихтеровозе (см. рис. 1.7).

1.3. ЗЕМЛЕСОСНЫЕ СНАРЯДЫ [2]

Землесосный снаряд, земснаряд — плавучая машина для выемки грунта со дна водоемов, действующая по принципу всасывания и оборудованная средствами (лебедками) рабочих перемещений, необходимых для разработки грунта (ндп. *землесос, рефулерный снаряд, землесосно-рефулерный снаряд*) (рис. 1.8).

Черпаково-землесосный снаряд — земснаряд, извлекающий грунт из-

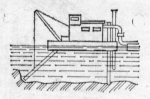

Рис. 1.8. Землесосный снаряд

---

[1] Транспортный упаковочный комплект для отработавшего ядерного топлива — комплекс средств для размещения отработавшего ядерного топлива, обеспечивающий сохранность и безопасность при транспортировании.

[2] Более подробные сведения приведены в ГОСТ 17520—72. Снаряды землесосные общего назначения. Термины и определения.

под воды черпаковым рабочим органом и транспортирующий пульпу (смесь воды с твердыми частицами) грунтовым насосом (рис. 1.9).

Автономный земснаряд — земснаряд, оборудованный самостоятельной энергетической установкой.

Дизельный земснаряд — автономный земснаряд, грунтовой насос которого приводится в действие непосредственно дизельным двигателем.

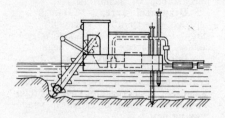

Рис. 1.9. Черпаково-землесосный снаряд

Дизель-электрический земснаряд — автономный земснаряд, грунтовой насос которого приводится в действие электродвигателем с питанием от дизель-генератора.

Электрический земснаряд — земснаряд, все рабочие механизмы которого приводятся в действие электродвигателями, получающими питание от береговой или плавучей электростанции.

Самоходный земснаряд — земснаряд, имеющий движитель для самостоятельных переходов между удаленными объектами работ.

Грунтонасосная установка — установка, состоящая из грунтового насоса, всасывающего и напорного пульпопроводов и двигателя грунтонасоса с приводом.

Пульпопровод — трубопровод или лоток для транспортирования пульпы.

Всасывающий пульпопровод — пульпопровод, по которому пульпа поступает в грунтовой насос.

Наконечник всасывающего пульпопровода, наконечник — патрубок специальной формы на нижнем конце всасывающей трубы, способству-

ющий интенсификации грунтозабора (ндп. *наконечник сосуна*) (рис. 1.10).

Напорный пульпопровод — пульпопровод, по которому транспортируется пульпа за счет напора, подаваемого грунтовым насосом.

Пульпометный насадок — выходная суженная часть напорного пульпопровода, формирующая струю пульпы.

Грунтозаборное устройство земснаряда, грунтозаборное устройство — рабочие органы земснаряда для рыхления и подачи грунта во всасывающую трубу.

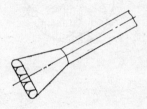

Рис. 1.10. Наконечник всасывающего пульпопровода

Рыхлитель земснаряда, рыхлитель — устройство, отделяющее грунт от массива под водой и разрыхляющее его (ндп. разрыхлитель) (рис. 1.11).

Папильонажная лебедка — лебедка для выбирания или стравливания тросов при папильонировании.

Становая лебедка земснаряда, становая лебедка — лебедка для перемещения земснаряда вдоль выемки и его закрепления.

Гидротранспортирование — транспортирование пульпы по трубопроводам или искусственным руслам.

Папильонирование — перемещение земснаряда поперек разрабатываемой выемки при разработке грунта или движение в этом же направлении одного грунтозаборного устройства (рис. 1.12).

Папильонажный ход — перемещение земснаряда из одного крайнего положения в другое поперек выемки.

9

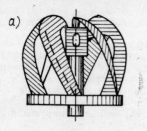

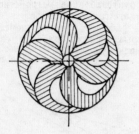

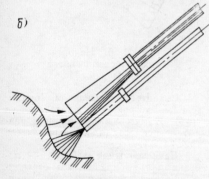

Рис. 1.11. Рыхлитель земснаряда: *а* — механический; *б* — гидравлический

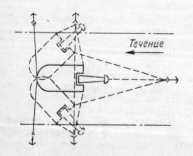

Рис. 1.12. Папильонирование

1.4. МАЛЫЕ КАТЕРА

Малый катер — самоходное судно длиной не более 20 м, спроектированное и эксплуатирующееся по специальным нормам и правилам в зависимости от его назначения.

Закрытый катер — малый катер, имеющий помещения для защиты экипажа, специального персонала и пассажиров от непогоды.

Открытый катер — малый катер, не имеющий помещений для защиты экипажа, специального персонала и пассажиров от непогоды.

Бортовой катер — малый катер, являющийся принадлежностью судна-носителя и имеющий специальные устройства для спуска с судна-носителя, для подъема и хранения на нем.

Служебный катер — малый катер, предназначенный для перевозки руководящих лиц, организованных групп рабочих или грузов, а также для выполнения вспомогательных работ.

Рабочий катер — служебный катер, оборудованный для выполнения рейдовых и швартовных работ, для доставки групп рабочих, а также инструмента, оборудования и грузов к месту работ.

Разъездной катер — служебный катер, имеющий помещения и оборудованный для перевозки служебных лиц или членов экипажей судов.

Специализированный катер — малый катер, оборудованный специальными помещениями, устройствами и другими техническими средствами для выполнения определенных задач.

Буксирный катер — специализированный катер для выполнения буксировочных и кантовочных работ, оборудованный буксирным устройством.

Водолазный катер — специализированный катер, имеющий водолазное оборудование для проведения водолазных работ.

Исследовательский катер — специализированный катер, оборудованный для выполнения исследований.

Катер для лесосплава — специализированный катер, имеющий специальное технологическое оборудование для проведения лесосплавных работ.

Катер навигационного обеспечения — специализированный катер для обслуживания водных путей, имеющий оборудование для выполнения промерных и обстановочных работ на фарватерах.

Лоцманский катер — специализированный катер, оборудование и альное оборудование и устройства для тушения пожара (рис. 1.13).

Санитарный катер — специализированный катер для оказания медицинской помощи или санитарно-карантинной службы, оснащенный медико-санитарным оборудованием.

Спасательный катер — специализированный катер, оборудованный для проведения спасательных операций по оказанию помощи людям, терпящим бедствие на воде.

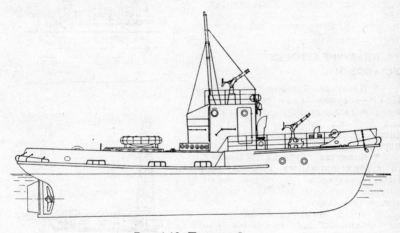

Рис. 1.13. Пожарный катер

устройство которого позволяют осуществлять доставку, безопасную высадку и прием лоцманов.

Пассажирский катер — специализированный катер, имеющий помещения, оборудование и устройства для безопасной перевозки пассажиров.

Патрульный катер — специализированный катер для патрулирования в водных районах с целью контроля за соблюдением правил судоходства, рыболовства, лесного хозяйства, пожарной охраны и общественного порядка.

Пограничный катер — специализированный катер, предназначенный для пограничной службы.

Пожарный катер — специализированный катер, имеющий специ-

1.5. НАУЧНО-ИССЛЕДОВАТЕЛЬСКИЕ СУДА

Научно-исследовательское судно, НИС — судно, предназначенное для выполнения научных исследований в море (океане).

Научно-исследовательское судно погоды, НИСП — научно-исследовательское судно, предназначенное для длительного нахождения в определенном районе моря с целью проведения регулярных метеорологических и океанографических наблюдений и передачи информации в центр ее сбора.

Океанографическое научно-исследовательское судно, океанографическое судно — судно, предназначенное для сбора сведений о Мировом

11

океане, характеристик водной среды, дна океана и соприкасающихся с водой слоев атмосферы, поверхностных и глубоководных течений, магнитных и гравитационных полей земли, температуры воды на различных глубинах, содержания солей и других веществ, растворенных в воде, ее цветность и прозрачность и т. п.

Гидрографическое научно-исследовательское судно, гидрографическое судно — судно, предназначенное для исследований рельефа дна, берегов и условий плавания или для установки и обслуживания средств навигационного оборудования.

1.6. ПЛАВУЧИЕ БУРОВЫЕ УСТАНОВКИ

* **Плавучая буровая установка,** ПБУ — судно (плавучее сооружение), предназначенное для проведения буровых работ по разведке и (или) добыче подземных ресурсов морского дна.

* **Плавучая буровая установка со стабилизирующими колоннами —** ПБУ, плавучесть и остойчивость которой при всех режимах эксплуатации на плаву, включая режим всплытия и погружения, обеспечивается широко расставленными колоннами. Верхняя часть колонн присоединяется к верхней конструкции, поддерживающей буровое обо-

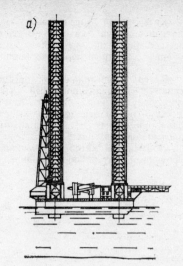

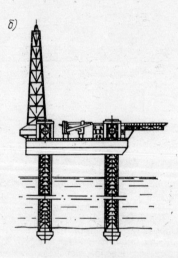

Рис. 1.15. Самоподъемная плавучая буровая установка: *а* — с поднятыми колоннами; *б* — в рабочем положении

рудование. В нижней части колонн могут быть предусмотрены подводные корпуса или башмаки, обеспечивающие дополнительную плавучесть или достаточную площадь для опоры на дне моря.

* **Погружная плавучая буровая установка** — ПБУ со стабилизиру-

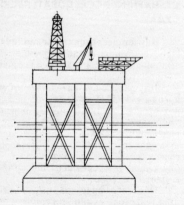

Рис. 1.14. Погружная плавучая буровая установка

ющими колоннами, которая при проведении буровых работ опирается на грунт колоннами (рис. 1.14).

* Полупогружная плавучая буровая установка, ППБУ — ПБУ со стабилизирующими колоннами, в рабочем состоянии находящаяся на плаву.

* Самоподъемная плавучая буровая установка, СПБУ — ПБУ, поднимаемая в рабочее состояние над поверхностью моря выдвижными колоннами, опирающимися на грунт (рис. 1.15).

1.7. ПЛАВУЧИЕ ДОКИ

* Плавучий док — судно, предназначенное для подъема из воды судна, находящегося на плаву, его ремонта (или транспортировки) и спуска на воду.

Передаточный плавучий док — плавучий док, предназначенный для спуска судна на воду после его постройки или ремонта с горизонтального стапеля.

Ремонтный плавучий док — плавучий док, имеющий развитые средства механизации для ремонтных работ, сварочное и газорезательное оборудование, устройства для очистки и окраски наружных поверхностей судна (рис. 1.16).

Транспортный плавучий док — плавучий док, предназначенный для транспортировки судов и других плавучих сооружений через акватории с ограничениями по осадке или по мореходным условиям.

Балласт дока — груз, принимаемый в отсеки дока с целью изменения его посадки.

Остаточный балласт дока — неоткачиваемый балласт дока.

Разгружающий балласт дока — балласт, принимаемый для уменьшения напряжений в конструкциях, обеспечивающих общую прочность дока.

Удифферентовочный балласт дока — балласт дока, принимаемый для его удифферентовки на ровный киль.

* Башня дока — сооружение, которое крепится к понтону или понтонам; предназначено для обеспечения остойчивости дока при погружении и всплытии и имеет необходимые помещения и отсеки (см. рис. 1.16).

* Наружный борт дока — борт дока, ограничивающий его снаружи.

* Внутренний борт башни дока — борт башни дока, ограничивающий его помещения от междубашенного пространства.

* Входные кранцы дока — конструкции дока, предназначенные для безопасного восприятия нагрузок от возможного навала судна при вводе и выводе его из дока (см. рис. 1.16).

Кильблоки дока — конструкции дока, которые устанавливают на торцевых переборках понтона дока на уровне стапель-палубы с целью увеличения ее полезной площади для проведения доковых работ у свисающих за пределы стапель-палубы оконечностей судна (см. рис. 1.16).

Кринолины дока — консольные конструкции дока, которые устанавливают на торцевых переборках понтона дока на уровне стапель-палубы с целью увеличения ее полезной площади для проведения доковых работ у свисающих за пределы стапель-палубы оконечностей судна (см. рис. 1.16).

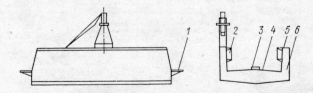

Рис. 1.16. Ремонтный плавучий док

1 — кринолины дока; *2* — входные кранцы; *3* — кильблоки дока; *4* — стапель-палуба; *5* — топ-палуба; *6* — башня дока

Стапель-палуба дока — палуба понтона дока, на которой устанавливают кильблоки и клетки-опоры докуемого судна (см. рис. 1.16).

Топ-палуба дока — верхняя палуба башен дока (см. рис. 1.16).

Килевая дорожка дока — ряд кильблоков дока, размещенных на стапель-палубе вдоль дока для постановки на них судна.

Центрующее устройство дока, центрующее устройство — устройство, предназначенное для удержания судна в положении, необходимом для точной установки его на килевую дорожку при заводке и выводе из дока.

Эстакада дока — палуба передаточного дока, расположенная над стапель-палубой и предназначенная для уравнивания отметок палубы дока и береговой территории.

1.8. ПОДВОДНЫЕ АППАРАТЫ

Подводный аппарат, ПА — подводное техническое средство, способное перемещаться в толще воды и (или) по грунту, доставляемое в район использования и обслуживаемое там судном, плавучей буровой установкой и т. п.

Исследовательский подводный аппарат.

Поисковый подводный аппарат — подводный аппарат, предназначенный для поиска объектов, находящихся в толще воды или на грунте.

Рабочий подводный аппарат — подводный аппарат, предназначенный для выполнения подводно-технических работ.

Транспортный подводный аппарат — подводный аппарат, предназначенный для транспортировки людей и грузов на подводные объекты.

Водолазный подводный аппарат, ВПА — подводный аппарат, предназначенный для транспортировки водолазов и обеспечения выполнения водолазных работ (рис. 1.17).

Спасательный подводный аппарат, СПА — подводный аппарат, предназначенный для спасения экипажей подводных технических средств, оказавшихся в аварийном состоянии.

Обитаемый подводный аппарат — подводный аппарат, приспособленный для размещения в нем людей.

Необитаемый подводный аппа (ндп. *подводный робот*).

Автономный подводный аппарат — подводный аппарат, не имеющий механической связки с судном.

Самоходный подводный аппарат — подводный аппарат, имеющий движительный комплекс, предназначенный для использования в

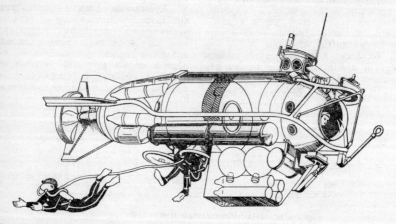

Рис. 1.17. Водолазный подводный аппарат

режиме самостоятельного перемещения.

Привязной подводный аппарат — подводный аппарат, имеющий механическую связь с судном.

Опускаемый подводный аппарат — привязной подводный аппарат, предназначенный для эксплуатации в режиме спуска, подъема и удержания его на определенной глубине.

Буксируемый подводный аппарат — привязной подводный аппа

во — устройство для регулирования плавучести подводного аппарата путем сброса балласта.

Гайдропное устройство подводного аппарата, гайдропное устройство — устройство, состоящее из отрезка цепи, троса с грузом на конце или без него, служащее для удержания подводного аппарата на постоянном отстоянии от грунта при движении, а также для плавного опускания аппарата на грунт.

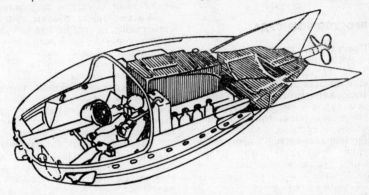

Рис. 1.18. Транспортировщик водолазов

рат, предназначенный для эксплуатации в режиме буксировки.

Буксировщик водолазов — самоходный водолазный подводный аппарат, предназначенный для буксировки водолазов в автономном снаряжении, находящихся вне корпуса подводного аппарата и подвергающихся гидростатическому и гидродинамическому воздействиям (ндп. *носитель водолазов*).

Транспортировщик водолазов — самоходный водолазный подводный аппарат, внутри корпуса которого водолазы в автономном снаряжении подвергаются гидростатическому воздействию (ндп. *носитель водолазов*) (рис. 1.18).

Устройства подводных аппаратов

Балластное устройство подводного аппарата, балластное устройст

Спасательное устройство подводного аппарата, спасательное устройство — устройство для обозначения места аварийного подводного аппарата, спасения экипажа и (или) подъема подводного аппарата на поверхность средствами спасательных надводных кораблей.

Спуско-подъемное устройство подводного аппарата, спуско-подъемное устройство — устройство для соединения аппарата со спуско-подъемным устройством судна, с помощью которого осуществляется спуск и подъем подводного аппарата.

Стыковочное устройство подводного аппарата, стыковочное устройство — устройство, обеспечивающее механическое соединение с судном и предназначенное для перехода людей, переноса грузов и прокладки временных коммуникаций между состыкованными объектами, а также

15

для транспортировки подводного аппарата.

Устройство аварийной отдачи грузов — устройство, обеспечивающее плавучесть аварийного подводного аппарата за счет отдачи специально предусмотренных для этой цели грузов.

Погружное оборудование подводного аппарата — оборудование для эксплуатации вне прочных конструкций в погруженном в жидкость состоянии.

1.9. ПРОГУЛОЧНЫЕ СУДА

Прогулочное судно — пассажирское судно пассажировместимостью не более 12 человек, предназначенное для отдыха на воде.

Пассажировместимость прогулочного судна — число оборудованных мест для размещения людей на прогулочном судне.

Грузоподъемность прогулочного судна — полезная нагрузка прогулочного судна, включающая в себя массу людей и багажа согласно пассажировместимости.

Максимальная высота надводного борта прогулочного судна — наименьшее расстояние от действующей ватерлинии до линии палубы или выреза в транце при полном водоизмещении прогулочного судна.

Угол заливания прогулочного судна, угол заливания — угол крена, при котором вода начинает поступать внутрь корпуса прогулочного судна через кромку борта или комингсы.

Аварийная ватерлиния прогулочного судна, аварийная ватерлиния — ватерлиния прогулочного судна в случае заполнения его водой.

Блок плавучести прогулочного судна, блок плавучести — конструктивный элемент внутри корпуса прогулочного судна в виде сплошного блока из материала, имеющего плотность меньше единицы.

Объем плавучести прогулочного судна, объем плавучести — герметический объем внутри корпуса прогулочного судна.

Плоскодонные обводы прогулочного судна, плоскодонные обводы — форма корпуса прогулочного судна, характеризующаяся плоскими образованиями днища при угле килеватости, равном или близком к нулю.

Круглоскулые обводы прогулочного судна — форма корпуса прогулочного судна, характеризующаяся округлыми образованиями в местах сопряжения борта с днищем.

Остроскулые обводы прогулочного судна — форма корпуса прогулочного судна, характеризующаяся острыми образованиями в местах сопряжения днища и бортов.

Катамаранные обводы прогулочного судна, катамаранные обводы — форма корпуса прогулочного судна, характеризующаяся наличием двух расположенных по бортам килевых образований днища.

Тримаранные обводы прогулочного судна, тримаранные обводы — форма корпуса прогулочного судна, характеризующаяся наличием трехкилевых образований днища.

Запалубленность прогулочного судна, запалубленность — показатель, характеризующий степень закрытия корпуса прогулочного судна палубным перекрытием.

Типы прогулочных судов

Плавучая дача, плавдача — комфортабельное прогулочное судно, предназначенное преимущественно для эксплуатации на стоянке (рис. 1.19).

Моторная лодка, мотолодка — открытое или частично запалубленное прогулочное судно, предназначенное для эксплуатации с подвесным мотором (рис. 1.20).

Прогулочный катер, катер — открытое или частично запалубленное прогулочное судно со стационарным двигателем.

Гребная лодка, лодка — прогулочное судно, приводимое в движение преимущественно веслами с уключинами.

Прогулочная байдарка, байдарка — прогулочное судно, приводимое в движение двухлопастным веслом.

Прогулочная яхта, яхта — прогулочное судно с парусом в качестве основного судового движителя.

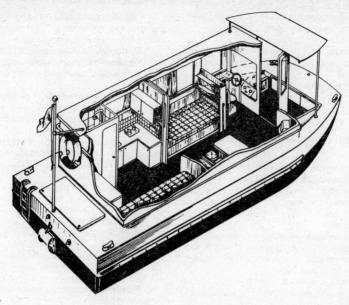

Рис. 1.19. Плавучая дача

Разборное прогулочное судно, разборное судно — прогулочное судно, корпус которого состоит из разъемных элементов.

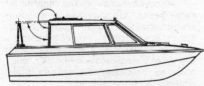

Рис. 1.20. Моторная лодка

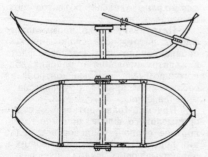

Рис. 1.21. Складное прогулочное судно

Складное прогулочное судно, складное судно — прогулочное судно, корпус которого состоит из складывающихся элементов (рис. 1.21).

Надувная прогулочная лодка, надувная лодка — прогулочное судно, корпус которого состоит в основном из надувных элементов.

У с т р о й с т в о   п р о г у л о ч н о г о   с у д н а

Каюта-убежище — помещение на прогулочном судне, предназначенное для укрытия от непогоды.

Кокпит — вырез или углубление в палубе прогулочного судна для размещения людей.

Моторная ниша — водонепроницаемая конструкция у транца прогулочного судна, образующая нишу и предназначенная для размещения подвесного мотора и обеспечения требуемой высоты надводного борта.

Банка прогулочного судна, банка — сиденье прогулочного судна без спинки, предназначенное для размещения гребцов и пассажиров.

17

Подуключина — приспособление, представляющее собой гнездо для установки уключины.

Слань — съемный днищевой настил прогулочного судна (ндп. *рыбина*).

Транцевая накладка — пластина, предназначенная для предохранения транца судна от повреждения струбцинами подвесного мотора.

Предметы снабжения прогулочного судна

Багор-весло — отпорный крюк, объединяющий на одном древке наконечник багра и лопасть весла.

Весло-гребок — однолопастное весло для гребли без применения уключин.

Уключина — приспособление для шарнирного соединения весла с бортом судна и восприятия упора весла при гребле.

Флаг-отмашка — ручной флаг, предназначенный для подачи сигнала при прохождении судов.

1.10. ПРОМЫСЛОВЫЕ СУДА

Промысловый флот — флот, осуществляющий добычу рыбы, китов, морского зверя, морепродуктов, выпуск продукции, перегрузку грузов с судна на судно в море и доставку их в пункт назначения.

Добывающее судно — судно промыслового флота для ведения водного промысла и обработки объектов промысла: рыбы, китов, морского зверя, морепродуктов.

Зверобойное судно.

Рыболовное судно.

Креветколовное судно.

Кальмароловное судно.

Тунцеловное судно, тунцелов.

Китобойное судно, китобоец.

Сейнер — добывающее судно для кошелькового лова.

Траулер — добывающее судно для тралового лова.

Сейнер-траулер — добывающее судно для кошелькового и тралового лова.

Дрифтер-траулер — добывающее судно для дрифтерного и тралового лова.

Ярусник — добывающее судно для ярусного лова.

Обрабатывающее судно — судно промыслового флота для обработки объектов водного промысла.

Рыбообрабатывающее судно.

Крабообрабатывающее судно.

Китообрабатывающее судно, китобаза.

Производственный рефрижератор — обрабатывающее судно для замораживания объектов водного промысла.

Плавбаза — обрабатывающее судно для одновременного снабжения и обслуживания добывающих судов и их экипажей.

Консервная плавбаза — плавбаза для выработки консервов из объектов водного промысла.

Мучная плавбаза — плавбаза для выработки муки из объектов водного промысла.

Универсальная плавбаза — плавбаза для нескольких видов обработки объектов водного промысла.

Вспомогательное судно промыслового флота, вспомогательное судно — судно промыслового флота для научных рыбохозяйственных исследований, обучения кадров, охраны запасов объектов водного промысла, контроля за соблюдением правил рыболовства и мореплавания.

Инспекционное судно промыслового флота, инспекционное судно — вспомогательное судно промыслового флота для охраны запасов объектов водного промысла и патрулирования в районах промысла с целью контроля за соблюдением правил рыболовства и мореплавания.

Рыбоохранное судно — инспекционное судно промыслового флота для охраны запасов объектов водного промысла.

Патрульное судно промыслового флота, патрульное судно — инспекционное судно промыслового флота для патрулирования в районах водного промысла с целью контроля за соблюдением правил рыболовства и мореплавания.

Приемно-транспортное судно промыслового флота, приемно-транспортное судно — транспортное судно для приема грузов от добывающих и обрабатывающих судов непосредственно в море.

Приемно-транспортный рефриже-

ратор промыслового флота, приемно-транспортный рефрижератор — приемно-транспортное судно промыслового флота, оборудованное установкой для охлаждения грузовых помещений.

Приемно-транспортный рефрижератор-снабженец, рефрижератор-снабженец — приемно-транспортный рефрижератор промыслового флота, оборудованный дополнительными емкостями для топлива, воды и смазочных масел с целью снабжения судов в море.

Водный промысел

Водный промысел, промысел — добыча рыбы, китов, морского зверя и морепродуктов орудиями лова.

Рыболовный промысел, рыболовство.

Траловый лов — рыболовный промысел сетными орудиями лова, буксируемыми судном.

Близнецовый лов — траловый лов двумя однотипными или близкими по тяговым характеристикам судами.

Дрифтерный лов — рыболовный промысел в свободном дрейфе объячеивающими орудиями лова, выметываемыми судном и соединенными с ним.

Кошельковый лов — рыболовный промысел выметываемым с судна кошельковым неводом, заводимым вокруг косяка рыб с последующим стягиванием нижней подборы невода.

Бессетевой лов — рыболовный промысел рыбонасосами и крючковыми орудиями лова.

Лов на электросвет — рыболовный промысел с применением электросвета для привлечения объектов промысла.

Лов крючковыми орудиями.

Зверобойный водный промысел, зверобойный промысел — водный промысел морского зверя.

Китобойный промысел.

Крабовый промысел.

1.11. СЛУЖЕБНО-ВСПОМОГАТЕЛЬНЫЕ СУДА

* **Служебно-вспомогательные суда** — суда для материально-технического обеспечения флота и служб, организующих его эксплуатацию.

* **Буксирное судно,** буксир — служебно-вспомогательное судно для буксировки и кантовки других судов и плавучих сооружений.

* **Ледокол** — служебно-вспомогательное судно для прокладки канала в сплошном льду, проводки, околки льда, буксировки судов и выполнения спасательных работ во льдах.

* **Лоцмейстерское судно** — служебно-вспомогательное судно, обеспечивающее постановку, снятие и обслуживание знаков навигационной обстановки на водных путях.

* **Плавучий маяк** — служебно-вспомогательное судно, имеющее сильные источники света и другое оборудование для ориентировки судоводителей и обеспечения безопасности мореплавания.

* **Плавучий перегружатель** — служебно-вспомогательное судно (преимущественно несамоходное) для перегрузки навалочных грузов в рейдовых условиях из трюмов крупнотоннажных судов на суда малого водоизмещения и у причалов с судов в железнодорожные вагоны или береговые склады (элеваторы).

* **Пожарное судно** — служебно-вспомогательное судно для борьбы с пожарами на судах, береговых сооружениях, морских буровых установках и т. д.

* **Спасательное судно** — служебно-вспомогательное судно для оказания помощи аварийным судам, спасения людей с тонущих судов.

1.12. СУДА ВОДНО-МОТОРНОГО СПОРТА

Судно водно-моторного спорта — судно, предназначенное для использования в водно-моторном спорте и отвечающее требованиям правил соревнований.

Судно водно-моторного спорта международного класса — судно водно-моторного спорта, отвечающее требованиям Правил соревнований Международного союза водно-моторного спорта (УИМ).

Судно водно-моторного спорта национального класса — судно водно-моторного спорта, отвечающее требованиям правил соревнований, действующим в пределах данной страны.

Спортивное моторное судно — судно водно-моторного спорта, имеющее ограничения по корпусу, двигателю и классифицируемое в соответствии с правилами соревнований.

Спортивный катер — спортивное моторное судно, оснащенное стационарным двигателем.

Спортивная моторная лодка — спортивное моторное судно, оснащенное подвесным мотором.

Гоночное моторное судно — судно водно-моторного спорта, не имеющее ограничений по корпусу, двигателю и классифицируемое в соответствии с правилами соревнований.

Гоночный глиссер — гоночное моторное судно, оснащенное стационарным мотором.

Скутер — гоночное моторное судно, оснащенное подвесным мотором.

Судно водно-моторного спорта «Прямая трехточка», судно «Прямая трехточка» — судно водно-моторного спорта, форма корпуса которого характеризуется наличием двух разнесенных по бортам спонсонов в носовой части и одного редана в кормовой части (рис. 1.22).

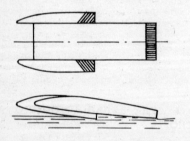

Рис. 1.22. Судно водно-моторного спорта «Прямая трехточка» (заштрихованы опорные поверхности)

Судно водно-моторного спорта «Обратная трехточка», судно «Обратная трехточка» — судно водно-моторного спорта, форма корпуса которого характеризуется наличием одного редана в носовой части и двух разнесенных по бортам спонсонов в кормовой части.

Автостоп судна водно-моторного спорта — автоматическое устройство, предназначенное для экстренной остановки двигателя судна водно-моторного спорта в случае, если водитель внезапно покинул судно.

Спонсон судна водно-моторного спорта — бортовая часть корпуса судна, выполненная в виде выступа, или самостоятельные корпуса, предназначенные для улучшения гидродинамического качества и поперечной остойчивости судна.

1.13. СУДОВОЙ МАГНЕТИЗМ

Судовой магнетизм — раздел магнетизма, исследующий и применяющий магнетизм судна, принципы построения судовых магнитных систем и технические средства, образующие эти системы.

Магнетизм судна — совокупность свойств судна и явлений, связанных с магнитным взаимодействием частей судна, по которым текут электрические токи, и намагниченных частей, обладающих магнитным моментом.

Судовое железо — материалы конструкций и оборудования судна, способные приобретать магнетизм.

Судовая магнитная система — магнитная система, состоящая из судового железа и технических средств, предназначенных для повышения эффективности эксплуатации судна с использованием магнитного поля.

Ферромагнитные массы судна — судовое железо, способное приобретать постоянный, полупостоянный, индуктированный магнетизм.

Приводящие массы судна — судовое железо, способное приобретать магнетизм электрических токов.

Магнитная нагрузка судна — совокупность магнитных моментов, создаваемых судовым железом.

Магнитное состояние судна — состояние судна, определяемое совокупностью магнитной нагрузки, коэрцитивности и внутренних магнитных полей.

Магнитная предыстория судна — процесс приобретения судном магнитного состояния, определяемого через предшествующие намагничивания и перемагничивания при энергетических воздействиях.

Магнитная индукция на судне — векторная величина, характеризующая плотность магнитного потока на судне или вблизи него.

Девиация геомагнитного поля на судне, девиация — отклонение элементов вектора магнитной индукции на судне от соответствующих элементов полного вектора геомагнитного поля.

Тензор магнитной деформации — величина, характеризующая девиацию геомагнитного поля в точках на судне и определяемая магнитной нагрузкой судна.

Неоднородность магнитной индукции на судне — максимальное отклонение какого-либо элемента вектора магнитного поля в определенной области на судне от его среднего значения в заданный момент времени.

Магнитное направление носа судна — направление носа судна, измеряемое углом в горизонтальной плоскости между северной частью плоскости магнитного меридиана и носовой частью диаметральной плоскости судна.

Судовой магнитный испытательный стенд — испытательный стенд, предназначенный для определения магнитных характеристик судна и (или) судовых магнитных систем и их частей.

Компенсационное устройство магнетизма судна — часть судовой магнитной системы, включающая технические средства для снижения магнетизма судна в местах расположения магниточувствительных элементов.

Магниточувствительный элемент — элемент, осуществляющий преобразование индукции магнитного поля в величину, удобную для наблюдения или передачи по линиям связи.

Магнитный компенсатор — элемент компенсационного устройства магнетизма судна, создающий компенсирующее магнитное поле в заданном направлении.

Магнит-уничтожитель — магнитный компенсатор в виде постоянного магнита.

Креновый магнит — магнит-уничтожитель для компенсации вертикального остаточного магнетизма.

Широтный компенсатор — магнитный компенсатор вертикального индуктированного магнетизма.

Маломагнитное судно — судно, удовлетворяющее техническим требованиям по маломагнитности.

Определение девиации геомагнитного поля на судне — процесс определения величины и знака девиации геомагнитного поля на судне на заданном магнитном курсе судна.

Магнитная обработка судна — обработка судна с целью приведения судна в заданное магнитное состояние.

Размагничивание судна — нейтрализация магнитного поля судна.

Девиация судового магнитного компаса — отклонение показаний судового магнитного компаса, определяемое углом в горизонтальной плоскости между магнитным Севером и компасным Севером, обусловленное девиацией магнитного поля на судне.

2.

ГЛАВНЫЕ РАЗМЕРЕНИЯ НАДВОДНЫХ СУДОВ

2.1. ОБЩИЕ ПОНЯТИЯ

Главные размерения судна, главные размерения — совокупность конструктивных, расчетных, наибольших и габаритных линейных размерений судна. Для многокорпусных судов главные размерения, кроме габаритных, относятся к каждому корпусу в отдельности; для неводоизмещающих судов (глиссирующих, на воздушной подушке и на подводных крыльях) главные размерения относятся к их плаванию в водоизмещающем режиме.

Конструктивные размерения судна — размеры судна, характеризующие конструктивную ватерлинию и ее положение по высоте.

Расчетные размерения судна — размеры судна, характеризующие расчетную ватерлинию и ее положение по высоте.

Наибольшие размерения судна — наибольшие размеры корпуса судна, определяемые по его теоретической поверхности.

Габаритные размерения судна, габаритные размерения — габаритные размеры судна с учетом постоянно выступающих частей.

2.2. ТЕОРЕТИЧЕСКАЯ ПОВЕРХНОСТЬ КОРПУСА СУДНА, ПЛОСКОСТИ И ЛИНИИ ДЛЯ УСТАНОВЛЕНИЯ ГЛАВНЫХ РАЗМЕРЕНИЙ СУДНА

Теоретическая поверхность корпуса судна — поверхность судна, проходящая по наружным кромкам днищевого бортового и палубного набора основного корпуса, надстроек, фальшборта и козырька.

Плоскости для установления главных размерений судна — взаимно перпендикулярные плоскости: диаметральная, основная и плоскость мидель-шпангоута.

Линии для установления главных размерений судна — линии пересечения теоретической поверхности корпуса судна с плоскостью мидель-шпангоута и плоскостями, параллельными основной плоскости, линия пересечения диаметральной плоскости с основной плоскостью судна, а также бортовая линия верхней палубы, носовой и кормовой перпендикуляры судна.

Диаметральная плоскость судна, ДП — вертикальная продольная плоскость симметрии теоретической поверхности корпуса судна.

Плоскость мидель-шпангоута судна — вертикальная поперечная плоскость, проходящая посередине длины судна, на базе которой построен теоретический чертеж.

Основная плоскость судна, ОП — горизонтальная плоскость, проходящая через нижнюю точку теоретической поверхности корпуса судна в плоскости мидель-шпангоута.

Мидель-шпангоут судна, мидельшпангоут — линия пересечения теоретической поверхности корпуса судна с плоскостью мидель-шпангоута.

Основная линия судна, ОЛ — линия пересечения основной и диаметральной плоскостей судна.

Ватерлиния судна, ВЛ — линия пересечения теоретической поверхности корпуса судна с горизонтальной плоскостью.

Конструктивная ватерлиния судна, КВЛ — ватерлиния, принятая за основу построения теоретического чертежа и соответствующая полученному предварительным расчетом полному водоизмещению судна и нормальному водоизмещению корабля.

Расчетная ватерлиния судна, расчетная ВЛ — ватерлиния, соответствующая осадке судна, для которой определяются его расчетные характеристики.

Бортовая линия верхней палубы судна, бортовая линия ВП — линия пересечения теоретических поверхностей борта и верхней палубы судна или их продолжений при закругленном соединении палубы с бортом.

Носовой перпендикуляр судна, НП — линия пересечения диаметральной плоскости с вертикальной поперечной плоскостью, проходящей через крайнюю носовую точку конструктивной ватерлинии судна.

Кормовой перпендикуляр судна, КП — линия пересечения диаметральной плоскости судна с вертикальной поперечной плоскостью, проходящей через точку пересечения оси баллера руля с плоскостью конструктивной ватерлинии.

2.3. ГЛАВНЫЕ РАЗМЕРЕНИЯ СУДНА

Длина судна по конструктивной ватерлинии, длина по КВЛ, $L_{КВЛ}$ — расстояние между точками пересечения носовой и кормовой частей конструктивной ватерлинии с диаметральной плоскостью судна (рис. 2.1).

Длина судна по расчетной ватерлинии, длина по расчетной ВЛ, $L_{ВЛ}$ — расстояние между точками

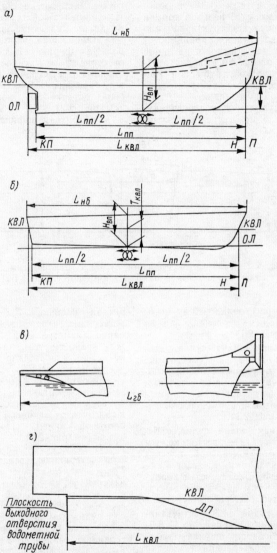

Рис. 2.1. Главные размерения судов (продольный разрез): *а* — без выступающих частей; *б* — с транцевой кормой и конструктивным дифферентом; *в* — с постоянно выступающими частями; *г* — с водометным движителем и тоннельной кормой

пересечения носовой и кормовой частей расчетной ватерлинии с диаметральной плоскостью судна. Для одновальных водометных судов и одновинтовых судов с тоннельной кормой кормовая точка конструктивной или расчетной ватерлинии принимается в диаметральной плоскости на линии пересечения плоскости выходного отверстия водометной трубы или тоннеля с плоскостью конструктивной или расчетной ватерлинии.

Длина судна между перпендикулярами, длина между перпендикулярами (см. рис. 2.1).

ВЛ, $B_{ВЛ}$ — наибольшая ширина расчетной ватерлинии судна.

Ширина судна на мидель-шпангоуте, ширина на мидель-шпангоуте — ширина конструктивной ватерлинии на мидель-шпангоуте.

Наибольшая ширина судна, наибольшая ширина, $B_{нб}$ — наибольшее расстояние, измеренное перпендикулярно диаметральной плоскости между крайними точками теоретической поверхности корпуса судна (см. рис. 2.2).

Габаритная ширина судна, габа-

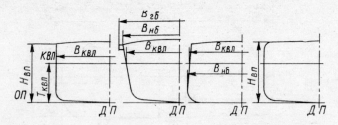

Рис. 2.2. Главные размерения судов с различными формами шпангоутов в наиболее широкой части КВЛ

рами, $L_{пп}$ — расстояние между носовым и кормовым перпендикулярами судна (см. рис. 2.1).

Наибольшая длина судна, наибольшая длина, $L_{нб}$ — расстояние, измеренное в горизонтальной плоскости между крайними точками теоретической поверхности корпуса судна в носовой и кормовой оконечностях (см. рис. 2.1).

Габаритная длина судна, габаритная длина, $L_{гб}$ — расстояние, измеренное в горизонтальной плоскости между крайними точками носовой и кормовой оконечностей корпуса судна с учетом постоянно выступающих частей (см. рис. 2.1).

Ширина судна на конструктивной ватерлинии, ширина по КВЛ, $B_{КВЛ}$ — наибольшая ширина конструктивной ватерлинии судна (рис. 2.2).

Ширина судна по расчетной ватерлинии, ширина по расчетной

ритная ширина, $B_{гб}$ — наибольшее расстояние, измеренное перпендикулярно диаметральной плоскости между крайними точками корпуса судна с учетом постоянно выступающих частей (см. рис. 2.2).

Высота борта судна, высота борта, $H_{ВП}$ — вертикальное расстояние, измеренное в плоскости мидель-шпангоута от основной плоскости до бортовой линии верхней палубы судна (см. рис. 2.2).

Осадка судна по конструктивную ватерлинию, осадка по КВЛ, $T_{КВЛ}$ — вертикальное расстояние, измеренное в плоскости мидель-шпангоута от основной плоскости до плоскости конструктивной ватерлинии судна (см. рис. 2.2).

Осадка судна по расчетную ватерлинию, осадка по расчетной ВЛ, $T_{ВЛ}$ — вертикальное расстояние, измеренное в плоскости мидель-шпангоута от основной плоскости до плоскости расчетной ватерлинии судна.

3.

ЭЛЕМЕНТЫ МЕТАЛЛИЧЕСКОГО КОРПУСА НАДВОДНЫХ КОРАБЛЕЙ И СУДОВ

3.1. ОБЩИЕ ПОНЯТИЯ

Корпус судна, корпус — коробчатая металлическая конструкция, состоящая из набора, обшивки, переборок настилов палуб и платформ судна, обеспечивающая создание силы плавучести, прочности и возможность размещения людей, грузов, оборудования и вооружения, обусловленных назначением судна.

Основной корпус судна, основной корпус — корпус судна, ограниченный верхней палубой.

Обшивка судна, обшивка — обшивка из металлических листов, прикрепленных к набору судна, формирующая обводы корпуса или внутренние вертикальные или близкие к вертикальным поверхности.

Настил корпуса судна, настил — настил из металлических листов, расположенный в горизонтальной плоскости судна или близко к ней.

Набор корпуса судна, набор — каркас из продольных или поперечных металлических балок и ребер, который придает корпусным конструкциям судна заданную форму и вместе с обшивкой и настилами обеспечивает им необходимую жесткость и прочность.

Перекрытие судна, перекрытие — участок обшивки или настила корпуса, подкрепленный набором корпуса и ограниченный опорным контуром, на который опирается набор.

Балка набора корпуса судна, балка — жесткий элемент набора корпуса судна, предназначенный для восприятия продольных и поперечных нагрузок.

Шпангоутная рама судна, шпангоут — рама, расположенная по периметру в поперечном сечении корпуса и состоящая из последовательно соединенных друг с другом балок

поперечного набора днища, шпангоутов, бимсов.

Стрингер судна, стрингер — усиленная продольная балка набора корпуса судна бортового или днищевого перекрытия.

Разносящий стрингер судна, разносящий стрингер — стрингер судна уменьшенной высоты и небольшой протяженности, служащий для распределения локальных нагрузок, приложенных к корпусу судна.

Комингс судна, комингс — конструкция, окаймляющая вырез в палубе, платформе, площадке, переборке, полупереборке, выгородке, настиле второго дна и бортах судна.

Ребро жесткости корпуса, ребро жесткости — ребро в виде профильного элемента, подкрепляющее лист обшивки, настила или балку набора корпуса судна составного профиля и обеспечивающее местную жесткость.

Распорка корпуса судна, распорка — балка набора корпуса судна составного или катаного профиля, устанавливаемая преимущественно горизонтально, препятствующая сближению каких-либо частей корпуса судна.

Накладной лист судна, накладной лист — лист, подкрепляющий другой лист, образующий какую-либо корпусную конструкцию судна и устанавливаемый на него всей своей плоскостью.

Съемный лист судна, съемный лист — лист с подкрепляющим набором или без него, который закрывает вырез в корпусе судна и крепится к нему с помощью разъемного соединения.

Обрешетник корпуса судна, обрешетник — каркас для установки настила полов, площадок и крепления зашивки помещений судна.

Съемный настил судна, съемный настил — настил из съемных сплошных плоских, рифленых или перфорированных листов, устанавливаемых поверх обрешетника корпуса судна, подкрепляемых при необходимости набором.

Бракета — листовая деталь прямоугольной или близкой к прямоугольной формы, предназначенная для соединения набора корпуса судна и присоединения его к обшивке или настилу судна.

Кница судна, кница — листовая деталь, предназначенная для присоединения набора корпуса судна.

Заделка корпуса судна, заделка — листовая деталь, предназначенная для заделки вырезов в конструкциях корпуса судна, через которые проходит набор судна.

3.2. НАРУЖНАЯ ОБШИВКА, ВТОРОЕ ДНО, ПОДКРЕПЛЯЮЩИЕ ИХ ЧАСТИ

Наружная обшивка судна, наружная обшивка — непроницаемая оболочка корпуса судна, которая вместе с поддерживающим ее набором образует борта, днище и оконечности судна.

Днищевая наружная обшивка судна — нижняя часть наружной обшивки судна, включая листы скулового пояса (рис. 3.1).

Бортовая наружная обшивка судна — часть наружной обшивки судна, расположенная выше скулового пояса (рис. 3.1).

Ширстрек — верхний пояс бортовой наружной обшивки судна, примыкающий к верхней палубе (рис. 3.1).

Козырек судна, козырек — конструкция, являющаяся продолжением наружной обшивки судна над уровнем открытой верхней палубы или палубы бака в носовой оконечности для уменьшения заливания палубы водой.

Пояс наружной обшивки судна, пояс обшивки — ряд листов наружной обшивки судна в продольном направлении, имеющих общие пазы.

Скуловой пояс — пояс наружной обшивки судна в районе скулы (рис. 3.1).

Шпунтовый пояс — пояс наружной обшивки судна, примыкающий к брусковому килю.

Ледовый пояс — утолщенные листы наружной обшивки судна в районе действия ледовой нагрузки.

Скула судна — участок перехода подводной части корпуса судна от бортов к днищу.

Бортовое перекрытие судна, бортовое перекрытие — перекрытие судна, расположенное от скулового пояса наружной обшивки вверх до ближайшей палубы или между палубами, простирающееся по длине до ближайших поперечных переборок или выгородок судна.

Днищевое перекрытие судна, днищевое перекрытие — перекрытие судна, расположенное между верхними кромками скуловых поясов, простирающееся по длине до ближайших поперечных переборок или выгородок.

Транец судна, транец — перекрытие судна, образующее срез транцевой кормы.

Кормовой подзор судна, кормовой подзор — наклонная часть кормовой оконечности корпуса судна, выступающая за ахтерштевень.

Двойное дно судна, двойное дно — часть корпуса судна, ограниченная снаружи днищевой наружной обшивкой судна, а изнутри — настилом второго дна и крайними междудонными листами.

Второе дно судна, второе дно — настил из листов с прикрепленными снизу подкрепляющими балками, установленный на флорах, киле и днищевых стрингерах судна.

Настил второго дна судна, настил второго дна — непроницаемый настил, ограничивающий двойное дно судна сверху (рис. 3.1).

Бортовой стрингер судна, бортовой стрингер — стрингер, идущий перпендикулярно или под углом к поверхности бортовой обшивки судна.

Днищевой стрингер судна, днищевой стрингер — стрингер, установленный перпендикулярно к основной плоскости или нормально к наружной днищевой обшивке судна (рис. 3.1).

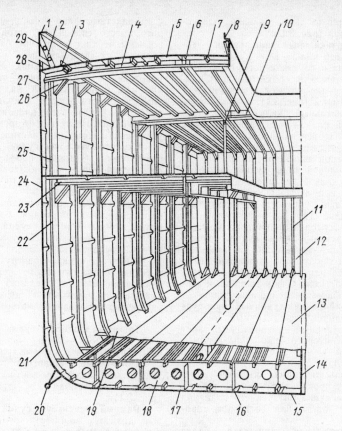

Рис. 3.1. Поперечный разрез сухогрузного судна

1 — планширь; *2* — стойка фальшборта; *3* — полоса ватервейса; *4* — рамный бимс; *5* — настил палубы судна; *6* — карлингс; *7* — продольная подпалубная балка; *8* — комингс люка; *9* — пиллерс; *10* — концевой бимс; *11* — стойка переборки; *12* — непроницаемая переборка корпуса судна; *13* — настил второго дна; *14* — вертикальный киль; *15* — горизонтальный киль; *16* — днищевый стрингер; *17* — наружная днищевая обшивка; *18* — флор; *19* — крайний междудонный лист; *20* — скуловой киль; *21* — скуловой пояс наружной обшивки судна; *22* — трюмный шпангоут; *23* — бимс; *24* — бортовая наружная обшивка; *25* — твиндечный шпангоут; *26* — бимсовая кница; *27* — ширстрек; *28* — стрингерный угольник; *29* — фальшборт

Полустрингер судна, полустрингер — днищевый стрингер уменьшенной высоты, устанавливаемый между основными стрингерами по наружной днищевой обшивке или под настилом второго дна судна.

Киль судна, киль — продольная балка или пояс наружной обшивки судна, расположенные в диаметраль-

ной плоскости, либо простирающиеся симметрично этой плоскости в районе днища судна и служащие для обеспечения прочности корпуса судна.

Горизонтальный киль судна, горизонтальный киль — горизонтальный средний пояс днищевой наружной обшивки судна, расположенный

27

симметрично диаметральной плоскости судна (рис. 3.1).

Вертикальный киль судна, вертикальный киль — киль судна в виде вертикального днищевого стрингера, проходящего в диаметральной плоскости судна по всей его длине или части длины (рис. 3.1).

Туннельный киль судна, туннельный киль — киль судна из двух связанных вертикальных балок, расположенных рядом симметрично диаметральной плоскости судна.

Скуловой киль судна, скуловой киль — киль судна в виде наружной продольной листовой или профильной связи, укрепленной нормально к обшивке судна на скуле для уменьшения бортовой качки (рис. 3.1).

Брусковый киль судна, брусковый киль — киль судна в виде наружной продольной днищевой связи из бруса или нескольких полос, проходящий между форштевнем и ахтерштевнем по всей длине судна.

Крайний междудонный лист судна, крайний междудонный лист — горизонтальный или наклонный лист настила второго дна судна, примыкающий к его наружной обшивке (рис. 3.1).

Кильсон судна, кильсон — днищевая продольная балка набора корпуса судна внутреннего плавания в виде листа или составного профиля.

Продольная днищевая балка судна, продольная днищевая балка — балка набора корпуса судна, подкрепляющая наружную днищевую обшивку, расположенная вдоль судна.

Продольная балка настила второго дна судна, продольная балка второго дна — балка набора корпуса судна, подкрепляющая снизу настил второго дна, расположенная вдоль судна.

Флор — поперечная связь днищевого перекрытия судна в виде листов и подкрепляющего набора или поперечных балок, идущих изнутри по наружной обшивке днища и снизу настила второго дна, соединяемых бракетами (рис. 3.1).

Непроницаемый флор — флор, разделяющий двойное дно на непроницаемые отсеки.

Бракетный флор — флор, у которого вместо сплошных листов установлены верхние и нижние балки и бракеты, их соединяющие.

Подсланевый угольник судна, подсланевый угольник — угловой профиль, расположенный над верхними кромками флоров и кильсонов на судах внутреннего плавания, на который при отсутствии второго дна укладывается съемный настил.

Скуловой угольник судна, скуловой угольник — угловой профиль для соединения наружной обшивки днища и борта судна при остроскульных обводах корпуса.

Продольная бортовая балка судна, продольная бортовая балка — балка набора корпуса судна, подкрепляющая наружную бортовую обшивку, расположенная вдоль судна.

Шпангоут судна, шпангоут — поперечная балка бортового перекрытия судна или ее продолжение по днищевому перекрытию на судах внутреннего плавания, катерах, яхтах.

Трюмный шпангоут судна, трюмный шпангоут — ветвь шпангоута судна, проходящая в трюме (рис. 3.1).

Твиндечный шпангоут судна, твиндечный шпангоут — ветвь шпангоута, проходящая в твиндеке (рис. 3.1).

Рамный шпангоут судна, рамный шпангоут — шпангоут судна увеличенных размеров.

Промежуточный шпангоут судна, промежуточный шпангоут — шпангоут судна, устанавливаемый между основными шпангоутами.

Поворотный шпангоут судна, поворотный шпангоут — шпангоут судна, устанавливаемый в районе его оконечностей под углом к диаметральной плоскости судна.

Ветвь шпангоута судна, ветвь шпангоута — участок шпангоута судна, проходящий в помещении, ограниченном палубами, либо палубой и настилом второго дна или днищевым перекрытием.

Скуловая кница судна, скуловая кница — кница судна, соединяющая шпангоут с крайним междудонным листом, а при отсутствии второго дна — с флором или крайней днищевой продольной балкой, либо крайние днищевые балки с нижними бортовыми продольными балками судна.

Брештук — треугольный или трапециевидный горизонтальный лист, соединяющий форштевень или ахтерштевень с бортовым набором, палубой и наружной обшивкой корпуса судна.

Бульб судна, бульб — каплевидный обтекатель носовой оконечности подводной части наружной обшивки корпуса судна, улучшающий ходовые качества судна.

Выкружка наружной обшивки корпуса судна, выкружка — изогнутый лист наружной обшивки корпуса судна в районе выхода гребного вала.

Льдоотвод судна, льдоотвод — конструкция из листов с подкрепляющим набором, устанавливаемая в подводной части кормовой оконечности на судах ледового плавания для защиты движителя от битого льда.

Кринолин судна, кринолин — конструкция за линией наружной обшивки корпуса судна для предохранения от повреждения винтов, рулей, подводных крыльев и других выступающих частей.

Ахтерштевень — особо прочная конструкция кормовой оконечности судна в виде стальной балки или рамы сложной формы, на которой замыкаются киль, бортовая обшивка и набор корпуса судна в корме. Является также опорой гребного вала и руля.

Форштевень — особо прочная конструкция в носовой оконечности судна в виде стальной балки, изогнутой по форме носа и являющейся продолжением киля, на которой замыкается бортовая обшивка и набор корпуса судна в носу.

Кронштейн гребного вала — конструкция снаружи судна для создания опоры гребным валам, состоящая из ступицы, через которую проходит вал, и одной или двух лап, крепящихся к корпусу судна.

Кронштейн руля — конструкция в корме судна, предназначенная для опоры руля.

Якорная труба — непроницаемая труба в корпусе судна, соединяющая палубу судна с бортовым перекрытием, через которую пропускается якорный канат и в которую втягивается веретено якоря.

Цепная труба — непроницаемая труба в корпусе судна, соединяющая палубу судна с цепным ящиком, через которую проходит якорный канат.

Стационарная направляющая насадка — кольцеобразная наделка на корпусе судна, в которой помещается гребной вал.

Ледовая наделка судна, ледовая наделка — отливка или конструкция из листов с набором, устанавливаемая за рулем судна для защиты его ото льда.

Пилон судна, пилон — обтекаемая пространственная конструкция, являющаяся опорой для двигателей, редукторов, винтов и других механизмов судов на воздушной подушке.

Стабилизатор судна, стабилизатор — обтекаемая пространственная конструкция, аналогичная крылу, возвышающаяся над верхней палубой или надстройкой, предназначенная для обеспечения продольной устойчивости судов на подводных крыльях и воздушной подушке.

Брызгоотражатель судна, брызгоотражатель — ребро из листа или катаного профиля, устанавливаемое снаружи вдоль борта судна для уменьшения забрызгивания палубы.

Привальный брус — конструкция, устанавливаемая снаружи вдоль борта, для предохранения бортового перекрытия от повреждения при швартовке.

3.3. ПАЛУБЫ И ПЛАТФОРМЫ КОРПУСА СУДНА

Палуба судна, палуба — совокупность нескольких палубных перекрытий или одно перекрытие на малых судах.

Палубное перекрытие судна, палубное перекрытие — перекрытие судна, опирающееся на бортовые перекрытия, а также переборки корпуса или пиллерсы судна, в случае их наличия, либо только на переборки, разделяющие корпус судна на помещения по вертикали.

Настил палубы судна, настил палубы — настил из листов, который вместе с набором образует перекрытие палубы судна (рис. 3.1).

Палубный стрингер — крайний пояс настила палубы судна, примыкающий к бортовой наружной обшивке корпуса судна.

Стрингерный угольник — угловой профиль, предназначенный для клепаного соединения палубного стрингера с наружной бортовой обшивкой судна (рис. 3.1).

Палуба бака — палуба судна, ограничивающая бак судна сверху.

Палуба юта — палуба судна, ограничивающая ют судна сверху.

Верхняя палуба — непрерывная по всей длине самая верхняя палуба судна (рис. 3.2).

Квартердек — кормовая часть верхней палубы судна, возвышающаяся уступом на неполномерную высоту междупалубного расстояния.

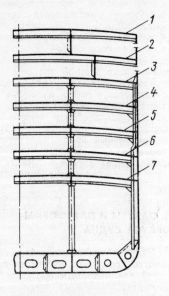

Рис. 3.2. Схема расположения палуб

1 — палуба рубки судна III яруса; *2* — палуба рубки судна II яруса; *3* — палуба надстройки судна I яруса; *4* — верхняя палуба; *5* — вторая палуба; *6* — третья палуба; *7* — четвертая палуба

Спонсон — участок верхней палубы судна с подкрепляющими его конструкциями, выступающий за линию борта.

Слип судна — конструкция в кормовой оконечности судна, образованная наклонным участком палубы и ограничивающими вертикальными продольными переборками, для подъема из воды на палубу судна орудий для лова рыбы и небольших судов.

Вторая палуба — палуба судна, расположенная непосредственно ниже верхней палубы (см. рис. 3.2).

Палуба переборок — самая верхняя палуба судна, до которой доведены поперечные непроницаемые переборки, делящие корпус судна на отсеки.

Платформа судна, платформа — палуба судна, расположенная ниже верхней палубы и простирающаяся лишь на часть длины судна.

Настил платформы — настил из листов, который вместе с набором образует перекрытие платформы судна.

Площадка судна, площадка — консольная конструкция или конструкция, опирающаяся на пиллерсы, состоящая из горизонтального листа с подкрепляющим набором и служащая для установки оборудования, а также для прохода экипажа судна.

Бимс — поперечная балка — палубного перекрытия или платформы судна (см. рис. 3.1).

Рамный бимс — бимс увеличенных размеров (см. рис. 3.1).

Концевой бимс — усиленный бимс, совпадающий с поперечной кромкой выреза грузового люка.

Полубимс — бимс, проходящий не по всей ширине судна — от борта до карлингса или до выреза в палубе.

Бимсовая кница — кница, соединяющая бимс со шпангоутом судна (см. рис. 3.1).

Карлингс — усиленная продольная балка палубного перекрытия судна (см. рис. 3.1).

Продольная подпалубная балка — балка набора корпуса судна, подкрепляющая настил палубы или платформы, расположенная вдоль судна (см. рис. 3.1).

Комингс люка — комингс, окаймляющий люк над палубой по периметру (см. рис. 3.1).

Пиллерс — отдельно стоящая стойка для поддержания палуб или других конструкций судна (см. рис. 3.1).

Пандус — пологая наклонная плоскость между палубами судна для проезда безрельсового транспорта.

Полоса ватервейса — вертикальная полоса на палубе или платформе судна для ограждения водопротока (см. рис. 3.1).

Угольник ватервейса — конструкция из углового профиля на палубе или платформе судна для ограждения водопротока.

3.4. ПЕРЕБОРКИ КОРПУСА СУДНА

Переборка корпуса судна, переборка — вертикальная **стенка из листов** с набором корпуса, разделяющая его внутреннюю часть на отсеки или ограничивающая надстройки и рубки судна.

Непроницаемая переборка корпуса судна, непроницаемая переборка — переборка корпуса судна, которая в эксплуатации или в аварийных случаях, предусмотренных расчетом, является непроницаемой (см. рис. 3.1).

Огнестойкая переборка корпуса судна, огнестойкая переборка — переборка корпуса судна, которая вместе с изоляцией выдерживает действие пламени и не допускает значительного повышения температуры по другую сторону переборки.

Проницаемая переборка корпуса судна, проницаемая переборка — переборка корпуса судна, к которой не предъявляется требований непроницаемости.

Поперечная переборка корпуса судна, поперечная переборка — переборка корпуса судна, установленная в поперечном направлении судна.

Главная поперечная переборка судна, главная поперечная переборка — непроницаемая поперечная переборка корпуса судна, доходящая до палубы переборок, идущая от борта до борта и делящая судно на отсеки, обеспечивающие его непотопляемость.

Форпиковая переборка — непроницаемая поперечная переборка корпуса судна, отделяющая форпик от остальных помещений.

Ахтерпиковая переборка — непроницаемая поперечная переборка корпуса судна, отделяющая ахтерпик от остальных помещений.

Продольная переборка корпуса судна, продольная переборка — переборка корпуса судна, установленная в продольном направлении судна.

Главная продольная переборка корпуса судна, главная продольная переборка — непроницаемая продольная переборка корпуса судна, доходящая до палубы переборок, идущая на большей части длины судна, обеспечивающая его непотопляемость и участвующая в обеспечении общей продольной прочности корпуса судна.

Отбойная переборка корпуса судна, отбойная переборка — переборка корпуса судна с вырезами, устанавливаемая внутри цистерн, для уменьшения динамической нагрузки от перемещения жидкости.

Полупереборка корпуса судна, полупереборка — переборка корпуса судна, проходящая не по всей его длине или ширине, либо не по всей высоте отсека.

Выгородка судна, выгородка — вертикальная или наклонная стенка с набором или без него, разделяющая помещения внутри отсека судна.

Горизонтальная балка переборки — горизонтальная балка набора корпуса судна составного или катаного профиля, входящая в набор переборки корпуса судна.

Горизонтальная рама переборки судна, горизонтальная рама — усиленная горизонтальная балка переборки судна, состоящая из листа с подкрепляющим набором.

Стойка переборки судна, стойка переборки — вертикальная балка набора корпуса судна составного или катаного профиля, входящая в состав набора переборки корпуса судна (см. рис. 3.1).

Рамная стойка переборки — усиленная стойка переборки судна.

Доковая стойка переборки — увеличенных размеров стойка поперечной переборки, установленная над вертикальным килем, днищевым стрингером или кильсоном, под которым располагаются кильблоки при постановке судна в док.

Комингс двери судна, комингс двери — участок нижней части переборки или выгородки, расположенный вместе с примыкающими деталями оформления выреза двери между палубой и нижней кромкой просвета выреза.

3.5. НАДСТРОЙКИ И РУБКИ СУДНА

Надстройка судна — конструкция, образованная продолжением бортовых перекрытий основного корпуса судна, палубой и поперечными переборками и находящаяся выше верхней палубы.

Бак судна, бак — надстройка судна в носовой его части, начинающаяся от форштевня.

Удлиненный бак — бак судна, длина которого равняется или более 0,25 длины судна, считая от форштевня.

Ют судна, ют — надстройка судна в кормовой его части, доходящая до крайней точки кормовой оконечности.

Рубка судна, рубка — конструкция из продольных и поперечных переборок и перекрытий, расположенная на верхней палубе надстройки и не доходящая до бортов судна более чем на 0,04 ширины судна и имеющая двери, окна или отверстия в наружных переборках.

Расширительное соединение судна, расширительное соединение — конструктивный узел в бортовых перекрытиях надстроек, включающий эластичный элемент в виде гофра, исключающий их деформацию при общем изгибе корпуса судна.

Ящик судна, ящик — закрытое палубное сооружение на верхней палубе, отстоящее хотя бы от одного из бортов судна на расстояние более чем на 0,04 ширины судна и не имеющее дверей, окон или отверстий в наружных переборках.

Кап — конструкция, образованная вертикальными стенками и настилом с подкрепляющим набором, закрывающая вырезы под помещениями судна.

Палуба надстройки — палуба судна, ограничивающая сверху надстройку в целом и каждый ее ярус (см. рис. 3.2).

Палуба рубки — палуба судна, ограничивающая сверху рубку в целом и каждый ее ярус (см. рис. 3.2).

Мостик судна, мостик — палуба надстройки судна, на которой расположены приборы управления судном, а также штурманская и рулевая рубки.

Ростры — часть палубы рубки судна в виде площадки, опирающейся на специально установленные вдоль бортов стойки.

Погон судна — полоса, окаймляющая свободную кромку палубы надстройки, рубки или площадки судна.

Фальшборт — конструкция из листов с подкрепляющим набором для ограждения открытых частей палуб (см. рис. 3.1).

Стойка фальшборта — стойка для подкрепления фальшборта и присоединения его к палубе судна (см. рис. 3.1).

Планширь судна — деталь из листового или профильного материала, окаймляющая верхнюю кромку фальшборта или другого ограждения судна (см. рис. 3.1).

Волнолом судна, волнолом — конструкция из вертикально или наклонно расположенных листов, подкрепленных кницами или бракетами, для защиты верхней палубы от заливания на встречной волне.

Ветроотбойник судна — конструкция из листов изогнутой формы, подкрепленных кницами или бракетами, для отвода встречного потока воздуха при движении судна.

Переходной мостик судна, переходной мостик — конструкция, расположенная выше верхней палубы, для сообщения между надстройками или для перехода с борта на борт судна.

Кожух дымовой трубы — конструкция из листов с подкрепляющим набором, устанавливаемая на открытом участке палубы надстройки или рубки для ограждения выступающих над уровнем палубы судна частей дымохода, газовыхлопов, глушителей.

3.6. СПЕЦИАЛЬНЫЕ КОНСТРУКЦИИ

Днищевая опора судна, днищевая опора — конструкция под днищем судна на воздушной подушке для предотвращения контакта корпуса судна с опорной поверхностью при посадке судна на твердую поверхность.

Слег — конструкция для ограждения воздушной подушки, устанавливаемая по бортам днищевой части судна на воздушной подушке и составляющая одно целое с его корпусом.

Барбет судна — опорный контур, обеспечивающий восприятие нагрузок от вращающегося оборудования и технических средств, и ограждающий их механизмы.

Дейдвудная труба — труба в корпусе судна, через которую проходит гребной вал.

Труба водомета судна — труба в корпусе судна, в которой устанавливается винт водометного движителя.

Труба судового подруливающего устройства — труба в корпусе судна, в которой помещается винт или винт и привод судового подруливающего устройства.

Гельмпортовая труба — труба в корпусе судна, через которую проходит баллер руля.

3.7. ПОГИБЬ И СЕДЛОВАТОСТЬ ПАЛУБ

Погибь палубы — кривизна поперечного сечения палубы, направленная выпуклостью вверх.

Линия погиба палубы — теоретическая линия поперечного сечения палубы, имеющей кривизну.

Стрелка погиба — расстояние по вертикали между точками пересечения линии погиба с диаметральной плоскостью и бортовой линией.

Седловатость палубы — подъем палубы к оконечностям корпуса.

Линия седловатости в ДП — линия пересечения теоретической поверхности палубы, имеющей седловатость с диаметральной плоскостью.

Линия седловатости у борта — линия пересечения теоретической поверхности палубы, имеющей седловатость, с теоретической поверхностью борта.

4.

ПРОТИВОПОЖАРНАЯ ЗАЩИТА СУДНА

4.1. ОБЩИЕ ПОНЯТИЯ [1]

Пожар — неконтролируемый процесс горения, развивающийся во времени и пространстве.

Угроза пожара — ситуация, сложившаяся на объекте, которая характеризуется вероятностью возникновения пожара, превышающей нормативную.

Очаг пожара — явление или обстоятельство, непосредственно обусловившее возникновение пожара (загорания).

Возникновение пожара — совокупность процессов, приводящих к пожару (загоранию).

Развитие пожара — увеличение зоны горения и (или) зоны воздействия опасных факторов пожара.

---

[1] Более подробные сведения приведены в ГОСТ 12.1.033—81. ССБТ. Пожарная безопасность. Термины и определения.

Локализация пожара — действия, направленные на предотвращение дальнейшего распространения горения и создание условий для его успешной ликвидации имеющимися силами и средствами.

Ликвидация пожара — действия, направленные на окончательное прекращение горения, а также на исключение возможности его повторного возникновения.

Тушение пожара — процесс воздействия сил и средств, а также использование методов и приемов для ликвидации пожара.

Огнетушащее вещество — вещество, обладающее физико-химическими свойствами, позволяющими создать условия для прекращения горения.

Минимальная огнетушащая концентрация средств объемного тушения — наименьшая концентрация средств объемного тушения в воздухе, обеспечивающая мгновенное тушение диффузионного пламени вещества в условиях опыта.

Система противопожарной защиты — совокупность организационных мероприятий и технических средств, направленных на предотвращение воздействия на людей опасных факторов пожара и ограничение материального ущерба от него.

Пожарная опасность, пожароопасность — возможность возникновения и (или) развития пожара, заключенная в каком-либо веществе, состоянии или процессе.

Показатель пожарной опасности, показатель пожароопасности — показатель, количественно характеризующий какое-либо свойство пожарной опасности.

Огнезащита — снижение пожарной опасности материалов и конструкций путем специальной обработки.

Пожароопасное помещение — судовое помещение, оборудование которого или находящиеся в нем горючие вещества могут послужить причиной пожара.

* **Защищаемое помещение** — судовое помещение, оборудованное одной из систем пожаротушения или автоматической сигнализацией обнаружения пожара.

* **Огнестойкая конструкция** — конструктивный элемент судна из негорючих материалов с нормированным пределом огнестойкости и дымонепроницаемости.

* **Технические средства пожаротушения** — комплекс стационарных систем и стационарных установок пожаротушения судна, а также переносных средств, предназначенных для тушения пожара на судне.

* **Стационарная система пожаротушения** [1] — система пожаротушения судна, конструктивно связанная с его корпусом.

* **Станция систем пожаротушения** — место на судне (помещение), в котором сосредоточено оборудование с огнетушащим веществом, исполнительные органы системы пожаротушения и приборы, контролирующие ввод в действие этой системы.

Пожарная безопасность, пожаробезопасность — состояние объекта, при котором с установленной вероятностью исключается возможность возникновения и развития пожара и воздействия на людей опасных факторов пожара, а также обеспечивается защита материальных ценностей.

Правила пожарной безопасности, правила пожаробезопасности — комплекс положений, устанавливающих порядок соблюдения требований и норм пожарной безопасности при строительстве и эксплуатации объекта.

* **Противопожарная защита судна** — комплекс активной и конструктивной защиты судна, обеспечивающий его пожаробезопасность.

* **Активная противопожарная защита** — часть противопожарной защиты судна, представляющая собой комплекс технических средств пожаротушения и управления системами пожаротушения, а также средств пожарной сигнализации.

Конструктивная противопожарная защита — комплекс пассивных конструктивных средств, направленных на предотвращение возникновения пожаров, на ограничение рас-

---

[1] Системы пожаротушения (см. 7.2).

пространения огня и дыма по судну и на создание условий безопасной эвакуации людей из судовых помещений и с судна, а также для успешного тушения пожара.

4.2. ТЕХНИЧЕСКИЕ СРЕДСТВА ПОЖАРОТУШЕНИЯ

Оборудование судовых систем пожаротушения

Пожарный рукав — гибкий трубопровод для транспортирования огнетушащих веществ, оборудованный пожарными соединительными головками.

Пожарная соединительная головка, соединительная головка — быстросмыкаемая арматура для соединения пожарных рукавов и присоединения их к пожарному оборудованию.

Рукавный переходник — арматура для соединения двух пожарных соединительных головок разных условных проходов или разных типов.

Пожарный ствол — устройство, устанавливаемое на конце напорной линии для формирования и направления огнетушащих струй.

Ручной пожарный ствол, ручной ствол.

Лафетный пожарный ствол, лафетный ствол — поворотный в вертикальной и горизонтальной плоскостях пожарный ствол, монтируемый на опоре.

Водяной пожарный ствол, водяной ствол.

Пенный пожарный ствол, пеноствол — пожарный ствол для пен различной краткости.

Порошковый пожарный ствол, порошковый ствол.

Водопенный пожарный ствол, водопенный ствол.

Пожарный ствол сплошной струи.

Пожарный ствол-распылитель — пожарный ствол для распыленной и сплошной струи.

Пожарный пеносмеситель, пеносмеситель — устройство для введения в воду пенообразующих и смачивающих добавок.

Рукавная кассета — устройство для размещения пожарного рукава,

уложенного «в гармошку» или «в скатку».

Ключ соединительных головок — устройство для облегчения смыкания или размыкания пожарных соединительных головок.

Огнетушители

Огнетушитель — переносное или передвижное устройство для тушения очагов пожара путем выпуска запасенного огнетушащего вещества.

Переносный огнетушитель — огнетушитель, конструктивное исполнение и масса которого обеспечивают удобство его переноски человеком. Переносные огнетушители могут быть ручными или ранцевыми.

Передвижной огнетушитель — огнетушитель, смонтированный на колесах или тележке.

Пенный огнетушитель.

Воздушно-пенный огнетушитель — огнетушитель с зарядом водного раствора пенообразующих добавок.

Химический пенный огнетушитель — огнетушитель с зарядом химических веществ, которые в момент приведения огнетушителя в действие вступают в реакцию с образованием пены и избыточного давления.

Водный огнетушитель — огнетушитель с зарядом воды или воды с добавками.

Порошковый огнетушитель.

CO_2-огнетушитель — огнетушитель с зарядом двуокиси углерода.

Хладоновый огнетушитель — огнетушитель с зарядом огнетушащего вещества на основе галоидированных углеводородов.

Комбинированный огнетушитель — с зарядом двух и более огнетушащих веществ.

Установки пожаротушения

Установка пожаротушения — совокупность стационарных технических средств для тушения пожара за счет выпуска огнетушащего вещества.

Автоматическая установка пожаротушения.

Установка пенного пожаротушения.

2*

Установка CO$_2$ пожаротушения — установка пожаротушения, в которой в качестве огнетушащего вещества используется двуокись углерода.

Установка азотного пожаротушения.

Установка хладонового пожаротушения — установка пожаротушения, в которой в качестве огнетушащего вещества используют составы на основе галоидированных углеводородов.

Установка порошкового пожаротушения.

Установка объемного пожаротушения — установка пожаротушения для создания среды, не поддерживающей горение в защищаемом объеме.

Модульная установка пожаротушения — нетрубопроводная автоматическая установка пожаротушения, предусматривающая размещение емкости с огнетушащим веществом и пусковым устройством непосредственно в защищаемом помещении.

Установки пожарной сигнализации

Установка пожарной сигнализации — совокупность технических средств, установленных на защищаемом объекте, для обнаружения пожара, обработки, представления в заданном виде извещения о пожаре на этом объекте, специальной информации и (или) выдачи команд на включение автоматических установок пожаротушения и технических устройств.

Пожарный извещатель — устройство для формирования сигнала о пожаре.

Ручной пожарный извещатель — пожарный извещатель с ручным способом приведения в действие.

Автоматический пожарный извещатель — пожарный извещатель, автоматически реагирующий на факторы, сопутствующие пожару.

Тепловой пожарный извещатель — автоматический пожарный извещатель, реагирующий на определенное значение температуры и (или) скорости ее нарастания.

Пожарный извещатель пламени — автоматический пожарный извещатель, реагирующий на электромагнитное излучение пламени.

Дымовой пожарный извещатель — автоматический пожарный извещатель, реагирующий на аэрозольные продукты горения.

Радиоизотопный пожарный извещатель — дымовой пожарный извещатель, срабатывающий в результате влияния продуктов горения на ионизационный ток рабочей камеры извещателя.

Оптический пожарный извещатель — дымовой пожарный извещатель, который срабатывает в результате влияния продуктов горения на поглощение или рассеяние электромагнитного излучения извещателя.

Пожарный приемно-контрольный прибор — составная часть установки пожарной сигнализации для приема информации от пожарных извещателей, выработки сигнала о возникновении пожара или неисправности установки и для дальнейшей передачи и выдачи команд на другие устройства.

Пожарный оповещатель — устройство для массового оповещения людей о пожаре.

5.

СУДОВЫЕ ПОМЕЩЕНИЯ

5.1. ОБЩИЕ ПОНЯТИЯ

* **Судовые помещения** — помещения внутри основного корпуса, надстроек и рубок, предназначенные для размещения экипажа, пассажиров, механизмов и оборудования судна, судовых запасов и груза.

* **Отсеки судна** — пространства в основном корпусе, ограниченные по длине сплошными поперечными переборками, а по ширине — бортами или сплошными продольными переборками. Различают отсеки двойного дна и вышележащей части корпуса судна до верхней палубы.

* **Судовые цистерны** — емкости для размещения на судне расходуемых жидких запасов (топлива, масла, пресной воды и др.), водяного балласта или жидкого груза.

5.2. ЖИЛЫЕ ПОМЕЩЕНИЯ

* **Жилые помещения** — судовые помещения для постоянного проживания экипажа судна, обслуживающего персонала и размещения пассажиров.

* **Каюта** — жилое помещение, вместимостью до четырех человек.

* **Блок-каюта** — каюта повышенной комфортности, включающая прихожую, салон, кабинет, спальню, санузел (рис. 5.1).

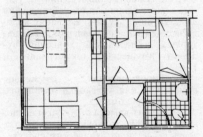

Рис. 5.1. Блок-каюта

* **Кубрик** — жилое помещение для размещения всего экипажа или его части, вместимостью обычно более четырех человек.

5.3. ОБЩЕСТВЕННЫЕ ПОМЕЩЕНИЯ

* **Общественные помещения** — судовые помещения для организации и проведения культурно-массовых мероприятий на открытых палубах и в закрытых помещениях судна, коллективного отдыха, питания пассажиров, экипажа и обслуживающего персонала.

* **Бар** — общественное помещение, представляющее собой небольшой судовой ресторан (закусочную), в котором посетителей обслуживают у стойки.

* **Вахтенная столовая** — общественное помещение для питания судовых специалистов перед заступлением на вахту.

* **Кают-компания** — общественное помещение для приема пищи, собраний и коллективного отдыха командного состава.

* **Салон** — общественное помещение для коллективного отдыха и развлечений экипажа или пассажиров.

Салон комсостава.
Салон команды.
Салон для игр.
Курительный салон.
Музыкальный салон.

* **Плавательный бассейн** — общественное помещение для физических упражнений и активного отдыха членов экипажа и пассажиров.

* **Спортивная каюта** — общественное помещение, оборудованное спортивным инвентарем и снарядами, для спортивных занятий экипажа и пассажиров.

5.4. ПОМЕЩЕНИЯ БЫТОВОГО ОБСЛУЖИВАНИЯ

* **Помещения бытового обслуживания** — судовые помещения, предназначенные для чистки и ремонта обуви и одежды, фото- и парикмахерского обслуживания, для ручной клади, продажи газет, журналов и книг, сувениров и т. д.

5.5. ПОМЕЩЕНИЯ ПИЩЕБЛОКА

* **Помещения пищеблока** — судовые помещения, предназначенные для разделки продуктов, приготовления пищи, выпечки и хранения хлеба и кондитерских изделий, раздачи пищи пассажирам и экипажу судна, а также для мытья столовой, чайной и камбузной посуды.

* **Камбуз** — помещение пищеблока для приготовления горячих блюд и холодных закусок.

Пекарня.

Кондитерский цех.

Кладовая расходного запаса провизии для камбуза, расходная кладовая.

Кладовая расходного запаса муки для пекарни, расходная кладовая муки.

Кладовая суточного запаса хлеба, кладовая хлеба.

Холодильная камера камбуза, холодильная камера.

Помещение картофелечистки, картофелечистка.

Помещение для мытья овощей, овощемоечная.

Помещение для мытья посуды, посудомоечная.

Помещение для резки хлеба, хлеборезка.

Помещение самоваров и подогревателей питьевой воды, кубовая.

Разделочная мяса.

Разделочная рыбы.

Разделочная овощей.

5.6. САНИТАРНО-ГИГИЕНИЧЕСКИЕ ПОМЕЩЕНИЯ

* **Санитарно-гигиенические помещения** — судовые помещения, предназначенные для личной гигиены и санитарно-бытового обслуживания экипажа и пассажиров.

* **Санузел** — санитарно-гигиеническое помещение, включающее туалет и ванну (душ).

Камера для сушки белья, сушильная белья.

Камера для сушки рабочей одежды, сушильная рабочей одежды.

Камера для сушки штормовой и резиновой одежды и сапог, сушильная штормовой одежды.

Помещение для механического глажения белья, механическая гладильная.

Помещение для ручного глажения белья и одежды, гладильная.

5.7. ПОМЕЩЕНИЯ МЕДИЦИНСКОГО НАЗНАЧЕНИЯ

* **Помещения медицинского назначения** — судовые помещения, пред-

назначенные для амбулаторного и стационарного лечения, проведения различных лечебно-профилактических мероприятий и оказания медицинской помощи экипажу и пассажирам при заболеваниях и несчастных случаях.

* **Амбулатория** — помещение медицинского назначения для оказания медицинской помощи и лечения приходящих членов экипажа и пассажиров.

* **Изолятор** — помещение медицинского назначения для стационарного лечения членов экипажа и пассажиров, больных инфекционными заболеваниями.

* **Лазарет** — помещение медицинского назначения для стационарного лечения членов экипажа и пассажиров.

* **Морг** — помещение медицинского назначения для хранения трупов, умерших членов экипажа и пассажиров.

5.8. СЛУЖЕБНЫЕ ПОМЕЩЕНИЯ

* **Служебные помещения** — судовые помещения для обеспечения эксплуатации судна, ведения делопроизводства, выполнения лабораторных исследований, хранения судового имущества, документации и т. п.

* **Гирокомпасная** — служебное помещение для установки основного прибора гирокомпаса.

* **Крюйт-камера** — служебное помещение для хранения взрывчатых веществ и пиротехнических средств.

* **Котельное отделение** — служебное помещение, в котором размещается котельный агрегат.

* **Машинное отделение** — служебное помещение или группа помещений, в которых установлены главные и вспомогательные энергетические установки.

* **Насосное отделение** — служебное помещение на наливных судах, предназначенное для размещения грузовых, балластных и других насосов, а также оборудования и части арматуры систем, необходимых для выполнения грузобалластных операций, зачистки и мойки цистерн.

* **Отделение холодильных машин** — служебное помещение, в котором расположены механизмы и оборудование холодильных установок для производства искусственного холода.

* **Пожарный пост** — служебное помещение, в котором сосредоточены пусковые устройства систем пожаротушения, предметы противопожарного снабжения или извещатели пожарной сигнализации для определенной части судна (отсеков, помещений).

* **Радиорубка** — служебное помещение, в котором размещена аппаратура судовых средств радиосвязи, включая вспомогательное оборудование (силовые и зарядные щиты, пульты дистанционного управления, пусковые и коммутационные устройства и т. п.), оборудовано столом радиооператора и другой необходимой мебелью.

* **Рулевая рубка** — служебное помещение, откуда осуществляются наблюдения за окружающей обстановкой, управление движением и маневрами судна.

* **Румпельное отделение** — служебное помещение, предназначенное для размещения рулевой машины.

* **Станция пенотушения** — служебное помещение, в котором размещены емкости с пенообразователем, пеносмесители, пусковая и регулирующая арматура и приборы, контролирующие ввод системы в действие.

Станция порошкового тушения.
Станция углекислотного тушения.
Станция химического тушения.

* **Туннель гребного вала** — служебное водонепроницаемое помещение, простирающееся от переборки машинного отделения до ахтерпика, через которое проходит гребной вал.

* **Центральный пожарный пост** — служебное помещение или часть помещения, где сосредоточены станции сигнализации обнаружения пожара и дистанционные пусковые устройства систем пожаротушения, расположенные на мостике или в других постах

управления, имеющих непосредственную связь с мостиком и круглосуточную вахту на ходу судна.

* **Штурманская рубка** — служебное помещение на ходовом мостике, смежное с рулевой рубкой или занимающее часть ее площади и предназначенное для ведения прокладки, контроля курса и местонахождения судна. Оборудована специальным столом для работы с навигационными картами, шкафами для хранения карт и навигационных пособий, приборов и инструментов, указателями измерений навигационных и метеорологических приборов.

* **Шкиперская кладовая** — служебное помещение для хранения шкиперского имущества (тросов, брезентов, цепей, блоков и т. п.).

* **Центральный пост управления, ЦПУ** — служебное помещение, в котором расположены органы дистанционного управления главными и вспомогательными механизмами, ВРШ и крыльчатыми движителями, контрольно-измерительные приборы, приборы аварийно-предупредительной сигнализации и средства связи.

* **Цепной ящик** — служебное помещение для хранения якорной цепи в походном положении.

5.9. ГРУЗОВЫЕ ПОМЕЩЕНИЯ

* **Грузовые помещения** — специально оборудованные или имеющие особую конструкцию помещения на судне, предназначенные для перевозки грузов [1].

* **Трюм** — грузовое помещение, представляющее собой пространство внутри корпуса судна между днищем (вторым дном) и вышележащей палубой или платформой.

* **Твиндек** — грузовое помещение, представляющее собой пространство внутри корпуса судна между двумя палубами или между палубой и платформой.

5.10. СУДОВЫЕ ОТСЕКИ

* **Форпик** — крайний носовой отсек судна, простирающийся от форштевня до таранной переборки, ис-

---

[1] Грузовые цистерны (см. 5.11).

пользуемый обычно как балластная цистерна.

* **Ахтерпик** — крайний кормовой отсек судна, заканчивающийся ахтерштевнем и используемый обычно как балластная цистерна.

* **Коффердам** — узкий водонепроницаемый судовой отсек, отделяющий помещения с опасными веществами от остальных судовых помещений (жилых помещений или цистерн питьевой воды от цистерн с нефтепродуктами и т. п.).

* **Междудонное пространство** — пространство, ограниченное наружной обшивкой днища и настилом второго дна судна и используемое преимущественно для размещения балласта, запасов топлива, масла и питательной воды.

5.11. СУДОВЫЕ ЦИСТЕРНЫ

* **Балластные цистерны** — судовые цистерны для размещения водяного балласта.

* **Грузовая цистерна** — судовая цистерна для размещения на судне жидкостей, перевозимых как груз.

* **Диптанк** — судовая цистерна, ограниченная сверху палубой или платформой, возвышающейся над вторым дном, и предназначенная для размещения жидких судовых запасов, балласта и груза.

* **Дифферентные цистерны** — судовые цистерны, размещаемые в оконечностях судна, предназначенные для регулирования и поддержания заданного дифферента.

* **Дренажная цистерна активных сред** — судовая цистерна для сбора и временного хранения радиоактивных дренажных жидкостей из системы первого контура, из помещений дезактивации оборудования и санитарной обработки людей.

* **Заместительная цистерна** — судовая цистерна для размещения водяного балласта, принимаемого на судно для компенсации массы расходуемых грузов.

* **Креновые цистерны** — судовые цистерны, размещаемые по бортам судна, предназначенные для регулирования и поддержания заданного крена.

* **Масляная цистерна** — судовая цистерна, предназначенная для размещения на судне масла, используемого для смазки и охлаждения трущихся узлов механизмов, а также отработанного масла и отстоя.

* **Пневмоцистерна** — судовая цистерна для хранения и подачи жидкости для судовых нужд под давлением сжатого воздуха.

* **Расширительная цистерна** — судовая цистерна, предназначенная для сохранения постоянного объема воды при изменениях температуры в системах охлаждения двигателей и водяного отопления или для компенсации температурных расширений выпуска воздуха в системе хладоносителя.

* **Цистерна дистиллята** — судовая цистерна, предназначенная для размещения дистиллированной воды и бидистиллята, используемых для доливки аккумуляторов, подпитки контуров атомной энергетической установки и для других судовых нужд.

* **Цистерна мытьевой воды** — судовая цистерна для размещения запаса мытьевой воды.

* **Цистерна питательной воды** — судовая цистерна для размещения запаса питательной воды, используемой в паропроизводящих установках.

* **Цистерна питьевой воды.**

* **Цистерна пресной воды** — судовая цистерна для размещения запасов пресной воды, используемой для бытовых и производственных нужд, включая охлаждение судового оборудования механизмов и аппаратов.

* **Цистерна нефтесодержащих вод** — судовая цистерна для сбора и хранения: нефтесодержащих трюмных вод, накапливающихся за время стоянки в порту или пребывания судна в запретных для слива районах моря; отстоя из топливных и масляных цистерн; воды, отделившейся при сепарации топлива и масла.

* **Цистерна нефтесодержащих остатков** — судовая цистерна для сбора и хранения различных остатков топлива, масла и их смеси, сливаемых из сепараторов нефтесодержащих вод, поддонов механизмов и т. п.

* **Цистерна сточных вод** — судовая цистерна для сбора и хранения необработанных сточных вод, активного ила и шлама из установки для обработки сточных вод.

* **Цистерна огнегасительной жидкости** — судовая цистерна для хранения огнегасительной жидкости, используемой в объемном химическом пожаротушении.

* **Цистерна орошения** — пневмоцистерна для хранения воды, подаваемой в систему орошения или спринклерную систему с целью обеспечения быстродействия этих систем.

* **Цистерна пенообразователя** — судовая цистерна для размещения запаса пенообразующей жидкости (пенообразователя), используемой в судовых системах пенотушения.

* **Цистерна продувания** — судовая цистерна, предназначенная для сбора продуваемой котловой воды и пароводяной смеси из паровых трубопроводов и паровых полостей механизмов и аппаратов.

* **Баллон** — судовая емкость для хранения сжатого воздуха, а также сжатых и сжиженных газов.

* **Кингстонный ящик** — судовая емкость, образованная выгородками внутри корпуса судна (по бортам судна и в двойном дне), на которой устанавливается приемный кингстон или несколько приемных кингстонов, предохраняющая судовые системы от попадания в них воздуха.

* **Ледовый ящик** — кингстонный ящик, на который устанавливаются приемные и отливные кингстоны системы охлаждения. Предназначен для смешения воды, поступающей из-за борта, с водой, нагретой от механизмов и аппаратов, с целью предотвращения образования льда у приемного кингстона и обеспечения рециркуляции воды в случае забивания льдом приемных решеток (рис. 5.2).

Судовой теплый ящик — судовая емкость для сбора поступающего от потребителей конденсата перед подачей его на питание судовых котлов.

5.12. МОДУЛЬНАЯ КООРДИНАЦИЯ ПОМЕЩЕНИЙ [1]

Модульная координация размеров — согласование между собой размеров помещений и элементов обстройки на основе принятой единицы — модуля.

Модуль — единица измерения, из которой выводятся размеры помещений и оборудования.

Основной модуль — модуль, равный 100 мм.

Субмодуль — модуль, размер которого составляет часть от 100 мм, например, 10, 20, 30 и т. д.

Мультимодуль — модуль, кратный 100 мм (например, 200, 300, 400 и т. д.).

Стандартный модуль — модуль,

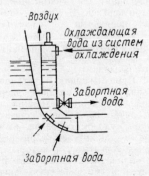

Рис. 5.2. Ледовый ящик

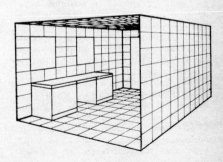

Рис. 5.3. Модульная сетка

---

[1] Более подробные сведения приведены в СТ СЭВ 5599—86. Помещения судовые. Модульная координация размеров.

значение которого выбирается из рядов предпочтительных модульных размеров.

Модульная сетка — система плоскостей, линий и точек, находящихся между собой на постоянном расстоянии, равным или кратном модулю (рис. 5.3).

Модульный элемент — элемент в размерах модуля.

Модульное помещение — помещение в размерах модуля.

6.

СУДОВЫЕ ЭНЕРГЕТИЧЕСКИЕ УСТАНОВКИ

6.1. ОБЩИЕ ПОНЯТИЯ

* **Судовая энергетическая установка, СЭУ** — комплекс технических средств (машин, механизмов, систем, электрооборудования и т. д.), предназначенных для автономного обеспечения судна всеми видами энергии, необходимыми для его использования по назначению.

* **Атомная энергетическая установка, АЭУ** — судовая энергетическая установка, в которой в качестве главного двигателя используется паровая или газовая турбина, а рабочее тело генерируется в ядерной паропроизводящей или ядерной газогенераторной установке.

* **Газотурбинная энергетическая установка, ГТЭУ** — судовая энергетическая установка, в которой в качестве главного двигателя используется газотурбинный двигатель.

* **Дизельная энергетическая установка** — судовая энергетическая установка, в которой в качестве главного двигателя используется двигатель внутреннего сгорания.

* **Котлотурбинная энергетическая установка, КТЭУ** — судовая энергетическая установка, в которой в качестве главного двигателя используется паровая турбина, а рабочее тело генерируется в паровом котле.

* **Главная энергетическая установка, ГЭУ** — составная часть СЭУ, предназначенная для обеспечения движения судна. В общем случае ГЭУ состоит из двух взаимосвязанных частей — генераторной и исполнительной (пропульсивной): в первой подготавливается (генерируется) рабочее тело, во второй энергия рабочего тела преобразуется в упор, двигающий судно.

* **Вспомогательная энергетическая установка, ВЭУ** — составная часть СЭУ, предназначенная для обеспечения на судне жизнедеятельности людей и работы судовых механизмов. Главными элементами ВЭУ являются вспомогательные паровые котлы.

* **Электроэнергетическая установка** — составная часть СЭУ, предназначенная для снабжения судна электроэнергией. В состав установки входят первичные двигатели, генераторы электрического тока, аккумуляторы электроэнергии, преобразователи электрического тока и распределительные щиты.

* **Пропульсивная установка** — составная часть главной энергетической установки, состоящая в общем случае из главных двигателей, главной судовой передачи, валопроводов и движителей. При наличии главных двигателей, в которых энергия топлива непосредственно преобразуется в механическую энергию, пропульсивная установка является главной энергетической установкой.

Главный судовой двигатель, главный двигатель — дизель, газовая турбина, паровая турбина или электродвигатель, предназначенные для привода судовых движителей.

Главная судовая передача, главная передача — устройство для передачи и преобразования крутящего момента от вала судового двигателя к валу движителя с целью обеспечения необходимой частоты вращения движителя.

Главный судовой газотурбинный агрегат — агрегат, состоящий из главных судовых газотурбинных двигателей, зубчатой передачи, системы управления, сигнализации, защиты и вспомогательного оборудования двигателей и передачи.

Главный судовой дизель-редукторный агрегат — агрегат, состоящий из главного судового дизеля, зубчатой передачи, системы управления, сигнализации, защиты и вспомогательного оборудования дизеля и передачи.

Главный судовой турбозубчатый агрегат — агрегат, состоящий из главной паровой судовой турбины, зубчатой передачи, системы управления, сигнализации защиты и вспомогательного оборудования турбины и передачи.

Судовое маневровое устройство — устройство для выпуска пара в судовую турбину переднего и заднего хода.

Судовой валогенератор — генератор, который приводится в действие от валопровода или непосредственно от главного двигателя судна.

Судовой дизель-генератор — агрегат, состоящий из генератора — источника питания судовых приемников электроэнергии — и дизеля, приводящего его в действие.

Судовой турбогенератор — агрегат, состоящий из генератора — источника питания судовых приемников электроэнергии — и паровой турбины приводящей его в действие.

Судовая дозерная установка — совокупность аппаратов, механизмов, устройств и систем, предназначенных для дозирования корректирующих присадок в питательную воду.

Судовой деаэратор — судовой аппарат, предназначенный для отделения и удаления из питательной и охлаждающей воды растворенных в них газов.

Судовой ионитный фильтр — судовой аппарат, загружаемый ионообменными материалами, предназначенный для удаления из воды растворенных примесей, а также способный осуществлять очистку воды от механических загрязнений и нефтепродуктов.

Судовой сепаратор пара — устройство для отделения воды от пара.

6.2. СУДОВЫЕ КОТЛЫ И КОТЛОАГРЕГАТЫ

Судовой котел, котел — устанавливаемый на судне теплообменный аппарат, в котором энергия органического топлива или электроэнергия превращается в энергию пара или воды, используемую для нужд судна.

Судовой паровой котел, паровой котел — судовой котел, производящий пар соответствующих параметров.

Судовой водогрейный котел, водогрейный котел — судовой котел, подогревающий воду до соответствующей температуры.

Судовой котлоагрегат, котлоагрегат — агрегат, состоящий из судового котла, системы управления, сигнализации, защиты и вспомогательного оборудования котла.

Вспомогательное оборудование судового котла — механизмы, аппараты и устройства, обеспечивающие работу и обслуживание котла.

Корпус судового котла, корпус котла — часть водотрубного судового котла с естественной циркуляцией, состоящая из парообразующих поверхностей нагрева, элементов, обеспечивающих циркуляцию воды, и коллекторов, на которые они замыкаются.

Кожух судового котла, кожух котла — часть судового котла, охватывающая топку и поверхности нагрева котла, организующая движение воздуха и газов и предотвращающая утечку тепла и газов в окружающую среду.

Стенка кожуха судового котла, стенка кожуха котла — часть кожуха судового котла, выполненная в виде блока, удобного для изготовления и монтажа котла.

Топочный фронт судового котла, фронт котла — стенка кожуха судового котла, на которой расположено топочное устройство.

Сильфонный компенсатор кожуха судового котла, компенсатор котла — элемент кожуха высоконапорного судового котла, предназначенный для компенсации тепловых расширений и уплотнения узлов прохода труб и штуцеров через наружный кожух, а также в межкожуховом пространстве, газоходе и воздуховоде.

Футеровка судового котла, футеровка котла — покрытие из огнеупорных изделий и материалов кожуха судового котла со стороны топки и на участках, омываемых газами высокой температуры.

Опора судового котла, опора — устройство для крепления котла к судовому фундаменту.

Подвижная опора судового котла — опора судового котла, обеспечивающая возможность перемещения элементов котла от теплового расширения относительно судового фундамента.

Неподвижная опора судового котла — опора судового котла, исключающая возможность перемещения элементов котла от теплового расширения относительно судового фундамента.

Внутриколлекторное устройство судового котла — устройство, обеспечивающее устойчивую циркуляцию воды в судовом котле, получение пара требуемого качества и продувание котла.

Воздухонаправляющее устройство судового котла — устройство для организации потока воздуха, обеспечивающее полное сгорание топлива в топке судового котла.

Форсуночное устройство судового котла — устройство, предназначенное для образования горючей смеси и стабилизации процесса горения в топке судового котла, состоящее из воздухонаправляющего устройства котла и форсунки.

Топочное устройство судового котла — совокупность форсуночных устройств и топочной арматуры, обеспечивающих сжигание топлива в топке судового котла.

Фурма судового котла — часть футеровки или топочного устройства судового котла для подачи воздуха от воздухонаправляющего устройства в топку котла.

Указатель уровня воды в судовом котле, водоуказатель котла — устройство для визуального наблюдения за уровнем воды в паровом коллекторе судового котла.

Главный стопорный клапан судового котла, главный стопорный клапан — клапан для сообщения и разобщения судового котла с главным паропроводом.

Вспомогательный стопорный клапан судового котла — клапан для сообщения и разобщения судового котла со вспомогательным паропроводом.

Питательный клапан судового котла — клапан для сообщения и разобщения судового котла с питательным трубопроводом.

Клапан верхнего продувания судового котла — клапан для периодического продувания котловой воды из парового коллектора судового котла.

Клапан нижнего продувания судового котла — клапан для периодического продувания котловой воды из водяных коллекторов и осушения котла.

Сажеобдувочное устройство судового котла, сажеобдувочное устройство для удаления сажи и зольных отложений с поверхности нагрева судового котла посредством обдува паром или воздухом.

Газоочистительное устройство судового котла, ГОУ — устройство для очистки продуктов сгорания топлива от твердых частиц перед поступлением из судового котла в турбину газотурбокомпрессора.

Дроссельно-увлажнительное устройство — устройство для снижения температуры и давления пароводяной смеси и пара при растопке или расхолаживании котла до параметров, допускающих сброс их в конденсатор.

Запальное устройство котла — устройство для зажигания факела в топке котла.

Редукционно-охлаждающая установка — установка для снижения температуры и давления пара, поступающего от котла, до параметров, обеспечивающих работу судовых потребителей.

Типы судовых котлов

Главный судовой котел, главный котел — судовой котел, производящий пар для главных двигателей, вспомогательного оборудования котла, технологических, общесудовых и хозяйственно-бытовых потребителей.

Вспомогательный судовой котел, вспомогательный котел — судовой котел, предназначенный для обеспечения паром или горячей водой вспомогательного оборудования котла, технологических, общесудовых и хозяйственно-бытовых потребителей.

Водотрубный судовой котел — судовой котел, в котором вода и пар движутся внутри труб поверхностей нагрева, а продукты сгорания топлива движутся снаружи их.

Газотрубный судовой котел — судовой котел, в котором вода и пар движутся снаружи труб поверхностей нагрева, а продукты сгорания топлива, движутся внутри их (ндп. огнетрубный котел).

Газоводотрубный судовой котел — судовой котел, у которого в части поверхности нагрева продукты сгорания топлива движутся внутри труб, а в другой части снаружи, при этом вода и пар движутся с противоположных сторон (ндп. *комбинированный котел*).

Паровой судовой котел с естественной циркуляцией, котел с естественной циркуляцией — судовой котел, в циркуляционном контуре которого движение воды и пара происходит за счет напора, создаваемого разностью их плотностей.

Паровой судовой котел с принудительной циркуляцией, котел с принудительной циркуляцией — судовой котел, в циркуляционном контуре которого движение воды и пара происходит за счет напора, создаваемого насосом.

Прямоточный паровой судовой котел, прямоточный котел — судовой котел, в котором вода, подаваемая насосом, превращается в пар при однократном проходе поверхностей нагрева.

Судовой котел с газотурбинным наддувом, высоконапорный котел — судовой котел, в котором подача воздуха для горения обеспечивается газотурбокомпрессором, использующим энергию продуктов сгорания топлива.

Судовой котел с вентиляторным дутьем, котел с вентиляторным дутьем.

Судовой котел с естественной тягой, котел с естественной тягой.

Судовой котел на жидком топливе, котел на жидком топливе.

Судовой котел на твердом топливе, котел на твердом топливе.

Судовой котел на газовом топливе, котел на газовом топливе.

Утилизационный судовой котел, утилизационный котел — судовой котел, в котором используется теплота отработавших газов теплового двигателя (ндп. *утилькотел*).

Судовой котел с комбинированным отоплением, котел с комбинированным отоплением — утилизационный судовой котел, имеющий топку для сжигания органического топлива в случаях недостатка теплоты отработавших газов теплового двигателя или его отключения.

Элементы котла

Экономайзер судового котла, экономайзер — элемент судового котла, в поверхности нагрева которого происходит подогрев питательной воды, поступающей в котел, продуктами сгорания топлива.

Парообразующая поверхность судового котла, парообразователь — часть поверхности нагрева судового котла, в которой происходит парообразование.

Экран судового котла, экран — элемент судового котла, поверхность нагрева которого воспринимает теплоту излучения из топки от горящего факела и предотвращает перегрев частей котла, расположенных на ней.

Пароперегреватель судового котла, пароперегреватель.

Промежуточный пароперегреватель судового котла, промежуточный пароперегреватель — пароперегреватель судового котла, в котором перегревается пар, поступающий из промежуточных ступеней турбины.

Воздухоперегреватель судового котла, воздухоперегреватель.

Коллекторы

Коллектор котла — цилиндрической или другой формы сосуд, в котором заключены концы труб поверхностей нагрева и опускных труб циркуляционного контура котла.

Смесительный коллектор судового котла, смесительный коллектор — коллектор судового котла для сбора, смешивания и раздачи среды по параллельно включенным трубам.

Дыхательный коллектор судового котла — коллектор судового котла, сообщенный с параллельно-работающими трубами и предназначенный для выравнивания давления в них за счет перетечек среды из одной трубы в другую через полость коллектора.

Паровой коллектор судового котла — верхний коллектор контура циркуляции судового котла, объединяющий поверхности нагрева и оборудованный устройствами раздачи питательной воды, сепарации пара и др.

Водяной коллектор судового котла — нижний коллектор контура циркуляции судового котла, объединяющий поверхности нагрева и обеспечивающий циркуляцию воды в котле.

6.3. ЯДЕРНЫЕ РЕАКТОРЫ [1]

Ядерный реактор, реактор—устройство, предназначенное для организации и поддержания управляемой цепной реакции деления ядер (ндп. *атомный реактор*) (рис. 6.1).

Энергетический реактор — ядерный реактор, главным назначением

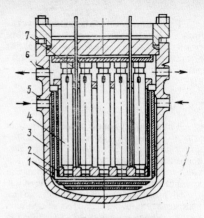

Рис. 6.1. Ядерный реактор

1 — тепловая защита; *2* — корзина; *3* — корпус; *4* — технологический канал; *5, 6* — канал охлаждения; *7* — поглощающий стержень СУЗ

которого является выработка энергии (ндп. *теплоэнергетический реактор*).

Транспортный реактор — энергетический реактор, предназначенный для использования в качестве источника энергии для движения транспортного средства на котором он установлен (например, судовой реактор).

Корпусный реактор — ядерный реактор, активная зона которого находится в корпусе, способном выдержать термические нагрузки и давление теплоносителя (ндп. *баковый реактор*).

Интегральный реактор — ядерный реактор, в корпусе которого расположено основное оборудование первого контура.

Кипящий реактор — ядерный реактор, в процессе работы которого теплоотвод от активной зоны осуществляется водой при кипении.

Реактор с водой под давлением — ядерный реактор, в процессе работы которого теплоотвод от активной зоны осуществляется водой под давлением без ее кипения (ндп. *реактор давления*).

---

[1] Более подробные сведения приведены в ГОСТ 23082—78. Реакторы ядерные. Термины и определения.

Водо-водяной реактор, ВВР — ядерный реактор, в котором теплоносителем и замедлителем является вода.

Реактор с прямым циклом — ядерный реактор, в процессе работы которого теплоотвод от активной зоны к преобразователю энергии осуществляется непосредственно теплоносителем первого контура.

Жидкометаллический реактор — ядерный реактор, в котором теплоносителем является металл, находящийся в жидком состоянии.

Составные части ядерного реактора[1]

Активная зона ядерного реактора, активная зона — центральная часть ядерного реактора, представляющая собой комплект сборочных единиц, который создает условия для инициирования и поддержания управляемой цепной реакции деления ядер.

Зона воспроизводства ядерного реактора, зона воспроизводства — конструктивная часть ядерного реактора, представляющая собой комплект сборочных единиц, содержащих воспроизводящий материал. Расположена вокруг или внутри активной зоны и предназначена для получения в ней вторичного ядерного топлива.

Запальная зона ядерного реактора, запальная зона — часть активной зоны, содержащая обогащенное топливо, расположенная внутри или рядом со сборкой из природного урана и замедлителя. Служит источником нейтронов, размножающихся в зоне воспроизводства (ндп. *запал*).

Кладка активной зоны ядерного реактора, кладка — сборочная единица из блоков материала, служащего замедлителем и отражателем нейтронов, предназначенная для размещения в ней тепловыводящих сборок, каналов различного назначения, а также экспериментальных устройств.

Сборка ядерного реактора, сборка — устройство, определенным образом составленное из делящихся и конструкционных материалов и замедлителя.

Тепловыделяющая сборка ядерного реактора, ТВС — сборка ядерного реактора, включающая одни или более тепловыделяющих элементов, устанавливаемая в реактор с целью генерирования тепловой энергии, обеспечивающая надежный теплосъем, крепление, удобство перегрузки, транспортирования и переработки ядерного топлива (ндп. *пакет*).

Запальная сборка ядерного реактора, запальная сборка — тепловыделяющая сборка ядерного реактора, содержащая больше делящегося материала, чем окружающее ее топливо и являющаяся частью запальной зоны.

Тепловыделяющая сборка зоны воспроизводства — тепловыделяющая сборка ядерного реактора, предназначенная для накопления вторичного ядерного топлива и последующей перегрузки его в активную зону.

Кассета ядерного реактора, кассета — сборочная единица активной зоны, предназначенная для генерирования тепловой энергии, организации теплосъема, управления процессом энерговыделения, а также выполняющая другие задачи в соответствии с назначением ее составных частей, включающая сборки тепловыделяющих и поглощающих элементов.

Тепловыделяющий элемент ядерного реактора, твэл — основной конструктивный элемент ядерного реактора, содержащий ядерное топливо, предназначенный для размещения ядерного топлива в активной зоне, для генерации основной части тепловой энергии и передачи ее теплоносителю.

Концевая решетка тепловыделяющей сборки — элемент, устанавливающий порядок расположения твэлов в тепловыделяющей сборке.

---

[1] Более подробные сведения приведены в ГОСТ 20942—75. Реакторы ядерные. Составные части. Термины и определения.

Корпус и детали корпуса

Корпус ядерного реактора, корпус — часть ядерного реактора, представляющая собой сосуд для размещения в нем активной зоны и внутрикорпусных устройств, в котором имеются патрубки для подвода и отвода теплоносителя, а также устройства герметизации внутриреакторного пространства (рис. 6.1).

Блок корпусов ядерного реактора, блок корпусов — комплекс корпусов основного оборудования ядерного реактора, соединенных между собой и сообщающихся по внутренним полостям.

Страховочный корпус ядерного реактора, страховочный корпус — металлический сосуд, герметично сопряженный с корпусом ядерного реактора, образующий страховочную полость на случай разгерметизации корпуса.

Верхний блок ядерного реактора, верхний блок — устройство, предназначенное для уплотнения корпуса, размещения приводов системы управления и защиты, перемещения аппаратуры внутриреакторного контроля.

Корзина активной зоны ядерного реактора, корзина — конструктивная часть ядерного реактора, в которой размещены активная зона и направляющие рабочие органы системы управления и защиты реактора. Состоит из обечайки с поясом, опорных плит и др. деталей (рис. 6.1).

Напорная камера ядерного реактора, напорная камера — емкость или полость, в которую поступает теплоноситель от циркуляционных насосов. Служит для равномерного распределения теплоносителя в объеме ядерного реактора.

Напорный коллектор ядерного реактора, напорный коллектор—устройство, осуществляющее распределение теплоносителя по каналам и частям ядерного реактора в соответствии с энерговыделением в этих каналах и составных частях.

Проходка ядерного реактора, проходка — элемент, герметизирующий отверстие в защите, корпусе, крышке, кладке. Через него в ядерный реактор вводятся или устанавливаются сборочные единицы и детали оборудования реактора.

Внекорпусные устройства и устройства снаружи кладки

Шахта ядерного реактора, шахта — полость в бетонном массиве или в баке щелезаводной защиты, в которую устанавливается ядерный реактор и оборудование, обеспечивающая биологическую защиту, надежное закрепление реактора и тепловую изоляцию его поверхности.

Бак ядерного реактора — сборочная единица, выполняющая функции биологической и тепловой защиты. Устанавливается в шахте ядерного реактора на уровне активной зоны.

Защитный колпак ядерного реактора, защитный колпак — устройство, предназначенное для герметизации верхней части шахты ядерного реактора и защиты ее от излучения, обеспечивающее локализацию возможных выбросов активных газов из реактора в надреакторное пространство.

Защитная оболочка ядерного реактора, защитная оболочка — герметичное устройство, в котором размещается все оборудование первого контура реактора, предназначенное для удержания продуктов деления, выделившихся при аварии.

Бассейн ядерного реактора—емкость, заполненная жидким теплоносителем, в которой располагается активная зона или весь корпус реактора.

Управление и аварийная защита реакторов

Система управления и защиты ядерного реактора, СУЗ — совокупность устройств, предназначенных для создания условий безопасного протекания цепной реакции на заданном уровне мощности и изменения ее при пуске, остановке, переходе с режима на режим, для обеспечения быстрого прекращения реакции давления при наступлении аварийной ситуации и для воздействия на поля энерговыделений.

Система автоматического регулирования мощности ядерного реактора, САР — совокупность приборов и устройств для автоматического управления процессами пуска, поддержания и изменения уровня мощности реактора (ндп. *регулирующая система*).

Система компенсации реактивности ядерного реактора, СКР — совокупность приборов и устройств для компенсации медленных изменений реактивности ядерного реактора, обусловленных выгоранием ядерного топлива, отравлением активной зоны, температурными и другими факторами (ндп. *компенсирующая система*).

Система аварийной защиты ядерного реактора, САЗ — совокупность приборов и устройств, для прекращения реакции или снижения реактивности ядерного реактора до безопасного уровня в случае аварийного нарушения режимов работы реактора.

Система ручного регулирования ядерного реактора, СРР — совокупность приборов и устройств, позволяющих оператору вручную управлять реактором при отключенной или действующей системе автоматического регулирования.

Рабочий орган СУЗ — устройство, обеспечивающее изменение реактивности ядерного реактора или его остановку.

Поглощающий стержень ядерного реактора, поглощающий стержень, ПС — устройство, содержащее поглощающий материал и выполненное в виде стержня любой формы, удобной для перемещения или неподвижной установки его в активной зоне реактора.

Поглощающий стержень СУЗ, стержень СУЗ, ПС СУЗ — поглощающий стержень, являющийся рабочим органом СУЗ, осуществляющий управление реактором за счет внесения отрицательной реактивности при введении его в активную зону (см. рис. 6.1).

Стержень выгорающего поглотителя, СВП — поглощающий стержень, неподвижно устанавливаемый в активной зоне ядерного реактора для выравнивания поля энерговыделения, обеспечения заданной длительности выгорания топлива и за счет этого более равномерного изменения реактивности реактора; принцип действия основан на постоянном падении поглощающей способности вследствие выгорания поглотителя.

Стержень дополнительного поглощения, СДП — поглощающий стержень, неподвижно устанавливаемый в активной зоне ядерного реактора, предназначенный для компенсации избыточной реактивности и удаляемый при работе реактора в установившемся режиме.

Поглощающий элемент, ПЭЛ — основная конструктивная часть поглощающего стержня, содержащая поглощающий материал.

Тепловыделяющий элемент СУЗ — конструктивная часть стержня СУЗ, содержащая ядерное топливо, осуществляющая регулирование за счет внесения положительной реактивности при введении его в активную зону реактора (ндп. *топливный стержень СУЗ*).

Регулирующий стержень ядерного реактора, регулирующий стержень, РС — стержень СУЗ, используемый при небольших кратковременных изменениях реактивности реактора.

Компенсирующий стержень ядерного реактора, компенсирующий стержень, КС — рабочий орган системы компенсации реактивности ядерного реактора, компенсирующий длительные большие изменения реактивности реактора.

Компенсирующая группа ядерного реактора, КГ — рабочий орган системы компенсации реактивности ядерного реактора, представляющий собой группу компенсирующих стержней, объединенных в единое устройство, либо самостоятельное устройство сложной формы (ндп. *компенсирующая решетка*).

Стержень аварийной защиты ядерного реактора, стержень АЗ — рабочий орган системы аварийной защиты реактора в виде стержня или группы стержней, предназначенный для экстренного перевода реактора в подкритическое состояние или для снижения уровня мощности в случае отказа системы автоматического регулирования, а также при возникновении аварийного режима, угрожающего безопасности обслуживающего персонала и самой установки (ндп. *аварийный стержень*).

Пусковой стержень ядерного реактора, пусковой стержень — стержень СУЗ, используемый для выведения ядерного реактора на контролируемый уровень мощности устройством автоматического пуска, входящего в СУЗ реактора.

Стержень-ловушка, ловушка — конструктивная часть реактора, содержащая замедлитель и поглотитель, предназначенная для выведения нейтронов из реакции.

Исполнительный механизм СУЗ, ИМ СУЗ — часть СУЗ ядерного реактора, состоящая из привода, рабочего органа СУЗ, соединительных элементов и следящей системы и предназначенная для управления реактивностью реактора изменением положения или состояния рабочих органов СУЗ в активной зоне.

Защита ядерного реактора

Первичная радиационная защита ядерного реактора, первичная защита — радиационная защита, ослабляющая первичное излучение исходящее непосредственно из активной зоны реактора.

Вторичная радиационная защита ядерного реактора, вторичная защита — радиационная защита ослабляющая вторичное излучение, возникающее в результате взаимодействия нейтронов с материалами первичной защиты, теплоносителем и другими реакторными элементами, устройствами и материалами.

Общая магнитная защита ядерного реактора, общая магнитная защита — устройство и материалы, ослабляющие воздействие магнитного поля на все или бо́льшую часть приборов и оборудования реактора.

Железоводная защита ядерного реактора, ЖВЗ — радиационная защита реактора, состоящая из слоев металла и воды.

Бак железоводной защиты ядерного реактора, бак ЖВЗ — водонаполненный резервуар с приспособлениями для установления в нем слоев железа требуемой толщины и формы на необходимом расстоянии друг от друга, выполняющих функцию радиационной защиты реактора.

Защитный экран, экран — средство радиационный защиты, обеспечивающее ослабление ионизирующего излучения в определенном направлении.

Тепловая защита ядерного реактора, тепловая защита — устройство ядерного реактора, предназначенное для уменьшения теплопотребления, обусловленного ионизирующим излучением (см. рис. 6.1).

Каналы ядерного реактора

Канал ядерного реактора, канал — устройство, определяющее собой полость в ядерном реакторе определенной конфигурации и сечения; по своему расположению каналы делятся на вертикальные и горизонтальные.

Центральный водяной канал ядерного реактора, центральный водяной канал — водонаполнительный канал ядерного реактора в центре активной зоны реактора.

Ядерный измерительный канал — измерительный канал ядерного реактора, содержащий ионизационные детекторы, измерительную аппаратуру для контроля за потоками нейтронов в реакторе.

Канал охлаждения — канал реактора, предназначенный для подвода и отвода теплоносителя, создания оптимальных условий теплосъема (см. рис. 6.1).

Прямоточный канал охлаждения — канал охлаждения реактора, устроенный так, что теплоноситель проходит через охлаждаемую зону только в одном направлении.

Фильдовский канал охлаждения, канал Фильда — канал охлаждения реактора, состоящий из концентрично расположенных одна в другой труб, позволяющих теплоносителю проходить через охлаждаемую зону дважды в прямом и обратном направлениях.

Технологический канал ядерного реактора, технологический канал, ТК — канал реактора, предназначенный для надежного съема вырабатывающегося в реакторе тепла, осуществляющий подвод, отвод и придание определенного направления потоку теплоносителя, омывающего тепловыделяющие элементы (ндп. *топливный канал*) (см. рис. 6.1).

Испарительный канал ядерного реактора, испарительный канал—технологический канал, в котором генерируется тепло, необходимое для преобразования воды в пароводяную смесь.

Перегревательный канал ядерного реактора, перегревательный канал — технологический канал реактора, в котором влажный пар, проходя через активную зону, нагревается до заданной температуры.

Канал системы управления и защиты ядерного реактора, канал СУЗ — сборочная единица системы управления и защиты реактора, в которой происходит перемещение рабочих органов СУЗ.

Канал жидкостного контроля ядерного реактора, канал жидкостного контроля — измерительный канал ядерного реактора, внутри которого помещены датчики состояния и уровня жидкости, позволяющие менять режим работы реактора.

Система охлаждения
ядерного реактора

Система охлаждения ядерного реактора — совокупность устройств, предназначенных для охлаждения составных частей ядерного реактора.

Система расхолаживания ядерного реактора, система расхолаживания — совокупность устройств, предназначенных для снятия остаточного тепловыделения после остановки ядерного реактора при аварийных ситуациях в реакторе или нарушениях в системе циркуляции теплоносителя, а также при нормальном выводе и вводе его в действие.

Система заполнения ядерного реактора теплоносителем, система заполнения теплоносителем — совокупность устройств, предназначенных для заполнения ядерного реактора и каналов рабочей жидкостью и получения ее необходимого уровня перед пуском реактора.

Система очистки теплоносителя ядерного реактора, система очистки теплоносителя — совокупность устройств реактора, предназначенная для поддержания водного режима, дегазации и очистки теплоносителя в целях ограничения наращивания активности долгоживущих изотопов примесей, исключения возможности образования пробок от окислов и других химических соединений, возникающих и переносимых в теплоносителе, и предотвращения ухудшения теплосъема и теплопередачи.

Система компенсации давления теплоносителя ядерного реактора, система компенсации теплоносителя — автономная система ядерного реактора, подключаемая к контуру теплоносителя с целью выравнивания колебаний давления в контуре во время работы реактора, возникающих за счет теплового расширения.

Система сброса и продувки теплоносителя — система, предназначенная для сбора радиоактивных шлаков из различных частей реактора и сброса их в сливные баки, а также для удаления воздушных пробок из контура.

Первый контур ядерного реактора, первый контур — комплекс каналов ядерного реактора, трубопроводов и теплообменников, обеспечивающий передачу энергии реактора первичным теплоносителем либо рабочему телу энергоцикла, либо неактивному теплоносителю в промежуточном цикле.

Система очистки реакторного газа, система очистки газа, СОГ — совокупность устройств, предназначенных для очистки активного реакторного газа от продуктов деления.

Материалы

Поглощающий материал, поглотитель — вещество с большим сечением поглощения нейтронов.

Выгорающий поглотитель — вещество или объект, атомы которого при захвате нейтронов преобразуются в атомы других веществ или изотопы, обладающие меньшим по сравнению с начальным сечением захвата.

Замедлитель — вещество, применяющееся для уменьшения кинетической энергии нейтронов за счет соударений их с ядрами этого вещества.

Теплоноситель — вещество, снимающее и отводящее тепло от источника тепла и передающее его менее нагретому телу в парогенераторах или теплообменниках; по состоянию и виду теплоноситель может быть газообразным, жидким, жидкометаллическим и др.

6.4. СИСТЕМЫ СУДОВЫХ ЭНЕРГЕТИЧЕСКИХ УСТАНОВОК

Система судовых энергетических установок — совокупность трубопроводов с механизмами, аппаратами, приборами, устройствами и емкостями, предназначенная для выполнения определенных функций по обеспечению эксплуатации судовой энергетической установки.

Система главного пара — система для подачи перегретого пара от паропроизводящих установок и агрегатов к главным паровым турбинам и машинам.

Система вспомогательного пара — система для подачи перегретого или насыщенного пара от паропроизводящих установок и агрегатов или от системы главного пара к вспомогательным механизмам, аппаратам и оборудованию.

Система отработавшего пара — система для отвода отработавшего пара от главных турбин и машин, от вспомогательных механизмов и устройств к теплообменным аппаратам.

Система продувания — система для удаления конденсата и пароводяной смеси из трубопроводов паровых систем и полостей машин и аппаратов, а также воды, механических примесей, шлаков, накипи, пароводяной смеси и рассола из котлов или от испарителей опреснительных установок.

Система подачи и отсоса пара от уплотнений — система для подачи пара к уплотнительным устройствам, внутренних полостей паровых механизмов и арматуры и для отсоса паровоздушной смеси от них.

Атмосферные трубы — трубы для выпуска в атмосферу пара от предохранительных клапанов паровых систем.

Конденсатно-питательная система — система для отбора конденсата из главного и вспомогательного конденсаторов, приема, выдачи, хранения, подготовки и подачи питательной воды к паропроизводящим установкам и агрегатам, на органы регулирования и управления.

Система химической очистки главных и вспомогательных котлов — система для приготовления раствора и подачи его в котел с целью очистки от накипи.

Система промывки проточной части газотурбинного двигателя — система для очистки элементов проточной части газотурбинных двигателей от промышленных отложений и отложений морских солей.

Система опресненной воды — система для приема опресненной воды от опреснительных установок, хранения и подачи ее для подпитки конденсатно-питательной и других систем энергетической установки, а также для судовых нужд.

Система перегрузки сорбентов — система для хранения, погрузки, приготовления и выгрузки сорбентов фильтров.

Топливная система — система для приема, выдачи, хранения, перекачки, очистки, подогрева и подачи топлива к котлам, газотурбинным двигателям и двигателям внутреннего сгорания.

Масляная система — система для приема, выдачи, хранения, перекачки, очистки и подачи масла для смазки и охлаждения механизмов.

Система зачистки цистерн — система для зачистки топливных и масляных цистерн от остатков нефтепродуктов, слива остатков в сборную цистерну и последующего удаления в береговые и плавучие емкости.

Система охлаждения забортной водой — система для подачи забортной воды на охлаждение механизмов, устройств, приборов, другого оборудования и рабочих сред в теплообменных аппаратах судовой энергетической установки.

Система охлаждения пресной водой — система для подачи пресной воды на охлаждение механизмов, устройств, приборов, другого оборудования и рабочих сред в теплообменных аппаратах судовой энергетической установки.

Система подачи воздуха — система для очистки и подвода воздуха к двигателям и котлам для обеспечения сжигания топлива, а также для охлаждения двигателей.

Система пускового воздуха — система для получения, хранения и подачи сжатого воздуха на пуск двигателей внутреннего сгорания.

Система газоотвода — система для отвода отработавших газов от двигателей и котлов.

Смазочная система — совокупность устройств, обеспечивающих подачу смазочного материала к поверхностям трения, а также его возврат в смазочный бак.

Индивидуальная смазочная система — смазочная система, в которой смазочный насос или емкостная масленка подает смазочный материал к одной паре поверхностей трения.

Централизованная смазочная система — смазочная система, в которой смазочный насос или емкостная масленка подает смазочный материал к двум или более парам поверхности трения.

6.5. ВОДА СУДОВЫХ ЭНЕРГЕТИЧЕСКИХ УСТАНОВОК

Пресная вода — вода с содержанием растворенных веществ до 1 г/л (речная, озерная, подземная).

Забортная вода — вода, применяемая для питания опреснительных установок и охлаждения конденсаторов и теплообменных аппаратов.

Умягченная вода — вода, прошедшая процесс умягчения. Умягчение — процесс водоподготовки, целью которого является снижение жесткости воды.

Деаэрированная вода — вода, прошедшая процесс деаэрации. Де-аэрация — процесс водоподготовки, целью которого является удаление газов (в первую очередь кислорода) из воды.

Обескислороженная вода — вода, прошедшая процесс обескислороживания.

Дистиллят — вода, очищенная от растворенных в ней примесей путем однократного испарения в дистилляторе или в судовой опреснительной установке с последующей конденсацией образовавшегося пара.

Бидистиллят — дистиллят после двукратного испарения.

Вода высокой чистоты (обессоленная вода) — вода, прошедшая процесс обессоливания и имеющая удельную электрическую проводимость не более 1,0 мКСм/см. Обессоливание — процесс водоподготовки, целью которого является снижение концентрации всех растворенных в воде солей, кислот и оснований путем обработки воды ионно-обменными материалами.

Рассол — сконцентрированная забортная вода с высоким содержанием растворенных солей и шлама.

Питательная вода — вода, поступающая на питание котлов и парогенератора.

Конденсат — вода, образующаяся из пара при его конденсации.

Добавочная вода — вода из цистерн судового запаса, предназначенная для восполнения потерь пара, конденсата, питательной и котловой воды в пароводяном тракте.

Вода первичного заполнения — вода высокой чистоты, принимаемая с береговых или плавучих станций для заполнения энергетического оборудования и систем установки после их монтажа, ремонта, промывки или смены воды.

Котловая вода — вода, содержащаяся в котле во время его работы и бездействия.

Продувочная вода — вода, удаленная из котла при его продувке.

Промывочная вода — вода на входе в промываемое оборудование или систему.

Береговая вода — вода, принимаемая из берегового водопровода или от специальных плавсредств.

6.6. СУДОВОЙ ВАЛОПРОВОД

Судовой валопровод—часть двигательно-движительной установки судна (или корабля), предназначенная для передачи крутящего момента и восприятия осевого усилия, возникающих при ее работе (рис. 6.2).

Судовой вал — вал, передающий крутящий момент от главного двигателя или другого вала гребному винту.

при сборке с пригонкой (см. рис. 6.2).

Дейдвудное устройство — элемент судового валопровода, предназначенный для прохода гребного вала через корпус судна (см. рис. 6.2).

Встроенное дейдвудное устройство — дейдвудное устройство, полностью размещенное внутри корпуса судна.

Подвесное дейдвудное устройство — дейдвудное устройство, носо-

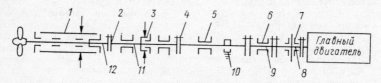

Рис. 6.2. Судовой валопровод

1 — дейдвудное устройство; *2* — тормозное устройство; *3* — переборочное уплотнение; *4* — соединение судовых валов; *5* — опорный подшипник; *6* — монтажный подшипник; *7* — упорный подшипник; *8* — упорный вал; *9* — проставочный вал; *10* — токосъемное устройство; *11* — промежуточный вал; *12* — гребной вал

Валовая линия — совокупность последовательно расположенных судовых валов.

Гребной вал — судовой вал, на котором установлен гребной винт (см. рис. 6.2).

Упорный вал — судовой вал, передающий осевое усилие от гребного винта упорному подшипнику (см. рис. 6.2).

Упорно-гребной вал.

Торсионно-упорный вал — судовой вал, состоящий из двух соосных валов, из которых внутренний передает крутящий момент, а наружный — осевое усилие.

Промежуточный вал — судовой вал, передающий крутящий момент гребному валу непосредственно или через другой промежуточный вал (см. рис. 6.2).

Карданный судовой вал, карданный вал — судовой вал, на концах которого расположены карданы.

Торсионный вал — судовой вал, предварительно тарированный для измерения мощности двигателя.

Проставочный вал — судовой вал, встраиваемый в валовую линию

вая часть которого встроена в корпус судна, а кормовая поддерживается кронштейном валопровода.

Дейдвудная труба — элемент дейдвудного устройства, внутри которого расположен гребной вал.

Кронштейн валопровода — элемент судового валопровода, прикрепленный к подводной части корпуса судна и предназначенный для поддержания консоли гребного вала или подвесного дейдвудного устройства.

Внешнее дейдвудное уплотнение — уплотнительное устройство, установленное на гребном валу со стороны гребного вала (винта).

Внутреннее дейдвудное уплотнение — уплотнительное устройство, установленное на гребном валу со стороны двигателя.

Переборочное уплотнение — уплотнительное устройство, установленное в месте прохода судового вала через водонепроницаемую переборку (см. рис. 6.2).

Соединение судовых валов (см. рис. 6.2).

Опорный подшипник — подшипник судового вала, воспринимающий усилия, направленные перпендикулярно оси (см. рис. 6.2).

Дейдвудный подшипник — опорный подшипник гребного вала, встроенный в дейдвудное устройство.

Монтажный подшипник — опорный подшипник, используемый в качестве временной опоры при монтаже валовой линии (см. рис. 6.2).

Упорный подшипник — подшипник судового вала, воспринимающий осевое усилие от движителя (см. рис. 6.2).

Встроенный упорный подшипник — упорный подшипник валопровода, встроенный в дейдвудное устройство, в редуктор или главный двигатель.

Выносной подшипник гребного вала, выносной подшипник — подшипник гребного вала, установленный на фундаменте вне дейдвудного устройства со стороны двигателя.

Токосъемное устройство — элемент судового валопровода, служащий для отвода от валовой линии статического электричества, накапливающегося при работе валопровода (см. рис. 6.2).

Тормозное устройство — элемент судового валопровода, установленный на фундаменте, служащий для фрикционного торможения валовой линии (см. рис. 6.2).

6.7. ДВИЖИТЕЛИ

Судовой движитель, движитель — устройство, пребразующее работу двигателя в работу поступательного движения судна.

Водометный движитель, ВД — судовой движитель, представляющий собой рабочее колесо водяного насоса, работающее в водоводе (водопроточном канале), обеспечивающем приток воды к колесу насоса и направленный ее выброс по оси движителя.

Гидрореактивный движитель, ГД — судовой движитель, в котором ускорение потока происходит (частично или полностью) за счет энергии сжатого воздуха или продуктов сгорания, подаваемых в водовод через сопло.

Гребной винт — судовой движитель, состоящий из двух или более лопастей, которые расположены радиально на ступице.

Движительная колонка, ДК — устройство с гребным винтом, представляющее собой зубчатую передачу, передающую крутящий момент от двигателя на гребной винт, который создает упор, направленный вдоль диаметральной плоскости судна.

Движительное устройство, ДУ — судовой движитель с механизмами, с помощью которых крутящий момент от приводного двигателя передается на движитель или его рабочий орган.

Движительная система, ДС — один или несколько судовых движителей (движительных устройств), установленных или предназначенных для установки на одном судне, со всем обслуживающим оборудованием, в том числе системой управления, смазочной системой и т. п.

Крыльчатый движитель, КД — судовой движитель, состоящий из корпуса с сервомоторами и ротора с вертикальными лопастями, которые при движении судна перемещаются по циклоиде и расположены нормально к направлению движения потока (рис. 6.3). Создаваемый крыльчатым движителем упор регулируется по величине и направлению.

Резервная движительная система, РДС — движительная система, работающая независимо от главной движительной системы и сообщающая судну малый ход.

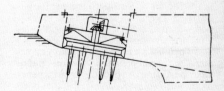

Рис. 6.3. Крыльчатый движитель

Гребные винты[1]

Гребной винт в насадке — гребной винт с цилиндрическим устройством (насадкой), охватывающим с минимальным зазором кромки лопастей гребного винта и служащим для повышения его эффективности.

Гребной винт фиксированного шага, ВФШ — гребной винт, лопасти которого жестко закреплены на ступице.

Гребной винт регулируемого шага, ВРШ — комплекс, включающий в себя гребной винт с поворотными лопастями, гребной вал, механизм изменения шага или масловвод, а также систему управления и смазочную систему (рис. 6.4).

устанавливаются только в два или в несколько конкретных положений, предусмотренных конструкцией этого ВРШ.

Гребной винт с поворотными лопастями, ВПЛ — рабочий орган ВРШ (собственно гребной винт), состоящий из ступицы с лопастями, узлами крепления и уплотнения лопастей, а также из механизма, с помощью которого лопасти могут быть повернуты и зафиксированы в заданном положении при работе ВРШ (см. рис. 6.4).

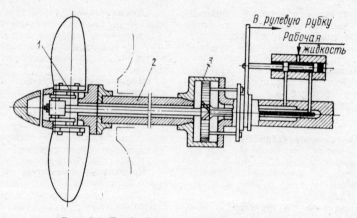

Рис. 6.4. Гребной винт регулируемого шага
1 — гребной винт с поворотными лопастями; *2* — гребной вал; *3* — механизм изменения шага

Всережимный гребной винт регулируемого шага, всережимный ВРШ — гребной винт регулируемого шага, лопасти которого во время работы могут устанавливаться в любое положение в пределах диапазона их поворота.

Гребной винт регулируемого шага с ограниченным числом рабочих режимов — гребной винт регулируемого шага, лопасти которого

Механизм изменения шага, МИШ — часть винта регулируемого шага, расположенная вне ступицы и предназначенная для создания усилий, необходимых при перекладке лопастей винта регулируемого шага (см. рис. 6.4).

Маслобукса гребного винта регулируемого шага, маслобукса ВРШ, предназначенная для ввода смазочного масла в полости вращающегося гребного вала.

Масловвод гребного винта регулируемого шага, масловвод ВРШ — часть ВРШ, предназначенная для

---

[1] Более подробные сведения приведены в ГОСТ 25815—83. Винты гребные. Термины и определения.

ввода рабочей жидкости (масла), питающей гидроцилиндр в ступице, в полости вращающегося гребного вала.

Фиксатор шага ВРШ, фиксатор шага—устройство, фиксирующее лопасти ВРШ в заданном положении.

Лопасть гребного винта—рабочая часть гребного винта, имеющая винтовую поверхность и создающая упор путем использования реакции воды, отбрасываемой этой лопастью при вращении гребного винта.

Крыльчатые движители

Механизм привода лопастей — механизм крыльчатого движителя, расположенный в роторе и поворачивающий лопасти относительно их осей вращения.

Ротор крыльчатого движителя, ротор КД — вращающаяся часть крыльчатого движителя, в которой на равных угловых расстояниях закреплены лопасти.

Сервомотор крыльчатого движителя, сервомотор КД — силовой орган КД, обеспечивающий изменение упора в заданном направлении. Ходовой сервомотор изменяет упор в направлении хода судна, а рулевой — в направлении, перпендикулярном ходу судна.

Синхронизирующий механизм — механизм КД, обеспечивающий равные с ротором угловые скорости вращения центрального звена механизма привода лопастей.

6.8. ВОЗДУШНЫЕ НАГНЕТАТЕЛИ СУДОВ НА ВОЗДУШНОЙ ПОДУШКЕ

Судовой воздушный нагнетатель, нагнетатель — лопаточная воздуходувная машина, предназначенная для повышения давления воздуха за счет передачи ему механической энергии от приводного двигателя. В общем случае состоит из корпуса, ротора (роторов), механизмов поворота закрылков и смазочной системы.

Нагнетательная установка — установка в составе подъемной системы СВП, предназначенная для повышения давления атмосферного

воздуха, подаваемого в воздуховод, ресивер или непосредственно под днище судна. В общем случае состоит из входной коробки, собственно нагнетателя и диффузора.

Проточная часть нагнетателя, проточная часть — внутреннее пространство нагнетателя, ограниченное элементами его ротора (роторов) и корпуса, омываемыми потоком воздуха, проходящего через нагнетатель, и непосредственно влияющими на направление и скорость потока.

Типы нагнетателей

Диагональный нагнетатель — нагнетатель, у которого направление меридиональной скорости потока воздуха на входе в рабочее колесо приблизительно параллельно оси его вращения, а направление на выходе из рабочего колеса составляет с осью его вращения угол около 45°.

Осевой нагнетатель — нагнетатель, у которого направление меридиональной скорости потока воздуха на входе и выходе из рабочего колеса приблизительно параллельно оси его вращения.

Осевой нагнетатель с меридиональным ускорением потока воздуха, осевой нагнетатель с меридиональным ускорением — осевой нагнетатель, у которого осуществлено сужение меридионального сечения проточной части за счет конической втулки рабочего колеса.

Радиальный нагнетатель — нагнетатель, у которого направление меридиональной скорости потока воздуха на входе в рабочее колесо приблизительно параллельно, а на выходе из рабочего колеса приблизительно перпендикулярно оси его вращения.

Радиальный нагнетатель одностороннего всасывания, односторонний нагнетатель—радиальный нагнетатель, всасывание воздуха в который происходит через один входной коллектор.

Радиальный нагнетатель двустороннего всасывания, двусторонний нагнетатель — радиальный нагнетатель, всасывание воздуха в который происходит через два соосных входных коллектора, расположенных по разные стороны от рабочего колеса.

Ступень нагнетания, ступень — совокупность элементов аэродинамической схемы нагнетателя, состоящая из рабоего колеса и спрямляющего аппарата.

Одноступенчатый нагнетатель — нагнетатель, аэродинамическая схема которого в общем случае содержит входной направляющий аппарат и одну ступень.

Двухступенчатый нагнетатель — нагнетатель, аэродинамическая схема которого содержит входной направляющий аппарат и две ступени.

Контрроторный нагнетатель — двухступенчатый осевой нагнетатель с рабочими колесами встречного вращения.

Осерадиальный нагнетатель — двухступенчатый нагнетатель, первая ступень которого с осевым рабочим колесом, а вторая ступень — с радиальным.

Элементы конструкции нагнетателей

Ротор нагнетателя, ротор — вращающаяся часть нагнетателя, состоящая из вала с закрепленными на нем рабочими колесами, предназначенными для передачи воздуху механической энергии привода.

Корпус нагнетателя, корпус — неподвижная часть нагнетателя, в которой вращается ротор. Предназначен для передачи нагрузки от роторов на корпус судна. Образует вместе с элементами роторов проточную часть нагнетателя.

Рабочее колесо нагнетателя, рабочее колесо — основной элемент ротора, предназначенный для передачи воздуху механической энергии привода путем динамического действия.

Лопатка нагнетателя, лопатка — элемент нагнетателя, предназначенный для изменения параметров воздушного потока.

Входная направляющая лопатка — лопатка входного направляющего аппарата нагнетателя.

Рабочая лопатка — лопатка рабочего колеса ступени нагнетателя.

Спрямляющая лопатка — лопатка спрямляющего аппарата ступени нагнетателя.

Закрылок лопатки, закрылок — поворотная хвостовая часть лопатки входного направляющего аппарата.

Входной коллектор — элемент корпуса нагнетателя или нагнетательной установки, предназначенный для плавного подвода воздуха к входному направляющему аппарату или рабочему колесу первой ступени и поджатия потока с целью выравнивания поля скоростей на входе во входной направляющий аппарат или в рабочее колесо.

Входной направляющий аппарат, направляющий аппарат — элемент корпуса, расположенный на входе в нагнетатель и представляющий собой неподвижное лопаточное устройство, предназначенное для обеспечения оптимальных условий входа потока воздуха в рабочее колесо первой ступени.

Спиральный кожух — элемент корпуса радиального нагнетателя, предназначенный для отвода воздуха в определенном направлении и для частичного преобразования динамического давления выходящего из рабочего колеса воздуха в статическое.

Радиальный кожух — элемент корпуса радиального нагнетателя или нагнетательной установки, предназначенный для отвода воздуха из нагнетателя по окружности рабочего колеса в направлении, перпендикулярном оси его вращения, а также для частичного преобразования динамического давления воздуха в статическое.

Разделительная диафрагма, диафрагма — элемент корпуса радиального нагнетателя двустороннего всасывания, устанавливаемый в плоскости коренного диска для разделения проточной части нагнетателя на две полости.

Обтекатель — элемент осевого нагнетателя, способствующий плавному подводу воздуха к входному направляющему аппарату или рабочему колесу первой ступени.

Цилиндрический кожух — элемент корпуса осевого нагнетателя, ограничивающий проточную часть в районе расположения рабочего колеса.

Противосрывное устройство — элемент корпуса осевого нагнетателя, предназначенный для ликвидации или снижения интенсивности срыва потока воздуха с концевых частей пера лопатки в диапазоне малых подач.

Спрямляющий аппарат — элемент корпуса осевого нагнетателя, представляющий собой неподвижное лопаточное устройство, предназначенное для раскручивания потока воздуха за рабочим колесом ступени.

Механизм поворота закрылков входного направляющего аппарата— механизм нагнетателя, предназначенный для обеспечения синхронного поворота закрылков лопаток и их фиксации в заданном положении.

7.

СУДОВЫЕ СИСТЕМЫ

7.1. ОБЩИЕ ПОНЯТИЯ

Судовая система — совокупность трубопроводов, механизмов, аппаратов, приборов, устройств и емкостей, предназначенных для выполнения определенных функций по обеспечению эксплуатации судна.

Судовой трубопровод — совокупность труб, арматуры, приборов, фасонных частей, деталей крепления и защиты труб от повреждений, предназначенных для транспортирования жидких, газообразных и многофазных сред, а также для передачи давления и звуковых волн.

Общесудовые системы — комплекс судовых систем, свойственных судну независимо от его типа и назначения, обеспечивающих выполнение функций по его эксплуатации (борьбу за живучесть и непотопляемость судна, поддержание заданных условий обитаемости, работу гидро- и пневмооборудования и пр.).

7.2. ОБЩЕСУДОВЫЕ СИСТЕМЫ

Балластные системы

Балластные системы — группа судовых систем, предназначенных для перемещения водяного балласта с целью обеспечения посадки и остойчивости судна.

Балластная система — система, предназначенная для приема водяного балласта в цистерны, перекачки и удаления его с судна с целью изменения осадки и остойчивости судна.

Дифферентная система — система, предназначенная для приема в цистерны, перекачки и удаления из них водяного балласта с целью выравнивания дифферента или создания в необходимых случаях искусственного дифферента судна.

Креновая система — система, предназначенная для приема в цистерны, перекачки и удаления из них водяного балласта, с целью выравнивания крена или создания в необходимых случаях искусственного крена судна.

Система замещения — система, предназначенная для приема в цистерны и удаления из них водяного балласта, замещающего массу израсходованных переменных грузов.

Система нефтесодержащих балластных вод — система, предназначенная для сбора, очистки от нефтепродуктов и удаления с судна нефтесодержащих балластных вод.

Системы бытового водоснабжения

Системы бытового водоснабжения — группа судовых систем, предназначенных для обеспечения бытовых и санитарных нужд судна в пресной и забортной воде.

Система бытовой забортной воды — система, предназначенная для приема и подачи забортной воды к санитарно-бытовому оборудованию и другим местам потребления.

Система бытовой пресной воды — система, предназначенная для приема, хранения, кондиционирования и обеспечения всех потребителей пресной питьевой водой, когда на судне не предусмотрены раздельные системы питьевой и мытьевой воды.

Система мытьевой воды — система, предназначенная для приема, хранения, обеззараживания и подачи мытьевой воды к местам ее потребления и для передачи на другие суда.

Система питьевой воды — система, предназначенная для приготовления, приема, хранения, кондиционирования и подачи питьевой воды к местам ее потребления (питья, приготовления пищи и т. п.) и для передачи на другие суда.

Системы микроклимата

Системы микроклимата — группа судовых систем, предназначенных для создания и поддержания в помещениях судна требуемых параметров воздушной среды.

Микроклимат судовых помещений — климат внутренней среды этих помещений, который характеризуется действующими на организм человека сочетаниями температуры, влажности и скорости движения воздуха, а также температуры окружающих поверхностей.

Оптимальные микроклиматические условия — сочетание параметров микроклимата, которые при длительном и систематическом воздействии на человека обеспечивают сохранение нормального функционального и теплового состояния организма без напряжения реакции терморегуляции.

Они создают ощущение теплового комфорта и предпосылки для высокого уровня работоспособности.

Допустимые микроклиматические условия — сочетания параметров микроклимата, которые при длительном и систематическом воздействии на человека могут вызвать преходящие и быстронормализующиеся изменения функционального и теплового состояния организма и напряжение реакций терморегуляции, не выходящие за пределы физиологических приспособительных возможностей. При этом не ухудшается состояние здоровья, не наблюдаются дискомфортные теплоощущения, ухудшение самочувствия и понижение работоспособности.

Система вентиляции — система, предназначенная для подачи в помещения судна наружного воздуха и удаления из них загрязненного воздуха с целью обеспечения заданного воздухообмена.

Система водяного отопления — система, предназначенная для отопления жилых и служебных помещений путем подачи горячей воды к отопительным приборам.

Система кондиционирования воздуха — система, предназначенная для обработки воздуха и подачи его в судовые помещения с целью обеспечения и поддержания в них заданных параметров воздушной среды (температуры, влажности, скорости, газового состава и др.).

Система комфортного кондиционирования воздуха — система кондиционирования, предназначенная для создания и поддержания в судовых помещениях заданных параметров воздушной среды, благоприятных для самочувствия людей.

Система технического кондиционирования воздуха — система кондиционирования, предназначенная для создания и поддержания в судовых помещениях заданных параметров воздушной среды, требуемых для сохранения груза или работы оборудования, приборов и др.

Система регенерации воздуха — система, предназначенная для поддержания в обитаемых помещениях судна заданного газового состава воздуха.

Система газового контроля — система, предназначенная для контроля газового состава воздуха судовых помещений.

Система парового отопления — система, предназначенная для отопления машинных помещений, механических мастерских, хозяйственных кладовых, санитарно-бытовых, санитарно-гигиенических и других помещений путем подачи водяного пара к отопительным приборам.

Системы пожаротушения

Системы пожаротушения — группа судовых систем, предназначенных для предупреждения, локализации и тушения пожаров на судах.

Система водяного пожаротушения — система, предназначенная для подачи воды на очаг пожара в виде компактных или распыленных водяных струй от переносных или стационарных пожарных стволов.

Система водяных завес — система, предназначенная для создания сплошных водяных завес, препятствующих распространению огня, пара и газов и защищающих людей от тепловой радиации и охлаждающих корпусные конструкции судна.

Система водораспыления — система, предназначенная для подачи воды к распылительным насадкам, установленным для тушения пожара распыленной водой в машинных и котельных отделениях, а также в грузовых и служебных помещениях судна.

Система орошения — система, предназначенная для подачи воды к оросительным насадкам для тушения пожара или понижения температуры в хранилищах взрывчатых и легковоспламеняющихся веществ, в помещениях сухих грузов, а также для орошения палуб, переборок, вахт, сходов, проходов и т. п.

Спринклерная система — система, предназначенная для подачи воды на тушение пожара оросительными насадками (спринклерами), выключающимися автоматически при повышении температуры в защищаемых помещениях до заданной величины.

Система затопления — система, предназначенная для заполнения водой хранилищ взрывчатых и легковоспламеняющихся веществ.

Система парового пожаротушения — система, предназначенная для подачи водяного пара для тушения пожара в топливных цистернах и некотором оборудовании.

Система объемного химического тушения — система, предназначенная для подачи легкоиспаряющихся огнетушащих жидкостей в грузовые трюмы, машинные, котельные и другие защищаемые помещения для тушения пожара путем заполнения парами жидкостей этих помещений (ндп: *система жидкостного химического тушения*).

Ингибиторная система — система предназначенная для подачи ингибитора — инертных газов, химических жидкостей или водяного пара в охраняемые помещения с целью предупреждения возгорания или взрыва легковоспламеняющихся веществ.

Система инертных газов — система, предназначенная для подачи инертных газов, выпускных газов двигателей внутреннего сгорания, топочных газов котлов или специально подготовленных при сжигании топлива газов в грузовые трюмы, танки и цистерны для тушения или предупреждения пожаров и взрывов.

Система пенного пожаротушения, система пенотушения — система, предназначенная для подачи пены на горящую поверхность или для заполнения защищаемых помещений.

Система углекислотного пожаротушения, система углекислотного тушения — система, предназначенная для подачи жидкой углекислоты в грузовые трюмы, машинные, котельные и другие защищаемые помещения при тушении пожара путем заполнения помещений газообразной углекислотой.

Система порошкового пожаротушения, система порошкового тушения — система, предназначенная для хранения и подачи сухого огнегасящего порошка к очагу пожара.

Системы сжатого воздуха — группа судовых систем, предназначенных для обеспечения судовых нужд сжатым воздухом.

Система воздуха высокого давления — система, предназначенная для получения и хранения на судне сжатого воздуха давлением более 10 МПа (100 кгс/см²) и подачи его к потребителям.

Система воздуха среднего давления — система, предназначенная для получения и хранения на судне сжатого воздуха давлением от 1 до 10 МПа (от 10 до 100 кгс/см²) и подачи его к потребителям.

Система воздуха низкого давления — система, предназначенная для получения и хранения на судне сжатого воздуха давлением до 1 МПа (10 кгс/см²) и подачи его к потребителям.

Система пневмоуправления — система, предназначенная для подачи сжатого воздуха к пневмодвигателям механизмов, устройств и арматуры для приведения их в действие.

Сточные системы

Сточные системы — группа судовых систем, предназначенных для сбора и удаления с судна сточных и хозяйственно-бытовых вод.

Система сточных вод — система, предназначенная для сбора, обработки (очистки и обеззараживания) и удаления с судна сточных вод из туалетов, медицинских помещений и помещений для перевозки животных.

Система хозяйственно-бытовых вод — система, предназначенная для сбора, хранения, обработки (очистки и обеззараживания) и удаления с судна хозяйственно-бытовых вод из умывальников, бань, прачечных, камбузов и других подобных помещений.

Шпигаты открытых палуб — шпигаты, предназначенные для отвода за борт воды, попавшей на открытые палубы при волнении на море, от атмосферных осадков, при тушении пожаров и т. д.

Трюмные системы — группа судовых систем, предназначенных для удаления воды, скапливающейся в корпусе судна в процессе повседневной эксплуатации или поступившей в него при аварии.

Водоотливная система — система, предназначенная для удаления за борт из помещений судна большой массы воды, поступившей при аварии, повреждении корпуса или тушении пожара.

Осушительная система — система, предназначенная для периодического удаления за борт воды, скапливающейся в корпусе судна в процессе эксплуатации, для осушения цистерн, а также заполнения различных цистерн на специальных судах.

Система нефтесодержащих трюмных вод — система, предназначенная для сбора, очистки от нефтепродуктов и удаления с судна нефтесодержащих трюмных вод.

Холодильные системы

Холодильные системы — группа систем, входящих в состав холодильной установки и обеспечивающих производство искусственного холода.

Холодильная система — система, предназначенная для перемещения холодильного агента (фреона, аммиака и др.), обеспечивающая производство, а в ряде случаев потребление искусственного холода.

Система хладоносителя — система, предназначенная для перемещения (воды, рассола и др.) и обеспечивающая потребление искусственного холода в установках с промежуточным охлаждением.

7.3. ОБЩЕСУДОВЫЕ СИСТЕМЫ РАЗНОГО НАЗНАЧЕНИЯ

Система гидравлики — система, предназначенная для подачи рабочей жидкости под давлением к гидродвигателям механизмов, устройств и арматуры систем для приведения их в действие.

Система охлаждения судового оборудования — система, предназначенная для подачи воды (пресной или забортной) на охлаждение механизмов, аппаратов, приборов и другого оборудования.

Система подогрева жидкостей — система, предназначенная для подачи водяного пара к подогревающим змеевикам или трубам, установленным в танках, топливных, масляных и водяных цистернах, а также для обогревания и продувания донной арматуры машинного и котельного отделений.

Система пропаривания — система, предназначенная для подачи водяного пара в танки и топливные цистерны с целью зачистки их от остатков жидкостей (грузов).

Система хозяйственного пароснабжения — система, предназначенная для подачи водяного пара к хозяйственно-бытовым приборам, воздухонагревателям и другому оборудованию, а также для обогревания и продувания донной и бортовой арматуры.

7.4. СИСТЕМЫ НАЛИВНЫХ СУДОВ

Системы наливных судов — группа судовых систем, предназначенных для выполнения операций по приему, транспортированию и выгрузке жидких грузов.

Грузовая система — система, предназначенная для приема, перекачки в пределах судна и выгрузки жидких грузов.

Зачистная система — система, предназначенная для откачки из грузовых танков жидкого груза, не выбранного грузовой системой.

Газоотводная система — система, предназначенная для поддержания в танках безопасного давления и газообмена в процессе приема, выдачи и транспортирования жидкого груза.

Система мойки танков — система, предназначенная для подачи моющей среды к моечным машинкам и последующего удаления продуктов промывки из грузовых танков.

Система орошения грузовых танков — система, предназначенная для орошения наружных поверхностей грузовых танков забортной водой с целью снижения температуры груза и уменьшения его потерь от испарения.

7.5. СИСТЕМЫ ПРОМЫСЛОВЫХ СУДОВ

Системы промысловых судов — группа судовых систем, предназначенных для обслуживания призводственных цехов, рыбоперерабатывающих технологических линий и установок.

Система рыбьего жира — система, предназначенная для перекачки в цистерны, хранения и выгрузки рыбьего жира.

Система растительного масла — система, предназначенная для приема, хранения, перекачки подготовки и подачи растительного масла к заливочным машинам.

Система тузлука — система, предназначенная для приготовления и подачи тузлука к местам засолки рыбы и возврата отработанного тузлука.

Система рыбоподачи — система, предназначенная для забора рыбоводяной смеси из рыболовных снастей, трюмов и емкостей добывающих судов и подачи рыбы к местам переработки или хранения.

Система производственной пресной воды — система, предназначенная для приема, хранения и подачи пресной холодной или горячей воды к оборудованию производственных цехов и для санитарной обработки помещений.

Система производственной забортной воды — система, предназначенная для приема и подачи холодной и горячей воды к оборудованию производственных цехов и для санитарной обработки помещений.

Система производственного пароснабжения — система, предназначенная для подачи пара к оборудованию производственных цехов.

Система производственной канализации — система, предназначенная для удаления за борт отходов обработки морепродуктов, отвода воды от рыбообрабатывающего оборудования и воды после мытья палуб и санитарной обработки производственных помещений.

7.6. СИСТЕМЫ СПАСАТЕЛЬНЫХ СУДОВ

Системы спасательных судов — группа судовых систем, предназначенных для выполнения определенных функций на аварийно-спасательных судах.

Система грунторазмыва — система, предназначенная для размыва грунта водяными струями вокруг затонувшего или сидящего на грунте аварийного судна.

Система грунтоотсоса — система, предназначенная для отсоса грунта (песка или ила) из помещений затонувшего судна.

Водоотливно-спасательная система — система, предназначенная для откачки воды из затопленных помещений аварийного судна.

Система сжатых газов и газовых смесей — система, предназначенная для получения, хранения и подачи сжатых газов (азота, гелия и кислорода), приготовления и подачи газовых смесей для водолазных работ и зарядки баллонов дыхательных аппаратов.

7.7. ТРУБОПРОВОДЫ И ТРУБЫ

* **Приемный трубопровод** — трубопровод, по которому среда забирается из атмосферы, из-за борта, из судовых помещений, емкостей и аппаратов, перемещается к приемным устройствам механизмов.

* **Напорный трубопровод** — трубопровод, по которому рабочая среда от механизмов, аппаратов и емкостей перемещается за борт, в атмосферу судовых помещений, емкостей и аппаратов.

* **Перекачивающий трубопровод** — трубопровод, по которому рабочая среда из одних судовых емкостей перемещается в другие.

* **Наливной трубопровод** — трубопровод, по которому жидкость, подаваемая береговыми средствами, насосами другого судна или самотеком, перемещаются в судовые емкости.

* **Отливной трубопровод** — трубопровод, по которому жидкость откачивается судовыми насосами из помещений и емкостей за борт.

* **Трубопровод выдачи** — трубопровод, предназначенный для подачи судовыми средствами различных жидкостей, газов и пара на другие суда или в береговые и плавучие емкости.

* **Трубопровод сливной** — трубопровод, предназначенный для слива в трюм или в судовые емкости протечек, отстоя и остатков жидкости от механизмов, из емкостей, поддонов и аппаратов.

* **Трубопровод продувания** — трубопровод, предназначенный для удаления в трюм или в судовые емкости конденсата и пароводяной смеси из трубопроводов, корпусов механизмов и теплообменных аппаратов.

* **Трубопровод стравливающий** — трубопровод, предназначенный для отвода в судовые емкости жидкостей или в окружающую атмосферу газов, стравливаемых при срабатывании предохранительных клапанов, а также для аварийного удаления рабочей среды за борт.

* **Трубопровод газовыпускной** — трубопровод, предназначенный для удаления отработавших газов от двигателей в атмосферу или за борт, ниже ватерлинии.

* **Трубопровод вытяжной** — трубопровод в системах вентиляции и кондиционирования воздуха, предназначенный для удаления воздуха из обслуживаемого помещения.

* **Трубопровод приточный** — трубопровод в системах вентиляции и кондиционирования воздуха, предназначенный для подачи воздуха в обслуживаемое помещение.

Переливные трубы — трубы, предназначенные для перелива нефтепродуктов из цистерн и других хранилищ в специальные емкости при переполнении этих хранилищ.

Воздушные трубы — трубы, предназначенные для сообщений с атмосферой заполняемых жидкостью цистерн, коффердамов и других отсеков.

Измерительные трубы — трубы, предназначенные для замера уровня жидкости в танках, цистернах, льялах, коффердамах и т. п.

Переговорные трубы — трубы, предназначенные для внутренней голосовой связи, осуществляемой личным составном между помещениями или постами судна.

Перепускные трубы — трубы, предназначенные для перепуска и спуска воды из помещений не имеющих осушительных или водоотливных средств, в соседние и нижерасположенные помещения, имеющие средства осушения или водоотлива.

7.8. СХЕМЫ СУДОВЫХ СИСТЕМ И ТРУБОПРОВОДОВ

* Л и н и и т р у б о п р о в о д о в

Магистраль — главная линия трубопровода судовой системы, по которой распределяется или в которую собирается перемещаемая среда.

Ответвление — линия трубопровода, по которой перемещаемая среда подводится к одному потребителю или отводится от него.

Ответвление групповое — линия трубопровода, по которой перемещаемая среда подводится к группе потребителей или отводится от них.

Обвод — участок трубопровода с запорной арматурой, предназначенный для перемещения среды в обход какого-либо элемента системы для полного или частичного его отключения.

Перемычка — постоянный или съемный участок трубопровода, соединяющий магистрали или другие линии трубопровода, а также емкости, предназначенный для перемещения среды между ними в различных рабочих режимах.

* Т и п ы   с х е м   с у д о в ы х   с и с т е м   п о   п о с т р о е н и ю

* **Линейная схема** — схема судовой системы, магистраль которой выполнена в виде одной линии (линейной магистрали).

* **Двухлинейная схема** схема судовой системы, имеющая две независимые линейные магистрали.

* **Кольцевая схема** — схема судовой системы, выполненная в виде замкнутого кольца, образованная двумя линейными магистралями и соединяющая их перемычками.

* **Линейно-кольцевая схема** — схема судовой системы, состоящая из последовательно соединенных магистралей, выполненных по кольцевой и линейной схемам.

* **Автономная схема** — схема судовой системы, при которой для каждого отдельного отсека или помещения предусмотрены самостоятельные механизмы (аппараты), предназначенные для обслуживания мест потребления только одного данного отсека или помещения.

* **Групповая схема** — схема судовой системы, при которой для каждой отдельной группы смежных отсеков или помещений предусмотрены самостоятельные механизмы (аппараты), предназначенные для обслуживания мест потребления только данной группы отсеков или помещений.

* **Централизованная схема** — схема судовой системы, при которой любой механизм предназначается для обслуживания любого места потребления, независимо от его расположения на судне.

* **Схема с автономными участками** — схема централизованной судовой системы с рассредоточением механизмов по длине судна, при которой предусмотрена возможность разделения системы на ряд самостоятельных автономных участков, при этом каждый автономный участок системы предназначается в этом случае для обслуживания мест потребления только в районе своего участка.

* Т и п ы   с х е м   с у д о в ы х   с и с т е м   п о   п р и н ц и п у   п е р е м е щ е н и я   р а б о ч е й   с р е д ы

* **Закрытая схема** — схема судовой системы, в которой трубопровод и другие элементы системы образуют замкнутый контур, исключающий контакт перемещаемой среды с атмосферой в каком-либо элементе системы.

* **Открытая схема** — схема судовой системы, в которой трубопровод и другие элементы системы образуют контур, где перемещаемая среда имеет постоянный контакт с атмосферой в одном или нескольких элементах системы.

* **Проточная схема** — схема судовой системы, трубопровод и другие элементы которой образуют разомкнутый контур, где происходит однократное использование рабочей среды, перемещающейся под напором, создаваемым механизмом (схема проточная), либо под воздействием статического напора, создаваемого в приемном патрубке системы при движении судна (схема самопроточная).

* **Прямоточная схема** — схема судовой системы, в магистралях которой свежая и отработавшая рабочие среды перемещаются в одном направлении.

* **Противоточная схема** — схема судовой системы, в магистралях которой свежая и отработавшая рабочие среды перемещаются в противоположных направлениях.

* **Циркуляционная схема** — схема судовой системы, трубопровод и другие элементы которой образуют замкнутый контур, где происходит многократное использование рабочей среды, перемещающейся под напором, создаваемым механизмом (принудительная циркуляция), либо под воздействием гравитационных сил (естественная циркуляция).

* **Рециркуляционная схема** — схема судовой системы, в которой повторно используется часть рабочей среды, возвращающейся в контур.

8.

ОБОРУДОВАНИЕ СУДОВЫХ СИСТЕМ КОНДИЦИОНИРОВАНИЯ ВОЗДУХА, ВЕНТИЛЯЦИИ, РЕГЕНЕРАЦИИ И ОТОПЛЕНИЯ[1]

8.1. ОБЩИЕ ПОНЯТИЯ

Воздухотехническое оборудование — технические средства для перемещения, а в большинстве случаев и кондиционирования воздуха. Перемещение воздуха происходит с помощью вентилятора или оно вызвано разностью его удельных масс, а иногда воздействием ветра. К воздухотехническому оборудованию относят вентиляционное оборудование и оборудование для кондиционирования воздуха, газоочистное и пылеулавливающее оборудование.

Вентиляционное оборудование — воздухотехническое оборудование, обеспечивающее регулируемый воздухообмен в помещении с искусственным перемещением удаляемого или приточного воздуха, а также их комбинации.

Оборудование для кондиционирования воздуха — воздухотехническое оборудование, позволяющее создавать в помещении установленный температурно-влажностный и воздушный режимы, с более чем одной термодинамической обработкой приточного воздуха. Оборудование для кондиционирования воздуха может обеспечить скорость движения, скорость изменения давления, а также газовый, ионный и бактериологический состав воздуха.

Кондиционирование воздуха — создание и поддержание в помещении требуемого температурно-влажност-

---

[1] Более подробные сведения приведены в ГОСТ 22270—76. Оборудование для кондиционирования воздуха, вентиляции и отопления. Термины и определения.

ного и воздушного режимов. Кондиционирование воздуха может обеспечивать в помещении требуемые температуру, относительную влажность, чистоту, скорость движения, давление, скорость изменения давления, а также газовый, ионный и бактериологический составы воздуха.

* **Комфортное кондиционирование воздуха** — кондиционирование воздуха в жилых, бытовых, медицинских, общественных помещениях и помещениях технической эксплуатации судна.

* **Регенерация воздуха** — поддержание в помещении требуемого состава воздуха.

* **Очистка воздуха** — обработка воздуха с целью исключения из состава вредных примесей.

* **Комплексная обработка воздуха** — совмещение процессов регенерации, очистки и кондиционирования воздуха.

Вентиляция — регулируемый газообмен.

Отопление — искусственное поддержание температуры воздуха в помещении на более высоком уровне, чем температура наружного воздуха.

Кондиционированный воздух — обработанный в воздухотехническом оборудовании воздух, который соответствует требованиям поддержания наиболее благоприятных для самочувствия людей и ведения технологических процессов микроклиматических условий воздушной среды в обслуживаемых помещениях.

Приточный воздух — воздух, подаваемый в помещение.

Внутренний воздух — воздух внутри помещения.

Удаляемый воздух — воздух, отводимый из вентилируемого помещения.

Наружный воздух — воздух внешней среды.

Выбросной воздух — удаляемый воздух, который не возвращается в вентилируемое помещение.

Рециркуляционный воздух — удаляемый воздух, который после обработки возвращается в вентилируемое помещение.

Вредное вещество — вещество, которое отрицательно влияет на

живые организмы, постройки и (или) на оборудование.

* **Вредные примеси** — пары, газы, аэрозоли, содержащиеся в воздухе и газовоздушной смеси, которые при определенных концентрациях оказывают токсические воздействия на организм человека.

* **Газовоздушная смесь** — воздух, содержащий вредные примеси.

* **Сорбция** — поглощение газов, паров и растворенных веществ твердыми телами и жидкостями (сорбентами).

* **Адсорбция** — поглощение веществ из растворов или газов на поверхности твердого тела или жидкости.

* **Абсорбция** — поглощение вещества из смеси газов жидкостью.

* **Десорбция** — удаление с поверхности твердого тела (адсорбента) поглощенного вещества.

8.2. ОБОРУДОВАНИЕ

Оборудование систем кондиционирования

Кондиционер воздуха, кондиционер — агрегат для кондиционирования воздуха в помещении. Кондиционер воздуха, обрабатывающий и подающий в помещение наружный воздух, называется прямоточным, внутренний — рециркуляционным, смесь наружного и внутреннего воздуха — с рециркуляцией.

Местный кондиционер воздуха, местный кондиционер — кондиционер воздуха, конструкция которого предусматривает установку его в обслуживаемом помещении или рядом с ним.

Центральный кондиционер воздуха, центральный кондиционер — кондиционер воздуха, конструкция которого предусматривает установку его вне обслуживаемого помещения и возможность обслуживания нескольких помещений.

Автономный кондиционер воздуха, автономный кондиционер — кондиционер воздуха со встроенным источником холода (рис. 8.1).

Неавтономный кондиционер воздуха, неавтономный кондиционер —

кондиционер воздуха, снабжаемый холодом от отдельно установленного источника.

Раздельный кондиционер воздуха, раздельный кондиционер — автономный кондиционер воздуха, в конструкции которого предусмотрена возможность изолированной друг от друга установки входящих в него агрегатов.

Секционный кондиционер воздуха, секционный кондиционер — кон-

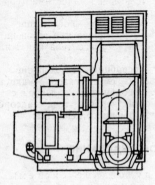

Рис. 8.1. Автономный кондиционер воздуха

диционер воздуха, конструкция которого позволяет располагать функциональные элементы в желаемой последовательности согласно принятой схеме приготовления воздуха.

Секция кондиционера — функциональная часть секционного кондиционера, обеспечивающая определенный вид обработки и (или) перемещения воздуха.

Моноблочный кондиционер воздуха, моноблочный кондиционер — кондиционер воздуха, в конструкции которого предусмотрена компоновка всех его составных частей в едином корпусе.

Круглогодичный кондиционер воздуха, круглогодичный кондиционер — кондиционер для тепловлажностной обработки воздуха в режимах охлаждения и нагрева.

Летний кондиционер воздуха, летний кондиционер — кондиционер для тепловлажностной обработки воздуха в режиме охлаждения.

Зимний кондиционер воздуха,

зимний кондиционер — кондиционер для тепловлажностной обработки воздуха в режиме нагрева.

Технический кондиционер воздуха, технический кондиционер — воздуха для работы в системах технического кондиционирования воздуха.

Воздухоохладитель — теплообменное устройство для снижения температуры и влагосодержания воздуха.

Воздухонагреватель — теплообменное устройство для нагревания воздуха. По виду энергоносителя воздухонагреватель может быть водяным, паровым, электрическим или газовым (ндп. *калорифер*).

Воздухораспределитель — концевой элемент для выпуска или отвода в обслуживаемое помещение требуемого количества воздуха.

Доводочный воздухораспределитель — воздухораспределитель, в котором нагревается и (или) охлаждается воздух, предварительно обработанный в кондиционере или путевом теплообменнике.

Прямоточный доводочный воздухораспределитель — доводочный воздухораспределитель, в котором без рециркуляции подогревается воздух, предварительно обработанный в центральном кондиционере.

Эжекционный воздухораспределитель — воздухораспределитель для подачи воздуха в обслуживаемое помещение, где под действием потока приточного воздуха происходит интенсивное перемешивание внутреннего воздуха.

Эжекционный доводочный воздухораспределитель — доводочный воздухораспределитель, осуществляющий местную рециркуляцию за счет эжекции, создаваемой потоком воздуха, предварительно обработанного в центральном кондиционере, а также нагрев и охлаждение воздуха.

Светильник - воздухораспределитель — светильник, совмещенный с воздухораспределительным и (или) воздуховытяжным устройством.

Смеситель воздуха, смеситель — элемент высокоскоростной двухканальной системы кондиционирования воздуха, предназначенный для смешивания потоков воздуха в требуемой пропорции.

Воздухоувлажнительный агрегат — агрегат, в котором осуществляется перемещение и увлажнение воздуха до заданной относительной влажности.

Увлажнитель воздуха — тепловлагообменник для повышения влагосодержания воздуха. В зависимости от вида увлажняющей среды он может быть водяной или паровой.

Форсуночный увлажнитель воздуха — увлажнитель воздуха, в котором вода распыляется форсунками под напором воздуха.

Паровой увлажнитель воздуха — увлажнитель воздуха, в котором водяной пар от центрального или собственного источника подается непосредственно в поток воздуха.

Отделитель воды — устройство для отделения от воздуха влаги, находящейся в жидком состоянии.

Воздухоосушительная установка — установка, состоящая из воздухоосушительного агрегата для приготовления воздуха заданной относительной влажности (в нем происходит перемещение и осушение воздуха), системы управления и оборудования для регенерации сорбента.

Двухадсорберная воздухосушительная установка — воздухоосушительная установка, содержащая два адсорбера, режимы сорбции и десорбции которых изменяются переключающими клапанами.

Роторная воздухоосушительная установка — воздухоосушительная установка, содержащая в роторе сорбент.

Роторная сорбционная воздухоосушительная установка — воздухоосушительная установка с размещенными в роторе сорбционными элементами, режимы сорбции и десорбции которых изменяются поворотом ротора.

Воздухоосушительный агрегат — агрегат для приготовления воздуха заданной относительной влажности, в котором происходит перемещение и осушение воздуха.

Осушитель воздуха — тепловлагообменник для понижения влагосодержания воздуха.

Абсорбционный осушитель воздуха — осушитель воздуха, в котором снижение влагосодержания воздуха происходит за счет поглощения водяных паров раствором абсорбента.

Адсорбционный осушитель воздуха — осушитель воздуха, в котором снижение влагосодержания воздуха происходит за счет поглощения водяных паров с последующей их капиллярной конденсацией в пористом адсорбенте.

Конденсационный осушитель воздуха — осушитель воздуха, в котором снижение влагосодержания происходит за счет конденсации водяного пара на поверхности холодильника.

Шумоглушитель — устройство для снижения уровня аэродинамического шума.

Доводчик — агрегат или прибор для доведения параметров приточного воздуха до требуемых значений для каждого помещения или зоны.

Прямоточный доводчик — доводчик, осуществляющий без рециркуляции нагрев и (или) охлаждение воздуха, предварительно обработанного в центральном кондиционере воздуха.

Эжекционный доводчик — элемент высокоскоростной одноканальной системы кондиционирования воздуха, осуществляющий эжекцию предварительно обработанного в теплообменнике установки вторичного воздуха из помещения потоком приточного воздуха.

Вентиляторный доводчик — доводчик, осуществляющий с помощью встроенного вентилятора местную циркуляцию и подачу в помещение смеси из внутреннего и наружного воздуха, предварительно обработанного в центральном кондиционере, а также осуществляющий нагрев и (или) охлаждение воздуха.

Теплоутилизатор — теплообменный аппарат для утилизации тепла или холода технологического процесса, или выбрасываемого воздуха в целях его дальнейшего использования для нагрева, или охлаждения воздуха.

Вентиляционное оборудование

Вентилятор — вращающаяся лопаточная машина, передающая механическую энергию газа в одном или нескольких рабочих колесах, выдавая таким образом непрерывное течение газа при его относительном максимальном сжатии 1,3.

Радиальный вентилятор — вентилятор, у которого направление меридиональной скорости потока газа на входе в рабочее колесо параллельно, а на выходе из рабочего колеса перпендикулярно оси его вращения.

Осевой вентилятор — вентилятор, у которого направление меридиональной скорости потока газа на входе и выходе из рабочего колеса параллельно оси его вращения.

Одноступенчатый вентилятор — вентилятор с одним рабочим колесом.

Вентилятор левого вращения — вентилятор, рабочее колесо которого вращается против часовой стрелки, если смотреть на него со стороны всасывания.

Вентилятор левого вращения — вентилятор, рабочее колесо которого вращается по часовой стрелке, если смотреть на него со стороны всасывания.

Переносный вентилятор — вентилятор для вентиляции помещений с помощью легкосъемных (нестационарных) воздуховодов (рукавов), конструкция которого приспособлена для переноса вручную или другим способом.

Каютный вентилятор — вентилятор для перемещения воздуха с целью улучшения условий обитания, устанавливаемый непосредственно в обслуживаемом помещении.

Котельный вентилятор — вентилятор для подачи воздуха в судовые котельные установки.

Взрывобезопасный вентилятор — вентилятор (с приводом специального или обычного исполнения), конструкция которого исключает возможность воспламенения перекачиваемого газа в нерабочем состоянии, при нормальной работе, при аварийном соударении (трении) между элементами корпуса и рабочего колеса.

Герметичный вентилятор — вентилятор, обеспечивающий требуемую герметичность от окружающей среды в рабочем и в нерабочем состояниях.

Многоступенчатый вентилятор — вентилятор с несколькими рабочими колесами, в конструкции которого предусмотрена возможность прохождения потока газа последовательно через все колеса. В зависимости от направления вращения рабочих колес многоступенчатые вентиляторы могут быть одинакового или встречного вращения.

Вентиляционный агрегат — один или несколько вентиляторов, смонтированных на общей раме, которые могут быть помещены в едином корпусе.

Вентиляционно-приточный агрегат, приточный агрегат — вентиляционный агрегат для подачи в помещение наружного воздуха.

Вентиляционно-вытяжной агрегат, вытяжной агрегат — вентиляционный агрегат для удаления внутреннего воздуха помещения.

Вихревой нагнетатель — лопаточная машина для перекачивания газа или воздуха с коэффициентом быстроходности от 1 до 10 и с движением потока по кольцевому каналу, в котором всасывающий участок отделен от нагнетательного.

Оборудование для регенерации воздуха

Генератор кислорода — устройство для получения кислорода.

Электролизная установка — установка для получения кислорода с помощью электролитического генератора кислорода.

Электролитический генератор кислорода — генератор кислорода, действующий по принципу электролитического разложения растворов.

Установка регенерации воздуха — установка, предназначенная для регенерации воздуха и газовоздушных смесей (одновременно обогащение кислородом и удаления углекислого газа) химическими, электролитическими и биологическими методами.

Установка химической регенерации воздуха — установка регенерации воздуха, принцип действия которой основан на химических реакциях.

Установка электролитической регенерации воздуха — установка регенерации воздуха, принцип действия которой основан на электролитическом разложении раствора с выделением O_2.

Установка биологической регенерации воздуха — установка регенерации воздуха, принцип действия которой основан на биохимических реакциях, протекающих в живых клетках.

Регенеративный патрон — устройство в составе установки регенерации воздуха, в котором происходит процесс регенерации воздуха или газовоздушной смеси.

Поглотительный патрон — устройство в составе установки регенерации воздуха, в котором происходит процесс поглощения CO_2 из воздуха или газовоздушной смеси.

Газоочистное
оборудование

Агрегат очистки воздуха — автономный агрегат для очистки воздуха или газовоздушной смеси от вредных примесей.

Установка очистки воздуха — установка для очистки воздуха или газовоздушной смеси от вредных примесей.

Блок очистки воздуха — блок, состоящий из одинаковых по функциональному назначению устройств, предназначенный для очистки воздуха или газовоздушной смеси от вредных примесей.

Воздушный фильтр — фильтр для очистки воздуха от взвешенных частиц.

Газовоздушный фильтр — фильтр для очистки воздуха и газовоздушной смеси до предельно допустимой концентрации примесей и микроорганизмов.

Каталитический газовоздушный фильтр — газовоздушный фильтр, в котором очистка от вредных примесей происходит за счет каталитического окисления.

Сорбционный газовоздушный фильтр — газовоздушный фильтр, в котором очистка от паров и газов вредных примесей происходит за счет поглощения их твердыми сорбентами.

Аэрозольный газовоздушный фильтр — газовоздушный фильтр, в котором очистка от аэрозолей происходит путем фильтрации.

Бактерицидный газовоздушный фильтр — газовоздушный фильтр, предназначенный для очистки воздуха или газовоздушной смеси от микроорганизмов.

Электрический газовоздушный фильтр — газовоздушный фильтр, осуществляющий ионизацию и осаждение твердых и жидких аэрозолей при прохождении воздуха или газовоздушной смеси через пространство между диполярными электродами.

Кассета — устройство, конструктивно определяющее размещение фильтрующего материала в фильтрах, агрегатах, установках.

Печь дожигания — устройство, предназначенное для дожигания водорода.

Агрегат комплексной обработки воздуха — агрегат, осуществляющий процессы очистки и тепловлажностной обработки воздуха или газовоздушной смеси.

Комплекс оборудования обработки воздуха — совокупность оборудования, функционально связанного между собой технологическим процессом обработки (вентиляции, кондиционирования, регенерации, очистки и комплексной) воздуха или газовоздушной смеси.

Воздухоохладитель-нагреватель — теплообменное устройство, предназначенное для одновременного охлаждения и нагрева воздуха.

Абсорбер — контактный массообменный аппарат, предназначенный для поглощения примесей газовоздушной смеси раствором абсорбента.

Адсорбер — контактный массообменный аппарат, предназначенный для поглощения примесей газовоздушной смеси адсорбентами.

Десорбер — контактный массообменный аппарат, предназначенный для выделения из абсорбента растворенных в нем примесей.

Дезодоратор воздуха — устройство, предназначенное для искусственного устранения из воздуха неприятно пахнущих газов и паров, содержащихся в воздухе.

Парфюмеризатор воздуха — устройство, подающее в воздух вещества для создания определенных ароматов.

Дезинфикатор воздуха — устройство, предназначенное для обеззараживания воздуха.

8.3. ВЕНТИЛЯЦИОННАЯ АРМАТУРА

Вентиляционная арматура — арматура, предназначенная для установки в системах вентиляции и кондиционирования воздуха и служащая для управления потоком воздуха путем непосредственного воздействия на него.

Вентиляционная противопожарная захлопка — захлопка, предназначенная для перекрытия воздуховода при возникновении пожара.

Отсечной вентиляционный клапан — предохранительный клапан, предназначенный для защиты вентиляционной системы от разрушения при повышении давления выше допустимого.

Перепускной вентиляционный клапан — регулирующий клапан, предназначенный для автоматического поддержания заданного перепада давления между помещениями.

Вытяжная вентиляционная головка — устройство, предназначенное для естественной вытяжки воздуха из помещения путем использования энергии обдувающего его потока воздуха (рис. 8.2).

Приточная вентиляционная головка — устройство для подачи свежего воздуха в помещение с открытых палуб путем использования статического давления, создаваемого в корпусе устройства потоком воздуха.

Грибовидная вентиляционная головка — вентиляционная вытяжная головка, у которой воздушный поток на выходе разворачивается на угол более чем 90° (рис. 8.3).

Фильтровентиляционная головка — вентиляционная головка для дополнительной очистки воздуха.

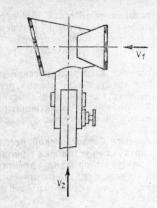

Рис. 8.2. Вытяжная вентиляционная головка

v_1 — скорость обдувающего потока воздуха; v_2 — скорость потока воздуха из вентилируемого помещения

Штормовая вентиляционная крышка — устройство для герметизации приемных устройств воздуха на открытых палубах.

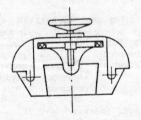

Рис. 8.3. Грибовидная вентиляционная головка

8.4. ДЕТАЛИ ВОЗДУХОВОДОВ

Воздуховод — замкнутый по периметру канал, предназначенный для перемещения воздуха или газовоздушной смеси под действием разности давлений на концах канала. По форме поперечного сечения воздуховод может быть прямоугольным или круглым.

Фасонная часть воздуховода — часть воздуховода, которая обеспечивает изменение направления, слияние или разделение, расширение или сужение воздушного потока.

Отвод — фасонная часть воздуховода, которая обеспечивает изменение направления воздушного потока; внутренний и внешний контуры — криволинейны, центры кривизны, как правило, идентичны.

Колено — фасонная часть прямоугольного воздуховода, которая обеспечивает изменение направления воздушного потока; внутренние и внешние стенки в месте соединения должны быть выполнены без скругления; в большинстве случаев в колене устанавливают направляющие лопатки.

Выравниватель потока — устройство, которое обеспечивает выравнивание скорости воздушного потока в сечении воздуховода.

Воздухоприемное устройство, воздухоприемник — устройство, предназначенное для забора наружного и (или) внутреннего воздуха.

Воздуховытяжное устройство — устройство для отвода из помещения заданного количества воздуха и выброса его в атмосферу.

Местный отсос — концевой элемент системы, отсасывающий воздух, содержащий вредные вещества непосредственно в месте их выделения.

Вытяжной зонт — местный отсос, установленный непосредственно над источником вредных веществ, плотность которых меньше плотности воздуха.

Дефлектор — воздуховытяжное устройство, предназначенное для усиления тяги за счет воздействия ветра.

Вентиляционный раструб — устройство в виде конуса, устанавливаемое на концевых частях воздуховода для выпуска или впуска воздушного потока.

Вентиляционная сетка — устройство в виде сетки для защиты воздуховодов от попадания в них посторонних предметов.

Вентиляционная концевая решетка — устройство в виде пластины с прорезями, устанавливаемое на концах воздуховода для защиты от попадания в него посторонних предметов.

Пламяпрерывающая сетка — сетка, устанавливаемая в воздуховодах для защиты системы от распространения в ней огня.

9.

ОБОРУДОВАНИЕ СУДОВЫХ ЭНЕРГЕТИЧЕСКИХ УСТАНОВОК И СУДОВЫХ СИСТЕМ

9.1. КОМПРЕССОРЫ [1]

Типы компрессоров по принципу действия и конструкции

Компрессор — машина для повышения давления и перемещения газа (ндп. *воздуходувка, газодувка, эксгаустер*).

Компрессор объемного действия — компрессор, в котором рабочий процесс заключается в периодическом изменении объема, занимаемого газом.

Мембранный компрессор — компрессор объемного действия, в котором изменение объема осуществляется мембраной, совершающей колебательное движение.

Поршневой компрессор — компрессор объемного действия, в кото-

---

[1] Более подробные сведения приведены в ОСТ 26—12—2032—82. Компрессоры. Термины и определения.

ром изменение объема осуществляется поршнем, совершающим прямолинейное возвратно-поступательное движение.

Свободнопоршневой компрессор — поршневой компрессор, у которого передача движения от двигателя к поршню осуществляется без механизма движения.

Роторный компрессор — компрессор объемного действия, в котором изменение объема осуществляется ротором (роторами), совершающим вращательное движение (ндп. *ротационный компрессор*).

Винтовой компрессор — роторный компрессор, в котором рабочая камера образуется корпусом и винтообразными роторами, имеющими различные профили зубьев.

Компрессор динамического действия — компрессор, в котором рабочий процесс происходит непрерывно, в результате создания ускорений в потоке газа.

Турбокомпрессор — компрессор динамического действия, в котором ускорение потока происходит в результате его взаимодействия с вращающейся решеткой лопаток.

Струйный компрессор — компрессор динамического действия, в котором ускорение потока происходит в результате смещения потоков разных удельных энергий.

Компрессор низкого давления — компрессор с конечным давлением до 1 МПа.

Компрессор среднего давления — компрессор с конечным давлением до 10 МПа.

Компрессор высокого давления — компрессор с конечным давлением до 100 МПа.

Ступень компрессора — совокупность элементов компрессора, обеспечивающих повышение давления и перемещения газа в определенном интервале давлений внутри заданного диапазона давлений.

Одноступенчатый компрессор — компрессор, в котором конечное давление создается одной ступенью.

Многоступенчатый компрессор — компрессор, в котором конечное давление создается последовательно несколькими ступенями.

Т и п ы   п о р ш н е в ы х
(м е м б р а н н ы х)
к о м п р е с с о р о в   п о
к о н с т р у к т и в н о м у
р а с п о л о ж е н и ю   ц и л и н д р о в
(м е м б р а н н ы х   б л о к о в)

* **Горизонтальный компрессор** (рис. 9.1, *а*).
* **Оппозитный компрессор** (рис. 9.1, *б*).
* **Вертикальный компрессор** (рис. 9.1, *в*).
* **У-образный компрессор** (рис. 9.1, *г*).
* **Ш-образный компрессор** (рис. 9.1, *д*).
* **Прямоугольный компрессор** (рис. 9.1, *е*).

Р а б о ч и е   п а р а м е т р ы
к о м п р е с с о р а

Начальное состояние газа в компрессоре — параметры состояния газа в контрольном сечении на входе в компрессор.

Конечное состояние газа в компрессоре — параметры состояния газа в контрольном сечении на выходе из компрессора.

Отношение давлений в компрессоре — отношение конечного давления газа в компрессоре к начальному (ндп. *степень повышения давления, степень сжатия*).

Массовая производительность компрессора — массовый расход газа в принятом контрольном сечении на выходе из компрессора.

Объемная производительность компрессора — объемный расход газа в принятом контрольном сечении на выходе из компрессора.

Внутренняя мощность компрессора — мощность, затраченная на взаимодействие рабочих органов компрессора с потоком газа, включающая все потери мощности в газовом тракте, в том числе от утечек и теплопередачи.

Механическая мощность компрессора — мощность, затраченная на преодоление потери на механическое трение в компрессоре.

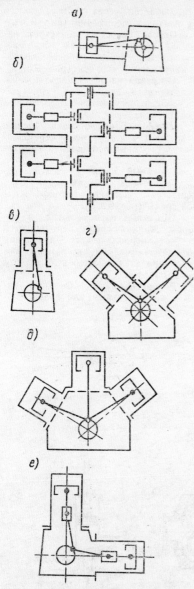

Мощность компрессора — сумма внутренней и механической мощностей компрессора.

Механический КПД компрессора — отношение внутренней мощности компрессора к мощности на муфте его привода.

9.2. МОЕЧНЫЕ МАШИНКИ

* **Моечная машинка судовая, моечная машинка** — устройство для формирования и направления струй моющей жидкости на внутренние поверхности судовых цистерн для отмыва их от остатков жидкого груза или топлива.

* **Стационарная моечная машинка** — моечная машинка, закрепленная к корпусной конструкции судовой цистерны, к которой подведен стационарный трубопровод моющей жидкости (рис. 9.2).

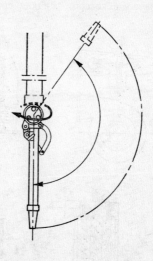

Рис. 9.2. Стационарная моечная машинка

Рис. 9.1. Типы поршневых и мембранных компрессоров по конструктивному расположению цилиндров или мембранных блоков: *а* — горизонтальный; *б* — оппозитный; *в* — вертикальный; *г* — У-образный; *д* — Ш-образный; *е* — прямоугольный

* **Переносная моечная машинка** — моечная машинка, опускаемая в судовые цистерны в период их мойки, к которой моющая жидкость подводится по гибкому шлангу.

75

9.3. НАСОСЫ[1]

Типы насосов по принципу
действия и конструкции

Насос — машина для создания
потока жидкой среды (ндп. *помпа*).

Динамический насос — насос,
в котором жидкая среда перемещается под силовым воздействием
в камере, постоянно сообщающейся
с входом и выходом насоса.

Лопастной насос — динамический насос, в котором жидкая среда
перемещается путем обтекания лопасти.

Насос трения — динамический
насос, в котором жидкая среда перемещается под воздействием сил
трения.

Электромагнитный насос — динамический насос, в котором жидкая среда перемещается под воздействием электромагнитных сил.

Центробежный насос — лопастной насос, в котором жидкая среда
перемещается через рабочее колесо
от центра к периферии (рис. 9.3, *а*).

Осевой насос — лопастной насос, в котором жидкая среда перемещается через рабочее колесо
в направлении его оси (рис. 9.3, *б*).

Вихревой насос — насос трения,
в котором жидкая среда перемещается по периферии рабочего колеса
в тангенциальном направлении.

Шнековый насос — насос трения,
в котором жидкая среда перемещается через винтовой шнек в направлении его оси.

Струйный насос — насос трения, в котором жидкая среда перемещается с внешним потоком жидкой среды (рис. 9.3, *в*).

Объемный насос — насос, в котором жидкая среда перемещается
за счет периодического изменения
объема занимаемой ею камеры, попеременно сообщающейся с входом
и выходом насоса.

Роторный насос — объемный насос с вращательным или вращатель-

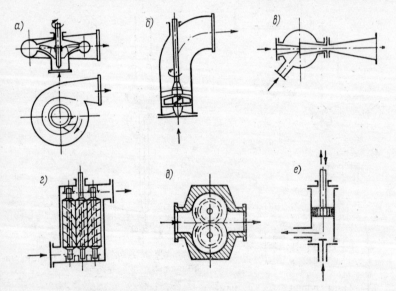

Рис. 9.3. Насосы: *а* — центробежный; *б* — осевой; *в* — струйный; *г* —
винтовой; *д* — шестеренный; *е* — поршневой

---

[1] Более подробные сведения приведены в ГОСТ 17398—72. Насосы. Термины и определения.

ным и возвратно-поступательным движением рабочих органов независимо от характера движения ведущего звена насоса (ндп. *ротационный насос*).

Возвратно-поступательный насос — объемный насос с прямолинейным возвратно-поступательным движением рабочих органов независимо от характера движения ведущего звена насоса (ндп. *поршневой насос*).

Вращательный насос — объемный насос с вращательным движением ведущего звена насоса.

Роторно-вращательный насос — роторный насос с вращательным движением рабочих органов (ндп. *коловратный насос*).

Зубчатый насос — роторно-вращательный насос с перемещением жидкой среды в плоскости, перпендикулярной оси вращения рабочих органов (ндп. *плоскоколовратный насос*).

Винтовой насос — роторно-вращательный насос с перемещением жидкой среды вдоль оси вращения рабочих органов (ндп. *червячный насос*) (рис. 9.3 *г*).

Шестеренный насос — зубчатый насос с рабочими органами в виде шестерен, обеспечивающих геометрическое замыкание рабочей камеры и передающих крутящий момент (рис. 9.3, *д*).

Роторно-поршневой насос — роторно-поступательный насос с рабочими органами в виде поршней или плунжеров.

Аксиально-поршневой насос — роторно-поршневой насос, у которого ось вращения ротора параллельна осям рабочих органов или составляет с ними угол менее или равный 45°.

Радиально-поршневой насос — роторно-поршневой насос, у которого ось вращения ротора перпендикулярна осям рабочих органов или составляет с ними угол более 45°.

Поршневой насос — возвратно-поступательный насос, у которого рабочие органы выполнены в виде поршней (рис. 9.3, *е*).

Плунжерный насос — возвратно-поступательный насос, у которого рабочие органы выполнены в виде плунжеров (ндп. *скальчатый насос*).

Горизонтальный насос — насос, у которого ось расположения перемещения или вращения рабочих органов расположена горизонтально вне зависимости от расположения оси привода или передачи.

Вертикальный насос — насос, у которого ось расположения, перемещения или вращения рабочих органов расположена вертикально вне зависимости от расположения оси привода или передачи.

Консольный насос — насос, у которого рабочие органы расположены на консольной части его вала.

Моноблочный насос — насос, у которого рабочие органы расположены на валу двигателя.

Одноступенчатый насос — насос, в котором жидкая среда перемещается одним комплектом рабочих органов.

Двухступенчатый насос — насос, в котором жидкая среда перемещается последовательно двумя комплектами рабочих органов.

Многоступенчатый насос — насос, в котором жидкая среда перемещается последовательно несколькими комплектами рабочих органов.

Погружной насос — насос, устанавливаемый под уровнем подаваемой жидкой среды.

Регулируемый насос — насос, обеспечивающий в заданных пределах изменение подачи, а у динамических насосов — и напора.

Дозировочный насос — насос, обеспечивающий подачу с заданной точностью.

Ручной насос — насос, в котором жидкая среда перемещается за счет мускульной силы человека.

Самовсасывающий насос — насос, обеспечивающий самозаполнение подводящего трубопровода жидкой средой.

Насос с предвключенной ступенью — многоступенчатый насос, в котором первая ступень служит для улучшения условий подвода жидкой среды ко второй ступени.

Герметичный насос — насос, у которого полностью исключен контакт подаваемой жидкой среды с окружающей атмосферой (ндп. *герметический насос, бессальниковый насос*).

Насосные агрегаты

Насосный агрегат — агрегат, состоящий из насоса или нескольких насосов и приводящего двигателя, соединенных между собой.

Насосная установка — насосный агрегат с комплектующим оборудованием, смонтированным по определенной схеме, обеспечивающей работу насоса.

Дизель-насосный агрегат — насосный агрегат, в котором приводящим двигателем является дизель.

Турбонасос — насосный агрегат с приводом от турбины, узлы которой входят в конструкцию насоса.

Электронасос — насосный агрегат с приводом от электродвигателя, узлы которого входят в конструкцию насоса.

Электронасосный агрегат — насосный агрегат, в котором приводящим двигателем является электродвигатель (ндп. *электронасос*).

Типы судовых насосов по функциональному назначению

Балластный насос — насос для приема водяного балласта в цистерны, перекачки и удаления балласта с судна с целью изменения осадки и остойчивости судна.

Балластно-осушительный насос — насос для приема водяного балласта в цистерны, перекачки и удаления его с судна с целью изменения осадки и остойчивости судна, а также для периодического удаления за борт воды, скапливающейся в различных отсеках судна в процессе эксплуатации, и для осушения цистерн.

Вакуумный насос — насос для создания и поддержания вакуума в судовых конденсаторах или в помещениях, где необходимо поддержание разрежения.

* **Грузовой насос** — насос для перемещения жидкого груза, принимаемого через приемный трубопровод из цистерн наливного судна, в напорный трубопровод грузовой системы, подающей его в береговые или плавучие емкости.

* **Грунторазмывочный насос** — насос для перемещения воды, принимаемой из-за борта, в напорный трубопровод системы грунторазмыва, подводящей ее в виде мощной струи для размыва грунта вокруг затонувшего или сидящего на мели судна.

* **Грунтоотсасывающий насос** — насос для перемещения смеси воды и грунта, принимаемой из помещения затонувшего судна, в отливной трубопровод системы грунтоотсоса.

Зачистной насос — насос для откачки из цистерн остатков жидкого груза или топлива, не выбранных грузовым или топливно-перекачивающими насосами, в береговые или плавучие емкости.

Конденсатный насос — насос для непрерывного удаления конденсата из судовых конденсаторов.

Креновый (дифферентный) насос — насос для приема забортной воды в цистерны, перекачки и удаления ее с судна с целью изменения крена (дифферента) судна.

Маслоперекачивающий насос — насос для перекачки масла из цистерн запаса в расходные, из расходных — в цистерны отработавшего масла, а также выгрузки масла с судна в береговые или плавучие емкости.

* **Моечный насос** — насос для подачи моющей жидкости на моечные машинки.

Насос забортной воды — насос для подачи бытовой и производственной забортной воды к местам потребления на судне.

Насос нефтесодержащих вод — насос для удаления нефтесодержащих вод, скапливающихся в корпусе судна в процессе эксплуатации, в цистерну или в установку очистки (сепаратор нефтесодержащих вод).

* **Насос рыбоподачи** — насос для перемещения смеси рыбы с водой, принимаемой из орудий лова и трюмов, в напорный трубопровод системы рыбоподачи, подводящей смесь к местам переработки, хранения и транспортирования рыбы.

Осушительный насос — насос для периодического удаления за борт воды, скапливающейся в различных отсеках судна в процессе эксплуатации, и для осушения цистерн.

Охлаждающий насос—насос для прокачивания пресной воды, охлаждающей двигатели, или для прокачивания забортной воды через судовые теплообменные аппараты.

Питательный насос — насос для подачи питательной воды в судовой котел или сепаратор пара.

Насос питьевой (мытьевой) воды — насос для подачи питьевой (мытьевой) воды из цистерн запаса к пневмоцистернам или непосредственно к местам потребления на судне.

Насос сточных вод — насос для удаления с судна из сборных цистерн сточных вод из туалетов, медицинских помещений и помещений для перевозки животных.

* **Разрыхляющий насос** — насос, устанавливаемый на землесосных снарядах, предназначенный для перемещения принимаемой из-за борта воды в напорный трубопровод и подводящий ее к гидравлическому рыхлителю земснаряда.

Пожарный насос — насос для подачи воды в судовую систему водяного пожаротушения.

Топливный (масляный) насос — насос для подачи топлива (масла) к судовым механизмам и оборудованию.

Топливоперекачивающий насос— насос для подачи топлива из судовых топливных цистерн запаса в отстойные и перекачки топлива из цистерны в цистерну и выдачи топлива с судна.

Топливоподкачивающий насос— насос для подачи топлива из судовых расходных цистерн к топливным насосам.

Циркуляционный насос — насос для прокачки рабочих сред через теплообменные аппараты и механизмы.

Основные технические показатели и характеристики насосов

Объемная подача насоса, подача насоса—отношение объема подаваемой жидкой среды по времени (ндп. *производительность, расход*).

Массовая подача насоса — отношение массы подаваемой жидкости ко времени.

Идеальная подача насоса — сумма подачи и объемных потерь насоса.

Давление насоса — величина, определяемая зависимостью

$$p = p_{\text{к}} - p_{\text{н}} + \rho \frac{v_{\text{к}}^2 - v_{\text{н}}^2}{2} +$$
$$+ \rho g (z_{\text{к}} - z_{\text{н}}),$$

где $p_{\text{к}}$ и $p_{\text{н}}$ — давление на выходе и на входе в насос, Па; ρ — плотность жидкой среды, кг/м³; $v_{\text{к}}$ и $v_{\text{н}}$ — скорость жидкой среды на выходе и входе в насос, м/с; g — ускорение свободного падения, м/с²; $z_{\text{к}}$ и $z_{\text{н}}$ — высота центра тяжести сечения выхода и входа в насос, м.

Предельное давление насоса — наибольшее давление на выходе из насоса, на которое рассчитана конструкция насоса.

Давление полного перепуска — давление на выходе из насоса при перепуске всей подаваемой жидкой среды через предохранительный клапан.

Удельная работа насоса — работа, подводимая к насосу для перемещения единицы массы жидкой среды.

Полезная удельная работа насоса — величина, определяемая зависимостью, Дж/кг,

$$L_{\text{п}} = p/\rho.$$

Напор насоса — величина, определяемая зависимостью, м,

$$H = p/\rho g.$$

(ндп. *полный напор, суммарный напор*).

Кавитационный запас — величина, определяемая зависимостью, м,

$$\Delta h = \frac{p_{\text{н}} + \rho v_{\text{н}}^2/2 - p_{\text{н}}}{\rho g},$$

где $p_{\text{п}}$ — давление паров жидкой среды, Па.

Допускаемый кавитационный запас — кавитационный запас, обеспечивающий работу насоса без изменения основных технических показателей.

Вакуумметрическая высота всасывания — величина, определяемая зависимостью, м,

$$H_\text{в} = \frac{p_0 - \left(p_\text{н} + \rho v_\text{н}^2/2\right)}{\rho g},$$

где p_0 — давление окружающей среды, Па.

Допускаемая вакуумметрическая высота всасывания — вакуумметрическая высота всасывания, при которой обеспечивается работа насоса без изменения основных технических показателей.

Подпор — разность высот уровня жидкой среды в опорожняемой емкости и центра тяжести сечения входа в насос.

Высота самовсасывания — высота самовсасывания подводящего трубопровода самовсасывающим насосом (агрегатом).

Отклонение напора насоса — разность фактического напора и заданного для данной подачи.

Мощность насоса — мощность, потребляемая насосом.

Полезная мощность насоса — мощность, сообщаемая насосом подаваемой жидкой среде и определяемая зависимостью, Вт,

$$N_\text{п} = Qp,$$

где Q — подача насоса, м³/с.

КПД насоса — отношение полезной мощности к мощности насоса.

Гидравлический КПД насоса — отношение полезной мощности насоса к сумме полезной мощности и мощности, затраченной на преодоление гидравлических сопротивлений в насосе.

Объемный КПД насоса — отношение полезной мощности насоса к сумме полезной мощности и мощности потерянной с утечками.

Коэффициент подачи насоса — отношение подачи насоса к его идеальной подаче.

Механический КПД насоса — величина, выражающая относительную долю механических потерь в насосе.

Характеристика насоса — графическая зависимость основных технических показателей от давления для объемных насосов и от подачи для динамических насосов при постоянных значениях частоты вращения, вязкости и плотности жидкой среды на входе в насос.

Кавитационная характеристика насоса — графическая зависимость основных технических показателей насоса от кавитационного запаса или вакуумметрической высоты всасывания при постоянных значениях частоты вращения, вязкости и плотности жидкой среды на входе в насос, давления для объемных насосов и подачи для динамических насосов.

Рабочая часть характеристики насоса — зона характеристики насоса, в пределах которой рекомендуется его эксплуатация.

Регулировочная характеристика насоса — графическая зависимость подачи от частоты вращения (циклов) или длины хода рабочего органа при постоянных значениях вязкости, плотности жидкой среды на входе в насос и давлении на входе и выходе насоса.

Характеристика самовсасывания — графическая зависимость подачи газа, удаляемого самовсасывающим насосным агрегатом из подводящего трубопровода, от давления на входе в насос.

Поле насоса — рекомендуемая область применения насоса по подаче и напору, получаемая изменением частоты вращения или обточкой рабочего колеса по внешнему диаметру.

Номинальный режим насоса — режим работы насоса, обеспечивающий заданные технические показатели.

Оптимальный режим насоса — режим работы насоса при наибольшем значении КПД.

Кавитационный режим насоса — режим работы насоса в условиях кавитации, вызывающей изменение основных технических показателей.

9.4. ОБОРУДОВАНИЕ КОНДИЦИОНИРОВАНИЯ ВОДЫ

Судовой бактерицидный аппарат — судовой аппарат для обеззараживания воды ультрафиолетовыми лучами.

Судовой ионизатор серебра — судовой аппарат для ионизации питьевой воды серебром с целью ее обеззараживания и консервации.

Судовой минерализатор дистиллята — судовой аппарат для введения в дистиллят минерализующих солей с целью улучшения вкусовых качеств воды и обеспечения ее биологической полноценности.

Судовой хлоратор — судовой аппарат для обеззараживания воды посредством активного хлора.

Судовой фильтр дезодоратор — судовой сорбционный фильтр, предназначенный для удаления из питьевой воды привкусов и запахов.

9.5. ОПРЕСНИТЕЛЬНЫЕ УСТАНОВКИ

Судовая опреснительная установка, опреснительная установка — совокупность аппаратов, механизмов, устройств и систем, обеспечивающая получение опресненной воды из заборной.

Питательная вода судовой опреснительной установки, питательная вода — заборная вода или вода из судовых емкостей, предназначенная для питания судовой опреснительной установки, подвергающаяся в процессе опреснения обессоливанию.

Охлаждающая вода судовой опреснительной установки, охлаждающая вода — заборная вода или вода других судовых систем, используемая для отвода теплоты в аппаратах и устройствах судовой опреснительной установки.

Производительность судовой опреснительной установки — масса опресненной воды, выдаваемая судовой опреснительной установкой потребителю за единицу времени.

Удельный расход энергии судовой опреснительной установки—энергия, затрачиваемая судовой опреснительной установкой на получение единицы массы опресненной воды.

Дистилляционные судовые опреснительные установки

Дистилляционная опреснительная установка — судовая опреснительная установка, в которой опрес-

нение заборной воды осуществляется способом дистилляции.

Опреснительная установка избыточного давления — дистилляционная судовая опреснительная установка, в которой выпаривание заборной воды происходит при давлении, превышающем атмосферное.

Вакуумная опреснительная установка — дистилляционная судовая опреснительная установка, в которой выпаривание заборной воды происходит при давлении ниже атмосферного.

Паровая опреснительная установка — дистилляционная судовая опреснительная установка с использованием пара в качестве греющей среды.

Батарейная опреснительная установка — дистилляционная судовая опреснительная установка, в которой выпаривание заборной воды происходит с подводом теплоты к нагревательной батарее.

Утилизационная опреснительная установка—батарейная судовая опреснительная установка с использованием в качестве греющей среды охлаждающей воды дизелей или газов.

Универсальная дистилляционная опреснительная установка — дистилляционная судовая опреснительная установка с использованием в качестве греющей среды пара отработавших газов или охлаждающей воды дизелей.

Опреснительная установка мгновенного вскипания — дистилляционная судовая опреснительная установка, в которой выпаривание питательной воды происходит за счет ее перегрева относительно температуры насыщения.

Многоступенчатая опреснительная установка мгновенного вскипания — судовая опреснительная установка мгновенного вскипания в которой выпаривание питательной воды происходит в последовательно соединенных испарителях.

Комбинированная опреснительная установка мгновенного вскипания — многоступенчатая судовая опреснительная установка мгновенного вскипания, первый испаритель которой батарейный, а последующие — мгновенного вскипания.

Испаритель дистилляционной опреснительной установки — часть дистилляционной судовой опреснительной установки, в которой происходит выпаривание питательной воды.

Конденсатор дистилляционной опреснительной установки — часть дистилляционной судовой опреснительной установки, предназначенная для конденсации вторичного пара.

Нагревательная батарея опреснительной установки — часть испарителя дистилляционной судовой опреснительной установки, состоящая из набора нагревательных элементов и предназначенная для передачи подводимой теплоты греющей среды к выпариваемой воде.

Самоочищающаяся нагревательная батарея опреснительной установки — нагревательная батарея судовой опреснительной установки с нагревательными элементами, обеспечивающими самоочистку от накипи.

Электродиализные
судовые опреснительные
установки

Электродиализная опреснительная установка — судовая опреснительная установка, в которой опреснение забортной воды осуществляется способом электродиализа.

Прямоточная электродиализная опреснительная установка — электродиализная судовая опреснительная установка, в которой содержание растворенных солей в опресняемой воде снижается от исходного до заданного уровня за один проход воды через установку.

Циркуляционная электродиализная опреснительная установка — электродиализная судовая опреснительная установка, в которой опресняемая вода циркулирует в замкнутом контуре до тех пор, пока солесодержание ее не будет снижено до требуемой величины.

Блок технической воды опреснительной установки — часть электродиализной или обратноосмотической установки, обеспечивающая получение технической воды.

Блок бытовой воды опреснительной установки — часть электродиализной или обратноосмотической судовой опреснительной установки, обеспечивающая получение бытовой воды.

Электродиализатор опреснительной установки — аппарат электродиализной судовой опреснительной установки, в котором осуществляется процесс полного или частичного опреснения забортной воды.

Обратноосмотические
судовые опреснительные
установки

Обратноосмотическая опреснительная установка — судовая опреснительная установка, в которой опреснение забортной воды осуществляется способом обратного осмоса.

Обратноосмотический опреснительный аппарат — часть обратноосмотической судовой опреснительной установки, состоящей из опреснительных элементов или пакетов, предназначенных для опреснения воды.

Волоконный обратноосмотический опреснительный аппарат — обратноосмотический судовой опреснительный аппарат, выполненный на основе волоконных обратноосмотических элементов.

Плоскорамный обратноосмотический опреснительный аппарат — обратноосмотический судовой опреснительный аппарат, выполненный на основе плоскорамных обратноосмотических элементов.

Рулонный обратноосмотический опреснительный аппарат — обратноосмотический судовой опреснительный аппарат, выполненный на основе рулонных обратноосмотических элементов.

Трубчатый обратноосмотический опреснительный аппарат — обратноосмотический судовой опреснительный аппарат, выполненный на основе трубчатых обратноосмотических элементов.

9.6. СЕПАРАТОРЫ

Очистительный сепаратор, сепаратор — сепаратор для удаления твердого и (или) жидкого загрязнителя из жидкости.

Магнитный очистительный сепаратор, магнитный сепаратор — очистительный сепаратор, действующий за счет сил магнитного поля.

Центробежный очистительный сепаратор, центробежный сепаратор — очистительный сепаратор, действующий за счет центробежных сил.

Электростатический очистительный сепаратор, электростатический сепаратор — очистительный сепаратор, действующий посредством сил электростатического поля.

Сепаратор топлива (масла) — очистительный сепаратор для удаления воды и механических примесей из топлива (масла), поступающего из топливных (масляных) цистерн.

Сепаратор нефтесодержащих вод — очистительный сепаратор для удаления нефтепродуктов из трюмных или балластных вод.

9.7. СИЛЬФОННЫЕ КОМПЕНСАТОРЫ И УПЛОТНЕНИЯ

Сильфонный компенсатор, компенсатор — устройство, состоящее из сильфона (сильфонов) и арматуры, способное поглощать или уравновешивать возникающие в герметично соединяемых конструкциях относительные движения определенной величины и частоты и прово-

дить в этих условиях пар, жидкости и газы (рис. 9.4).

Сильфонное уплотнение, уплотнение — устройство, состоящее из сильфона и арматуры, способное поглощать или уравновешивать возникающие в уплотняющих конструкциях относительные движения определенной величины и частоты и разделять объемы жидкостей и газов (рис. 9.5).

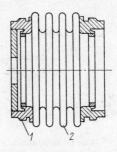

Рис. 9.5. Сильфонное уплотнение

1 — присоединительная арматура; *2* — сильфон

Типы сильфонных компенсаторов (уплотнений)

Осевой сильфонный компенсатор (уплотнение) — сильфонный компенсатор (уплотнение) выполняющий свои функции в условиях осевого воздействия соединяемых конструкций (рис. 9.6, *а*).

Поворотный сильфонный компенсатор (уплотнение) — сильфонный компенсатор (уплотнение), выполняющий свои функции в условиях углового перемещения соединяемых конструкций (рис. 9.6, б).

Сдвиговый сильфонный компенсатор — сильфонный компенсатор (уплотнение), выполняющий свои функции в условиях перемещения соединяемых конструкций, перпендикулярно оси компенсатора (рис. 9.6, *в*).

Сдвигово-осевой сильфонный компенсатор (уплотнение) (рис. 9.6, *г*).

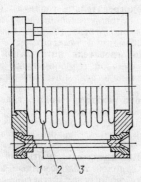

Рис. 9.4. Сильфонный компенсатор

1 — присоединительная арматура; *2* — сильфон; *3* — ограничительная стяжка сильфонного компенсатора

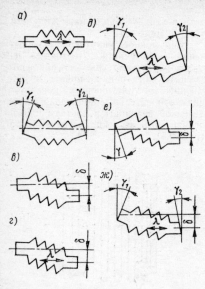

Рис. 9.6. Типы сильфонных компенсаторов (уплотнений): *а* — осевой; *б* — поворотный; *в* — сдвиговый; *г* — сдвигово-осевой; *д* — поворотно-осевой; *е* — сдвигово-поворотный; *ж* — универсальный

λ — осевое перемещение; γ_1, γ_2 — угловое перемещение (поворот); δ — радиальное перемещение

Поворотно-осевой сильфонный компенсатор (уплотнение) (рис. 9.6, *д*).

Сдвигово-поворотный сильфонный компенсатор (уплотнение) (рис. 9.6, *е*).

Универсальный сильфонный компенсатор (уплотнение) — сильфонный компенсатор (уплотнение), выполняющий свои функции при сочетании сдвига, осевого и углового перемещения соединяемых конструкций (рис. 9.6, *ж*).

Д е т а л и с и л ь ф о н н ы х
к о м п е н с а т о р о в и
у п л о т н е н и й

Сильфон — осесимметричная упругая оболочка, разделяющая среды и способная под действием давления, температуры, силы или момента силы совершать линейные, сдвиговые, угловые перемещения или пре-

образовывать давление в усилие (см. рис. 9.4).

Присоединительная арматура — элементы сильфонного компенсатора или уплотнения, устанавливаемые на сильфон для соединения с механизмами, трубопроводами, аппаратами (см. рис. 9.4 и 9.5).

Подкрепляющее кольцо сильфонного компенсатора — кольцо, устанавливаемое во впадины гофров сильфона, для повышения прочности сильфона при воздействии внутреннего давления.

Ограничительная стяжка сильфонного компенсатора — гибкий или жесткий стержень, ограничивающий осевые перемещения присоединительной арматуры сильфонного компенсатора при воздействии внутреннего или наружного давления на сильфон (см. рис. 9.4).

9.8. СУДОВЫЕ ТЕПЛООБМЕННЫЕ АППАРАТЫ

* **Судовой теплообменный аппарат** — устройство для передачи теплоты от одной рабочей среды (более нагретой) к другой (менее нагретой).

Водоохладитель — судовой теплообменный аппарат для отвода избыточного тепла воды.

Маслоохладитель — судовой теплообменный аппарат для отвода избыточного тепла масла.

Подогреватель топлива (масла) — судовой теплообменный аппарат для подогрева топлива (масла) до необходимой температуры.

Подогреватель питательной воды — судовой теплообменный аппарат для подогрева питательной воды котлов.

Подогреватель воды главного двигателя — судовой теплообменный аппарат для подогрева охлаждающей воды главного двигателя перед запуском.

* **Подогреватель мытьевой воды** — судовой теплообменный аппарат для подогрева мытьевой воды, подаваемой на бытовые и производственные нужды.

* **Подогреватель питьевой воды.**

Подогреватель воздуха — судовой теплообменный аппарат для подогрева воздуха, подаваемого в главный двигатель.

* **Подогреватель хладоносителя** — судовой теплообменный аппарат для подогрева хладоносителя, подаваемого в испарители холодильного агента для снятия «снеговой шубы».

Главный конденсатор — судовой теплообменный аппарат для конденсации пара, отработавшего в главной паровой турбине.

Вспомогательный конденсатор — судовой теплообменный аппарат для конденсации отработавшего пара вспомогательных механизмов.

Конденсатор отсоса пара от уплотнений — судовой теплообменный аппарат для конденсации пара, отсасываемого от уплотнений паровых турбин.

9.9. ТРУБОПРОВОДНАЯ АРМАТУРА

Трубопроводная арматура — устройство, устанавливаемое на трубопроводе и емкости и обеспечивающее управление потоком рабочей среды путем изменения проходного сечения.

Запорная арматура — трубопроводная арматура для перекрытия потока рабочей среды.

Регулирующая арматура — трубопроводная арматура для регулирования параметров рабочей среды путем изменения ее расхода.

Распределительно-смесительная арматура — трубопроводная арматура для распределения потока рабочей среды по определенным направлениям или для смешивания потоков сред, например, горячей и холодной воды.

Предохранительная арматура — трубопроводная арматура для автоматической защиты оборудования от аварийных изменений параметров рабочей среды.

Обратная арматура — трубопроводная арматура для автоматического предотвращения обратного потока рабочей среды.

Фазоразделительная арматура — трубопроводная арматура для автоматического разделения рабочих сред в зависимости от их фазы и состояния.

Задвижка — трубопроводная арматура, в которой запорный или регулирующий орган перемещается возвратно-поступательно перпендикулярно по отношению к оси потока рабочей среды.

Клапан — трубопроводная арматура, в которой запорный или регулирующий орган перемещается возвратно-поступательно параллельно оси потока рабочей среды (ндп. *вентиль*).

* **Клапанная коробка** — трубопроводная арматура, в корпусе которой смонтировано два и более клапанов.

Кран — трубопроводная арматура, в которой запорный или регулирующий орган имеет форму тела вращения, поворачивающийся вокруг собственной оси, произвольно расположенной по отношению к направлению потока рабочей среды.

Затвор — трубопроводная арматура, в которой запорный или регулирующий орган поворачивается вокруг оси, смещенной относительно оси его симметрии на некоторую заданную величину.

Проходная арматура — трубопроводная арматура, в которой рабочая среда не изменяет направления своего движения на выходе по сравнению с направлением ее на входе [1] в арматуру.

Угловая арматура — трубопроводная арматура, в которой рабочая среда изменяет направление своего движения на выходе по сравнению с направлением ее на входе.

Фланцевая арматура (рис. 9.7, а).

Муфтовая арматура (рис. 9.7, б).

Цапковая арматура (рис. 9.7, в).

Штуцерная арматура (рис. 9.7, г).

---

[1] Проходную арматуру, у которой площадь проходного сечения затвора равна или больше площади входного патрубка, называют полнопроходной арматурой.

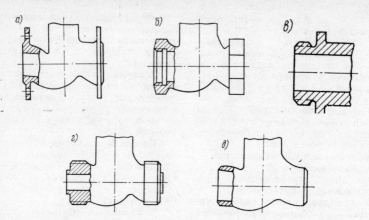

Рис. 9.7. Типы трубопроводной арматуры в зависимости от конструкции соединения с трубопроводом: *а* — фланцевая; *б* — муфтовая; *в* — цапковая; *г* — штуцерная; *д* — под приварку

Арматура под приварку (рис. 9.7, *д*).

Сальниковая арматура — трубопроводная арматура, у которой уплотнение подвижных элементов относительно окружающей среды осуществляется сальниковой набивкой из различных легкодеформируемых материалов (пеньки, асбеста и т. п.), пропитанных смазкой из графита или технического жира.

Сильфонная арматура — трубопроводная арматура, у которой уплотнение подвижных элементов относительно окружающей среды осуществляется сильфоном (рис. 9.8, *а*).

Мембранная арматура — трубопроводная арматура, у которой уплотнение подвижных элементов относительно окружающей среды осуществляется мембраной (рис. 9.8, *б*).

Клиновая задвижка — задвижка с запорным или регулирующим органом, у которого уплотнительные поверхности расположены под углом друг к другу (рис. 9.9, *а*).

Параллельная задвижка — задвижка с запорным или регулирующим органом, уплотнительные поверхности которого расположены параллельно друг другу (рис. 9.9, *б*).

Запорный клапан — клапан для перекрытия потока рабочей среды (рис. 9.10, *а*).

* **Бортовой клапан** — запорный клапан с усиленным (бортовым) фланцем, устанавливаемый в подводной части судна в местах про-

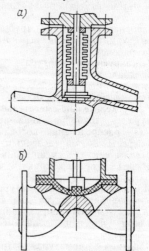

Рис. 9.8. Типы трубопроводной арматуры в зависимости от конструкции уплотнения подвижных элементов относительно окружающей среды: *а* — сильфонная; *б* — мембранная

86

хода трубопровода в забортное пространство.

Предохранительный клапан — клапан, предназначенный для защиты трубопровода и смонтированного на нем оборудования от опасного избыточного давления рабочей среды путем сброса части среды до

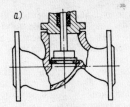

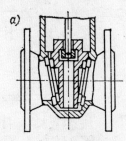

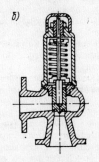

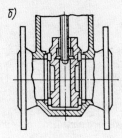

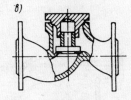

Рис. 9.9. Задвижки: *а* — клиновая; *б* — параллельная

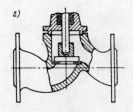

установления в трубопроводе заданного рабочего давления (рис. 9.10, *б*).

Обратный клапан — клапан для автоматического предотвращения обратного потока рабочей среды (рис. 9.10, *в*).

Невозвратно-запорный клапан — обратный клапан, имеющий принудительное закрытие (рис. 9.10, *г*).

Невозвратно-управляемый клапан — обратный клапан, имеющий принудительное открытие и закрытие (рис. 9.10, *д*).

* **Подпорный клапан** — обратный клапан, на тарелку которого действует усилие сжатой пружины, что обеспечивает поддержание в трубопроводе до клапана заранее

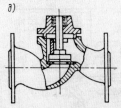

Рис. 9.10. Клапаны: *а* — запорный; *б* — предохранительный; *в* — обратный; *г* — невозвратно-запорный; *д* — невозвратно-управляемый

заданного давления (подпора), при котором не происходит пропуска рабочей среды под тарелку клапана.

* **Редукционный клапан**—клапан для автоматического поддержания в отводимом от него потоке рабочей среды более низкого давления, чем давление в подводимом потоке.

Конденсатоотводчик — трубопроводная арматура, предназначенная для отвода конденсата водяного пара.

Поплавковый конденсатоотводчик — конденсатоотводчик, запорный орган которого управляется с помощью поплавка (рис. 9.11, *а*).

Термостатический конденсатоотводчик — конденсатоотводчик, запорный орган которого управляется с помощью термостата (рис. 9.11, *б*).

Распределительный кран—кран, предназначенный для распределения потока рабочей среды по определенным направлениям (рис. 9.12, *а*).

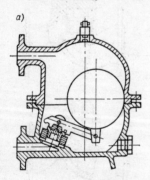

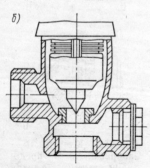

Рис. 9.11. Конденсатоотводчики: *а* — поплавковый; *б* — термостатический

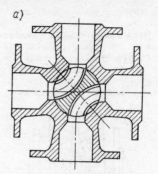

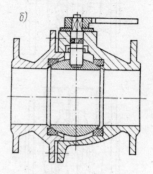

Рис. 9.12. Краны: *а* — распределительный; *б* — шаровой

Цилиндрический кран — кран, запорный или регулирующий орган которого имеет форму цилиндра.

Конусный кран — кран, запорный или регулирующий орган которого имеет форму конуса.

Шаровой кран — кран, запорный или регулирующий орган которого имеет сферическую форму (рис. 9.12, *б*).

Обратный затвор—затвор, предназначенный для предотвращения обратного потока рабочей среды (ндп. *обратный клапан*).

Дисковый затвор — затвор, запорный или регулирующий орган которого выполнен в виде диска (рис. 9.13).

* **Кингстон** — запорный клапан, устанавливаемый в подводной части судна, имеющий одно концевое соединение для крепления к борту или

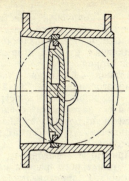

Рис. 9.13. Дисковый затвор

днищу судна и одно или несколько соединений с приемными или отливными трубопроводами (рис. 9.14).

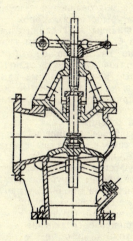

Рис. 9.14. Кингстон

Разные изделия судовых трубопроводов

Воздушный гусек — изогнутый вниз конец воздушной трубы, предназначенной для сообщения судовой емкости с атмосферой.

Гусек воздушно-измерительной трубы — воздушный гусек, имеющий отверстие для опускания измерительной рейки, предназначенный для сообщения судовой емкости с ат-

мосферой и замера в ней уровня жидкости.

Металлический шланг — гибкая гофрированная металлическая труба, способная проводить пар, жидкости и газы между герметично соединенными конструкциями при относительном их движении (перемещении) определенной величины и частоты (ндп. *металлический рукав*).

Усиленный металлический шланг — металлический шланг с оплеткой из металлических проволок.

* **Огнепреградитель** — изделие, устанавливаемое на трубопроводах газоотвода грузовых цистерн, предназначенное для преграждения распространения пламени по трубопроводу.

* **Протектор** — изделие из анодного металла, устанавливаемое на трубопроводе, по которому перемещается морская вода, и предназначенное для защиты трубопровода от коррозии.

* **Регулирующая пробка** — цилиндрический стержень с резьбой, вворачиваемый в фасонную часть или в наварыш на трубе, предназначенный для регулирования расхода рабочей среды путем изменения сечения проходного отверстия.

* **Смотровой фонарь** — изделие для визуального наблюдения за потоком жидкости, протекающей в трубопроводе.

* **Фасонные части трубопроводов** — фасонные части изделия, предназначенные для разветвления линий трубопроводов, изменения направления движения рабочей среды и обеспечения непроницаемости конструкций судового корпуса и емкостей при пересечении их линиями трубопроводов.

Колено — фасонная часть в виде изогнутой части трубы, предназначенная для соединения труб, расположенных под углом одна к другой (рис. 9.15, *а*).

* **Тройник (четверник)** — фасонная часть с тремя (четырьмя) короткими патрубками, предназначенная для подсоединения трех (четырех) линий трубопроводов (рис. 9.15, *б*, *в*).

* **Переходный патрубок** — фасонная часть с двумя концевыми

89

отверстиями разновеликого сечения, предназначенная для соединения труб или трубы с арматурой, имеющих разный диаметр (условный проход).

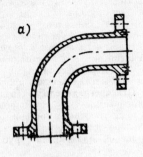

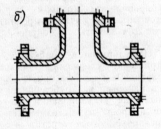

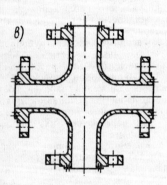

Рис. 9.15. Фасонные части трубопроводов: *а* — колено; *б* — тройник; *в* — четверник

* **Полустакан** — фасонная часть в виде полого цилиндра, устанавли-

ваемая на корпусной конструкции с помощью разъемного соединения или сварки и предназначенная для подсоединения трубы (арматуры) с одной стороны.

* **Стакан** — фасонная часть в виде полого цилиндра, устанавливаемая в корпусной конструкции с помощью разъемного соединения или сварки и предназначенная для подсоединения труб (арматуры) с обеих сторон.

* **Приварыш** — фасонная часть в виде утолщенного фланца или полого цилиндра, привариваемая к корпусной конструкции и предназначенная для подсоединения к нему труб и арматуры только с одной стороны.

* **Вварыш** — фасонная часть в виде утолщенного фланца или полого цилиндра, ввариваемая в корпусную конструкцию, предназначенная для подсоединения к нему труб и арматуры с обеих сторон.

* **Фланцы** — соединительные части трубопроводов и арматуры, состоящие из дисков с отверстиями для болтов (шпилек), отлитые, откованные или вырезанные из листового металла, укрепляемые на трубах приваркой, навертыванием на резьбу, отбуртованной кромкой трубы или кольцом.

Резьбовое соединение — соединение труб и арматуры с помощью деталей, имеющих резьбу.

Муфтовое соединение — резьбовое соединение труб и арматуры, имеющих на концах наружную резьбу, с помощью втулок с внутренней резьбой (муфт).

Фланцевое соединение — соединение труб и арматуры с помощью фланцев.

Штуцерное соединение — резьбовое соединение труб и арматуры, состоящее из приварной детали с наружной резьбой (штуцера) и навинчиваемой детали с внутренней резьбой (накидной гайки).

9.10. ФИЛЬТРЫ

Фильтрация — самопроизвольное или преднамеренное прохождение жидкости или газа через пористую среду, которое может сопровождаться отделением взвешенных частиц, задерживаемых пористой средой.

Фильтрование — преднамеренно осуществляемый процесс фильтрации для разделения жидких неоднородных систем.

Фильтр — аппарат для разделения жидких неоднородных систем фильтрованием.

Полнопоточный фильтр—фильтр для фильтрования всего потока жидкости.

Неполнопоточный фильтр — фильтр для фильтрования части потока жидкости.

Встраиваемый фильтр — фильтр, корпус которого является неотъемлемой частью других устройств.

Блок-фильтр — совокупность двух или более фильтров, имеющих одну общую крышку или корпус.

Сдвоенный фильтр — совокупность двух фильтров и гидрораспределителя, обеспечивающего протекание жидкости через оба фильтра или только через один из них.

Многоступенчатый фильтр — фильтр с многоступенчатым фильтрующим элементом или с двумя или более последовательно соединенными фильтрующими элементами разной тонкости фильтрации.

Щелевой фильтр — фильтр с щелевым фильтрующим элементом.

Сетчатый фильтр—фильтр с сетчатым фильтрующим элементом.

Пористый фильтр—фильтр с пористым фильтрующим элементом.

Всасывающий фильтр — фильтр для установки на приемном (всасывающем) трубопроводе.

Напорный фильтр — фильтр для установки на напорном трубопроводе.

Сливной фильтр — фильтр для установки на сливном трубопроводе гидросистемы.

Самоблокирующийся фильтр — фильтр с отсечными клапанами.

Грязевая коробка — фильтр, предназначенный для грубой очистки от механических примесей воды, поступающей из-за борта, откачиваемой из льял, сточных колодцев и цистерн, а также для очистки масла и топлива перед их поступлением к насосам.

Ф и л ь т р у ю щ и е   э л е м е н т ы
и   м а т е р и а л ы

Фильтрующий элемент, фильтроэлемент — часть фильтра, в которой непосредственно осуществляется фильтрование.

Регенерируемый фильтрующий элемент — фильтрующий элемент, допускающий его очистку с целью восстановления работоспособности, близкой к первоначальной.

Нерегенерируемый фильтрующий элемент — фильтрующий элемент, который не подлежит очистке после его загрязнения.

Фильтрующий элемент полного давления — фильтрующий элемент, который выдерживает перепад давлений, равный значению номинального давления фильтра, без остаточных деформаций и нарушения герметичности фильтрующего элемента.

Многоступенчатый фильтрующий элемент — фильтрующий элемент, состоящий из двух или более последовательно соединенных фильтрующих ступеней разной тонкости фильтрации.

Щелевой фильтрующий элемент— фильтрующий элемент, в котором фильтрование осуществляется при прохождении жидкости через щели фильтрующей перегородки. В зависимости от способа образования щелей различают пластинчатые, проволочные и другие щелевые фильтрующие элементы.

Сетчатый фильтрующий элемент — фильтрующий элемент, в котором фильтрование осуществляется при прохождении жидкости через ячейки сетки фильтрующей перегородки. В зависимости от материала различают металлические, пластмассовые и другие сетчатые фильтрующие элементы.

Пористый фильтрующий элемент — фильтрующий элемент, в котором фильтрование осуществляется при прохождении жидкости через поры фильтрующей перегородки. В зависимости от материала различают керамические, металлические, пластмассовые, бумажные и другие пористые фильтрующие элементы.

Фильтрующий элемент объемной фильтрации — фильтрующий элемент, задерживающий загрязнитель в основном по всей толщине фильтрующего элемента.

Фильтрующий элемент поверхностной фильтрации — фильтрующий элемент, задерживающий в основном загрязнитель на поверхности фильтрующего элемента.

Фильтрующий материал, фильтроматериал — материал, предназначенный для изготовления фильтрующих элементов и непосредственного осуществления фильтрования жидкости. Различают следующие разновидности фильтрующих материалов: фильтровальная бумага, металлическая сетка, синтетические и натуральные ткани, пористая пластмасса, порошковый материал и другие.

Дополнительные устройства

Предохранительный клапан фильтра — устройство, которое при повышении перепада давления сверх заданного открывает проход для потока жидкости или его части в обход фильтрующего элемента (ндп. *перепускной клапан фильтра*).

Индикатор загрязненности фильтра — устройство, предназначенное для выдачи сигнала о загрязнении фильтрующего элемента.

Отсечной клапан фильтра — устройство, позволяющее установить и удалить фильтрующий элемент без слива жидкости из гидросистемы.

Основные характеристики фильтров и фильтрующих элементов

Абсолютная тонкость фильтрации — максимальный размер частиц искусственного загрязнителя сферической формы, обнаруженных в отфильтрованной жидкости.

Номинальная тонкость фильтрации — минимальный размер частиц загрязнителя, обнаруженных в отфильтрованной жидкости, для которых коэффициент отфильтровывания не ниже заданного значения.

Коэффициент отфильтровывания — отношение числа задержанных фильтром частиц загрязнителя определенной размерной группы к числу частиц загрязнителя того же размера, находящихся в нефильтрованной жидкости.

Герметичность фильтрующего элемента — состояние фильтрующего элемента, при котором отсутствуют дефекты, ухудшающие его фильтрующую способность (ндп. *целостность фильтрующего элемента*).

Перепад давлений на фильтрующем элементе (фильтре) — разность давлений на входе и выходе фильтрующего элемента (фильтра), под воздействием которых происходит фильтрование.

Номинальный перепад давлений на фильтрующем элементе (фильтре) — перепад давлений на незагрязненном фильтрующем элементе (фильтре) при номинальном расходе жидкости и заданном значении вязкости.

Максимальный перепад давлений на фильтрующем элементе (фильтре) — перепад давлений на фильтрующем элементе (фильтре), при котором дальнейшая его эксплуатация не допускается.

Разрушающий перепад давлений на фильтрующем элементе — перепад давлений на фильтрующем элементе, вызывающий его остаточную деформацию и(или) нарушение герметичности.

Номинальный расход жидкости через фильтрующий элемент (фильтр) — расход жидкости через фильтрующий элемент (фильтр) при номинальном перепаде давлений на фильтрующем элементе (фильтре) и заданном значении вязкости.

9.11. ХОЛОДИЛЬНАЯ ТЕХНИКА [1]

Холодильная техника — область техники, охватывающая вопросы получения и применения искусственного холода.

[1] Более подробные сведения приведены в ГОСТ 24393—80. Техника холодильная. Термины и определения.

Холодильный цикл — термодинамический цикл, используемый в холодильной машине.

Холодильный агент, хладагент— рабочее вещество холодильного цикла.

Хладоноситель — вещество для отвода теплоты от охлаждаемых объектов и передачи его холодильному агенту.

Холодильник — сооружение или устройство с одной или несколькими холодильными камерами для обработки и хранения объектов охлаждения.

Холодильная камера — камера с искусственным охлаждением.

Холодильные машины и установки

Холодильная машина — машина, осуществляющая перенос теплоты с низкого температурного уровня на более высокий.

Компрессионная холодильная машина — холодильная машина, в которой холодильный цикл осуществляется с помощью механического компрессора.

Паровая компрессионная холодильная машина — компрессионная холодильная машина, в которой холодильный агент изменяет свое агрегатное состояние.

Газовая компрессионная холодильная установка — компрессионная холодильная машина, в которой газообразный холодильный агент сохраняет свое агрегатное состояние.

Воздушная компрессионная холодильная машина — газовая компрессионная холодильная машина, в которой холодильным агентом является воздух.

Каскадная парокомпрессионная холодильная машина — холодильная машина, в которой осуществляется несколько холодильных циклов и охлаждение конденсирующего холодильного агента в одном цикле осуществляется кипящим холодильным агентом в другом цикле.

Теплоиспользующая холодильная машина — холодильная машина, в которой холодильный цикл осуществляется за счет подвода теплоты.

Абсорбционная холодильная машина — теплоиспользующая холодильная машина с применением абсорбции и десорбции.

Пароэжекторная холодильная машина — теплоиспользующая холодильная машина с применением эжекции холодильного агента.

Многоступенчатая холодильная машина — холодильная машина, в которой холодильный цикл осуществляется с многоступенчатым сжатием холодильного агента с охлаждением между ступенями

Холодильная установка — комплекс холодильных машин и холодильного оборудования, применяемый для искусственного охлаждения.

Централизованная холодильная установка — холодильная установка с несколькими потребителями холода.

Льдогенератор — холодильная установка для производства льда.

Элементы холодильных машин и установок

Холодильный компрессор — компрессор для сжатия и циркуляции холодильного агента.

Сальниковый холодильный компрессор — холодильный компрессор с уплотнением приводного конца вала.

Бессальниковый холодильный компрессор — холодильный компрессор со встроенным электродвигателем, имеющий внешние разъемы по корпусным деталям.

Герметичный холодильный компрессор — холодильный компрессор с электродвигателем в герметичном кожухе.

Холодильный абсорбер, абсорбер—элемент холодильной машины, предназначенный для поглощения пара холодильного агента.

Генератор абсорбционной холодильной машины — аппарат абсорбционной холодильной машины для выпаривания холодильного агента.

Холодильный конденсатор, конденсатор — конденсатор холодильной машины для конденсации холодильного агента.

Холодильный переохладитель, переохладитель—теплообменный аппарат холодильной машины для охлаждения холодильного агента после его конденсации.

Холодильный испаритель, испаритель — испаритель холодильной машины для испарения холодильного агента.

Холодильный воздухоотделитель, воздухоотделитель — устройство для удаления воздуха и других неконденсирующихся газов из холодильного агента.

Осушитель холодильного агента, осушитель — устройство для удаления влаги из холодильного агента.

Фильтр-осушитель холодильного агента, фильтр-осушитель — устройство для осушения и фильтрования холодильного агента.

Холодильный агрегат — агрегат, состоящий из конструктивно объединенных основных элементов холодильной машины, например: компрессорный агрегат, компрессорно-конденсаторный агрегат, компрессорно-испарительный агрегат.

10.

СУДОВЫЕ УСТРОЙСТВА

* Судовые устройства — совокупность палубных механизмов и приспособлений, обеспечивающих различные потребности судна в процессе его эксплуатации.

10.1. РУЛЕВОЕ УСТРОЙСТВО

* Рулевое устройство — судовое устройство, обеспечивающее поворотливость и устойчивость судна на курсе.

* Рулевая машина — машина, предназначенная для перекладки руля.

Румпель — одно- или двуплечий рычаг либо сектор, жестко закрепленный на головной части баллера руля перпендикулярно к его оси, предназначенный для передачи на баллер крутящего момента от рулевой машины.

Р у л и

Руль — конструкция, состоящая из пера руля, баллера, штырей и соединительных элементов (шпонок, болтов, гаек и т. п.), поворачивающаяся вокруг оси баллера и создающая гидродинамическую силу, передаваемую через баллер и штыри на корпус судна.

Балансирный руль — руль, ось баллера которого расположена на расстоянии от передней кромки, большем половины наибольшей толщины пера руля (рис. 10.1, *а*).

Небалансирный руль — руль, ось баллера которого расположена на расстоянии от передней кромки, меньшем или равном половине наибольшей толщины пера руля (рис. 10.1, *б*).

Полубалансирный руль — руль, у которого по высоте пера руля можно выделить небалансирную и балансирную части (рис. 10.1, *в*).

Подвесной руль — руль, висящий на баллере руля, закрепленном в опорах, расположенных выше пера руля (рис. 10.1, *г*).

Руль за дейдвудом — руль, перо руля которого имеет опору (опоры), размещенную на дейдвуде судна.

Руль за кронштейном — руль, перо руля которого имеет опору (опоры), размещенную на кронштейне (рис. 10.1, *в*).

Руль за рудерпостом — руль, перо руля которого закреплено за рудерпостом; в непереложенном положении преимущественно имеет общий с ним профиль.

Руль с двумя и более штырями — руль, перо руля которого кре-

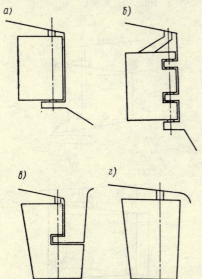

Рис. 10.1. Рули: *а* — балансирный; *б* — небалансирный; *в* — полубалансирный; *г* — подвесной

пится к корпусу судна при помощи двух и более штырей (рис. 10.1, *б*).

Руль с одним штырем — руль, перо руля которого крепится к корпусу судна при помощи одного штыря (рис. 10.1, *в*).

Руль с опорой в пятке ахтерштевня — руль, одна из опор пера руля которого размещена в пятке ахтерштевня судна (рис. 10.1, *а*).

Руль со съемным рудерпостом — руль, перо которого крепится к корпусу судна при помощи съемного рудерпоста.

Составные части
и детали руля

Баллер руля — неподвижно соединенный с пером руля (насадкой) вал, служащий для поворота пера

руля (насадки) и передачи на корпус судна силы и момента, возникающих на пере руля (насадки).

Изогнутый баллер — баллер руля, ось которого расположена ниже его опор и не совпадает с осью поворота руля (рис. 10.2, *а*).

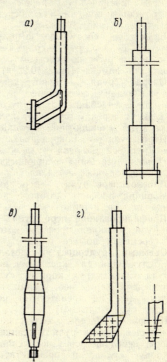

Рис. 10.2. Баллеры: *а* — изогнутый с вертикальным фланцем; *б* — прямой с горизонтальным фланцем; *в* — с конусом; *г* — со скосом под замок

Прямой баллер — баллер руля, ось которого прямолинейна (рис. 10.2, *б*).

Баллер с вертикальным фланцем — изогнутый баллер руля, сопряженный с пером руля (насадкой) посредством вертикального фланцевого соединения (рис. 10.2, *а*).

Баллер с горизонтальным фланцем — прямой или изогнутый баллер руля, сопряженный с пером руля (насадкой) посредством горизонтального фланцевого соединения (рис. 10.2, *б*).

Баллер с конусом — прямой баллер руля, имеющий в месте сопряжения с пером руля конусный участок, позволяющий обеспечивать его вертикальное и горизонтальное фланцевые соединения с пером руля с помощью шпонки или посредством трения (рис. 10.2, *в*).

Баллер со скосом под замок — изогнутый баллер руля, сопряженный с пером руля посредством соединения «в замок» (рис. 10.2, *г*).

Опора руля — конструкция, обеспечивающая соединение руля (поворотной насадки) с корпусом судна и не препятствующая перекладке руля (поворотной насадки).

Перо руля — поворачивающееся вокруг оси баллера руля крыло, непосредственно воспринимающее гидродинамические давления.

Плоское перо руля — перо руля, толщина профиля которого постоянна по его ширине.

Профилированное перо руля — перо руля, толщина профиля которого переменна по его ширине.

Съемный рудерпост — деталь (ось), служащая для крепления пера руля (насадки) к корпусу судна, передачи через нее усилий на корпус судна; не препятствует перекладке руля (насадки).

Штырь — деталь, служащая для крепления пера руля (насадки) в опоре, передачи через нее усилий на корпус судна; не препятствует перекладке руля (насадки).

П о в о р о т н ы е   н а с а д к и

Поворотная насадка — конструкция, состоящая из установленного соосно с гребным винтом профилированного кольцевого крыла, баллера руля, штыря (если он есть) и соединительных элементов (шпонок, болтов, гаек и т. п.), поворачивающаяся вокруг расположенной в плоскости диска винта оси баллера руля и создающая передаваемую через баллер руля и штырь на корпус судна гидродинамическую силу.

Поворотная насадка с опорой в пятке ахтерштевня — поворотная

насадка, одна из опор которой помещена в пятке ахтерштевня (рис. 10.3, *а*).

Подвесная поворотная насадка — поворотная насадка, висящая на баллере руля, закрепленном в опорах, расположенных выше насадки (рис. 10.3, *б*).

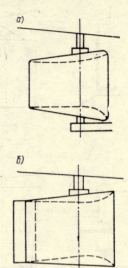

Рис. 10.3. Поворотная насадка: *а* — с опорой в пятке ахтерштевня; *б* — подвесная со стабилизатором

Стабилизатор насадки — крыло, установленное в хвостовой части насадки (рис. 10.3, *б*).

10.2. ЯКОРНОЕ УСТРОЙСТВО

Якорное устройство — комплекс механизмов и приспособлений, обеспечивающих постановку судна на якорь, стоянку на якоре и снятие с якоря (рис. 10.4).

Якорное устройство с автоматизированным управлением — якорное устройство, обеспечивающее автоматическое выполнение якорных операций в заданной последователь-

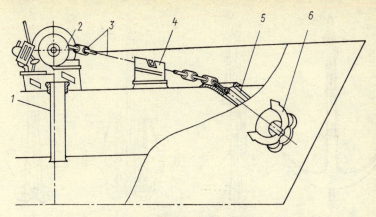

Рис. 10.4. Якорное устройство

1 — палубный клюз; *2* — судовой якорный механизм; *3* — якорная цепь; *4* — стопор якорной цепи; *5* — якорный клюз; *6* — якорь

ности при управлении с дистанционного поста.

Якорное устройство с дистанционным управлением — якорное устройство, обеспечивающее выполнение якорных операций с поста дистанционного управления.

Якоря

Якорь — приспособление для удержания судна на месте (рис. 10.4).

Штоковый якорь — якорь, имеющий шток, обеспечивающий устойчивость якоря при зарывании в грунт.

Адмиралтейский якорь — штоковый судовой якорь с неподвижными лапами, представляющими собой одно целое с веретеном, на котором расположен шток (рис. 10.5, *а*).

Якорь Матросова — якорь с поворотными удлиненными лапами, по краям которых расположены штоки с треугольными планками, обеспечивающие зарывание лап в грунт (рис. 10.5, *б*).

Якорь Холла — якорь с поворотными лапами (рис. 10.5, *в*).

Якорь Грузона — якорь с поворотными лапами и массивным трендом.

Якорь-щит — якорь с поворотными лапами, втягиваемый в нишу якорного клюза и закрывающий ее своим трендом (рис. 10.5, *г*).

Ледовый якорь — однолапый якорь, предназначенный для удержания судна у ледового поля (рис. 10.5, *д*).

Якорь повышенной держащей силы — якорь, у которого держащая сила в два и более раз выше, чем у якоря Холла, при той же массе.

Однолапый якорь — штоковый якорь с неподвижной лапой, представляющей одно целое с веретеном и рогом.

Становой якорь — судовой якорь, обеспечивающий якорную стоянку судна.

Запасной якорь — якорь, предназначенный для замены утерянного станового якоря.

Стоп-анкер-якорь — якорь, предназначенный для снятия судна с мели или для его удержания лагом к ветру или течению.

Верп-якорь, аналогичный по назначению стоп-анкеру, имеющий меньшую массу.

Плавучий якорь — приспособление, предназначенное для уменьшения дрейфа судна при отсутствии сцепления якоря с грунтом.

Якорная скоба — скоба, предназначенная для соединения судового якоря с концевой скобой якорной цепи.

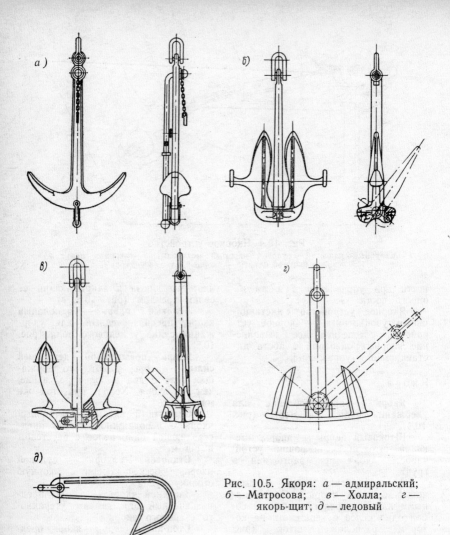

Рис. 10.5. Якоря: *а* — адмиральский; *б* — Матросова; *в* — Холла; *г* — якорь-щит; *д* — ледовый

Якорные канаты и цепи

Якорный канат — канат, предназначенный для соединения якоря с судном.

Якорная цепь — цепь, предназначенная для соединения якоря с судном (рис. 4).

Составной якорный канат — якорный канат, включающий участок цепи и стального каната.

Якорная цепь с распорками — якорная цепь, состоящая из звеньев, имеющих распорки.

Калибр якорной цепи — диаметр поперечного сечения звена якорной цепи в месте сопряжения его с другим звеном.

Смычка якорной цепи — часть якорной цепи, состоящая из определенного числа элементов.

Коренная смычка якорной цепи,

коренная смычка — смычка якорной цепи, предназначенная для соединения ее с устройством для крепления и отдачи коренного конца якорной цепи.

Якорная смычка — смычка якорной цепи, предназначенная для присоединения якорной цепи к якорю (ндп. концевая смычка).

Промежуточная смычка якорной цепи, промежуточная смычка —

бой или с гаком устройства для крепления и отдачи коренного конца якорной цепи (рис. 10.6, *в*).

Соединительное звено якорной цепи — разъемное звено якорной цепи для соединения ее смычек (рис. 10.6, *г*).

Коренной конец якорной цепи— концевое звено коренной смычки якорной цепи, предназначенное для соединения с устройством для креп-

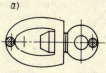

Рис. 10.6. Элементы якорной цепи: *а* — вертлюг; *б* — общее звено (с распоркой); *в* — концевое звено; *г* — соединительное звено

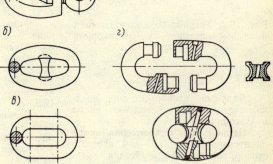

смычка якорной цепи, располагаемая между коренной и якорной смычками.

Вертлюг якорной цепи, вертлюг — элемент якорной цепи, предназначенный для обеспечения свободного поворота якоря относительно якорной цепи (рис. 10.6, *а*).

Звено якорной цепи — элемент цепи овальной формы круглого сечения.

Общее звено якорной цепи, общее звено — звено якорной цепи, калибр которого является основным для ее комплектации (рис. 10.6, *б*).

Увеличенное звено якорной цепи, увеличенное звено — звено якорной цепи увеличенного калибра, обеспечивающее сопряжение общих звеньев с другими элементами якорной цепи.

Концевое звено якорной цепи, концевое звено — звено якорной цепи, предназначенное для соединения якорной цепи с концевой ско-

ления и отдачи коренного конца якорной цепи.

Устройство для крепления и отдачи коренного конца якорной цепи — устройство, предназначенное для крепления и отдачи коренного конца якорной цепи, а также экстренного освобождения судна, стоящего на якоре, от якорной цепи (рис. 10.7).

Концевая скоба якорной цепи, концевая скоба — скоба, предназначенная для соединения якорной цепи с якорной скобой.

Фертоинг—приспособление, предназначенное для предотвращения закручивания якорных цепей в случае постановки судна на два якоря.

* Бридель — цепь, идущая от «мертвого» якоря, на котором стоит корабль. Бридель лежит на дне, причем место его нахождения указывается буйком или его конец закрепляется за бочку.

4*

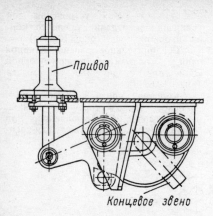

Рис. 10.7. Устройство для крепления и отдачи коренного конца якорной цепи

Якорные стопора

Якорный стопор—стопор, предназначенный для крепления якоря по-походному.

Цепной стопор крепления якоря по-штормовому — судовой якорный стопор, предназначенный для крепления якоря при переходе судна в штормовых условиях посредством отрезка цепи.

Стопор якорной цепи, стопор-стопор, предназначенный для за-крепления якорной цепи (см. рис. 10.4).

Стопор якорной цепи с дистанционным управлением—стопор якорной цепи, имеющий привод с поста дистанционного управления.

Упорный стопор якорной цепи—стопор якорной цепи, предназначенный для стопорения якорной цепи посредством контакта упора стопора со звеном цепи.

Стопор якорной цепи с закладным палом — стопор якорной цепи, предназначенный для стопорения якорной цепи посредством введения закладного пала между звеньями цепи (ндп. *палгедный стопор*) (рис. 10.8, *а*).

Фрикционный стопор якорной цепи — стопор якорной цепи, предназначенный для стопорения якорной цепи вследствие воздействия сил трения, возникающих между звеньями и рабочими поверхностями стопора при их зажатии (рис. 10.8, *б*).

Стояночный стопор якорной цепи — стопор якорной цепи, предназначенный для крепления якорной цепи при стоянке судна на якоре.

Якорные клюзы

Якорный клюз — элемент корпуса судна, предназначенный для

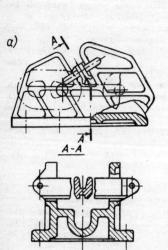

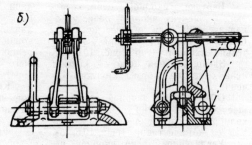

Рис. 10.8. Стопор якорной цепи: *а* — с закладным палом; *б* — фрикционный

проводки якорной цепи и размещения якоря (рис. 10.4).

Якорный клюз с нишей — якорный клюз, бортовая наделка которого размещена в нише корпуса судна.

Палубный клюз — элемент корпуса судна, предназначенный для пропуска якорной цепи в цепной ящик (рис. 10.4).

Роульс якорной цепи — устройство с вращающимся на оси роликом, предназначенное для изменения направления и·уменьшения износа якорной цепи и клюзов.

Я к о р н ы е   м е х а н и з м ы

Судовой якорный механизм — механизм, предназначенный для отдачи и подъема якорей и удержания судна при стоянке на якоре (рис. 10.4).

Брашпиль — якорный механизм с собственным приводом, имеющий одну или две звездочки с горизонтальной осью вращения.

Брашпильная приставка — якорный механизм без собственного привода, имеющий звездочку с горизонтальной осью вращения и муфту включения.

Одинарный якорный шпиль, шпиль — якорный механизм с собственным приводом, имеющий звездочку с вертикальной осью вращения.

Соединенный якорный шпиль — якорный механизм с собственным приводом, состоящий из двух одинарных якорных шпилей, имеющий общий редуктор или самостоятельные редукторы, кинематически соединенные между собой.

Одинарный якорно-швартовный шпиль, шпиль — якорный механизм с собственным приводом, имеющий звездочку и турачку, которые расположены на одной вертикальной оси.

Соединенный якорно-швартовный шпиль — якорный механизм с собственным приводом, состоящий из двух одинарных якорно-швартовных шпилей, имеющий общий редуктор или самостоятельные редукторы, кинематически соединенные между собой.

Якорная лебедка — якорный механизм с собственным приводом, предназначенный для работы с якорными канатами, имеющий накопительный барабан.

Якорно-швартовная лебедка — якорный механизм с собственным приводом, имеющий звездочку и накопительный швартовный барабан, расположенные на общем горизонтальном валу.

Однопалубный шпиль — якорный, якорно-швартовный или швартовный шпиль, все конструктивные узлы которого смонтированы на одной палубе, при этом привод может быть расположен над палубой или под палубой.

Двухпалубный шпиль — якорный, якорно-швартовный или швартовный шпиль, привод которого расположен на палубе, находящейся ниже палубы, где расположены звездочка и (или) турачка шпиля.

10.3. ШВАРТОВНОЕ УСТРОЙСТВО

Швартовное устройство — комплекс механизмов и приспособлений, обеспечивающих подтягивание судна к береговым или плавучим причальным сооружениям и судам и надежное крепление к ним.

Швартовный канат — канат, предназначенный для соединения судна с береговыми или плавучими причальными сооружениями.

Кнехт — металлическая тумба, предназначенная для закрепления каната.

Швартовный кнехт — кнехт, предназначенный для крепления швартовного каната.

Одиночный швартовный кнехт — швартовный кнехт с одной тумбой (ндп. *битенг*).

Двойной швартовный кнехт — швартовный кнехт с двумя тумбами.

Прямой швартовный кнехт — двойной швартовный кнехт, оси тумб которого перпендикулярны основанию кнехта (рис. 10.9, *а*).

Крестовый швартовный кнехт — одиночный или двойной швартовный кнехт, тумбы которого имеют поперечины (рис. 10.9, *б*).

Швартовный кнехт с вращающимися тумбами — кнехт, обеспечивающий выборку швартовного каната в одном направлении и стопорение его в обратном.

Киповая планка—деталь швартовного устройства, предназначенная для обеспечения свободной проводки и изменения направления швартовного каната при его выборке или травлении.

Прямая киповая планка — киповая планка, рога которой образуют прямую прорезь; удерживает швартовный канат в горизонтальной плоскости.

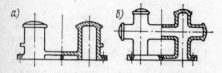

Рис. 10.9. Швартовный кнехт: *а* — прямой; *б* — крестовый

Косая киповая планка — киповая планка, рога которой перекрывают по длине друг друга, образуя косую прорезь; удерживает швартовный канат в вертикальной и горизонтальной плоскостях.

Киповая планка с наметкой — киповая планка, имеющая закрепленную на корпусе наметку, закрывающую прорезь и удерживающую швартовный канат в вертикальной и горизонтальной плоскостях.

Киповая планка с наметкой и роульсами — киповая планка, имеющая закрепленные на корпусе наметку и вертикальные роульсы, позволяющие изменять направление швартовного каната в горизонтальной плоскости при выборке или травлении его под нагрузкой.

Киповая планка с горизонтальными и вертикальными роульсами— киповая планка, имеющая закрепленные на корпусе два вертикальных и один горизонтальный роульсы, позволяющие изменять направление швартовного каната в вертикальной и горизонтальной плоскостях при выборке и травлении его под нагрузкой (рис. 10.10).

Роульс для швартовных канатов — изделие, предназначенное для изменения направления и уменьшения трения швартовного каната при его выборке или травлении.

Швартовный клюз — приспособление, предназначенное для проводки швартовного каната и ограничения его перемещений в горизонтальной и вертикальной плоскостях.

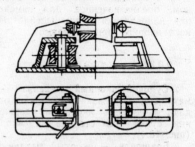

Рис. 10.10. Киповая планка с горизонтальными и вертикальными роульсами

Швартовный клюз с рогами — швартовный клюз, имеющий два рога, предназначенных для закрепления на них швартовных канатов либо для подвешивания кранцев (рис. 10.11).

Швартовный клюз с роульсами — швартовный клюз с расположенными по периметру вертикальными и горизонтальными роульсами, уменьшающими трение швартовного каната.

Поворотный швартовный клюз, поворотный клюз — швартовный клюз, оснащенный направляющими роульсами в цилиндрической обойме, обеспечивающий автоматическую установку обоймы по направлению натянутого швартовного каната.

Панамский швартовный клюз, панамский клюз — швартовный клюз, удовлетворяющий требованиям правил компании Панамского канала.

Стопор швартовного каната — стопор, предназначенный для удержания швартовного каната под натяжением при переносе его ходового конца с турачки швартовного механизма на кнехт и обратно.

Швартовный кранец — изделие, предназначенное для смягчения ударов и восприятия энергии навала судна на причальное сооружение или другое судно в процессе швартовки или буксировки лагом.

вающий выбирание, травление и стопорение швартовного каната.

Автоматическая швартовная лебедка — швартовная лебедка с заданным режимом работы (рис. 10.13).

Швартовная лебедка с брашпильной приставкой — механизм, состоящий из якорного и швартов-

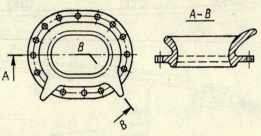

Рис. 10.11. Швартовный клюз с рогами

Утка — одно- или двурогая планка, предназначенная для временного крепления швартовного каната.

Банкет — решетчатая площадка, предназначенная для хранения свернутого в бухту каната.

Швартовный механизм — механизм, предназначенный для выполнения швартовных операций.

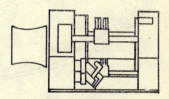

Рис. 10.13. Автоматическая швартовная лебедка

Рис. 10.12. Швартовный шпиль

Швартовный шпиль — швартовный механизм с собственным приводом, имеющий турачку с вертикальной осью вращения, обеспечивающий выбирание швартовного каната (рис. 10.12).

Швартовная лебедка — швартовный механизм с собственным приводом, имеющий накопительный или транзитный барабан с горизонтальной осью вращения, обеспечи-

ного механизмов, первый из которых не имеет собственного привода и приводится в действие от швартовного механизма, имеющего собственный привод.

Вьюшка — механизм, предназначенный для навивки и хранения швартовного каната (рис. 10.14).

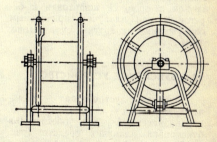

Рис. 10.14. Вьюшка

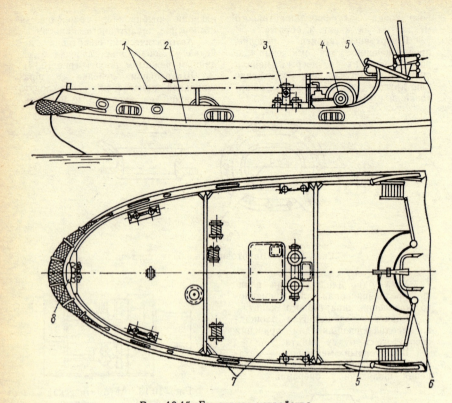

Рис. 10.15. Буксирное устройство

1 — буксирный канат; *2* — привальный брус; *3* — буксирный битенг; *4* — буксирная лебедка; *5* — буксирный гак; *6* — буксирная дуга; *7* — буксирная арка; *8* — буксирный клюз

Привальный брус — брус, устанавливаемый вдоль бортов судна для защиты корпуса от повреждений при воздействии ударных нагрузок в процессе швартовки к береговым или плавучим причальным сооружениям и другим судам (рис. 10.15).

10.4. БУКСИРНОЕ УСТРОЙСТВО

Буксирное устройство — комплекс механизмов и приспособлений, предназначенный для обеспечения буксировки плавучих средств (рис. 10.15).

Буксирный канат—канат, предназначенный для соединения буксируемого плавучего средства с буксирным судном (рис. 10.15).

Брага — цепь и канат, обнесенные вокруг корпуса буксируемого судна и поддерживаемые по бортам ниже уровня верхней палубы серьгами; предназначены для крепления буксирного каната при буксировке.

Полубрага — канат, закрепленный за носовые буксирные битенги или кнехты буксируемого судна, предназначенный для крепления буксирного каната при буксировке.

Буксирный гак — приспособление, устанавливаемое на буксирных судах и предназначенное для крепления и отдачи буксирного каната (рис. 10.15).

104

Открытый буксирный гак — буксирный гак, состоящий из крюка и обоймы.

Откидной буксирный гак — буксирный гак с откидывающимся крюком для быстрой отдачи буксирного каната.

Буксирная дуга — приспособление, предназначенное для подвижного крепления буксирного гака и передачи воспринимаемых гаком усилий на судовые конструкции (рис. 10.15).

Буксирная арка — приспособление, устанавливаемое в кормовой части буксирного судна и предназначенное для поддержания буксирного каната на необходимой высоте с целью защиты людей и судовых конструкций от повреждения этим канатом (рис. 10.15).

Буксирный клюз — приспособление, предназначенное для проводки через корпусные конструкции и ограничения перемещений буксирного каната (рис. 10.15).

Закрытый буксирный клюз — буксирный клюз с замкнутым контуром, ограничивающий горизонтальное и вертикальное перемещения буксирного каната.

Открытый буксирный клюз — буксирный клюз с полузамкнутым контуром, ограничивающий горизонтальное перемещение буксирного каната.

Буксирный кнехт — кнехт, предназначенный для крепления буксирного каната.

Буксирный битенг — буксирный кнехт с крестовиной (рис. 10.15).

Держатель буксирного каната— приспособление, устанавливаемое на судах и предназначенное для крепления и отдачи буксирного гака.

Буксирная лебедка — буксирный механизм с собственным приводом, предназначенный для травления, выбирания и стопорения буксирного каната (рис. 10.15).

Автоматическая буксирная лебедка — буксирная лебедка, заданный режим работы которой поддерживается автоматически.

Лебедка для канатов-проводников — лебедка с барабаном и (или) турачкой, предназначенная для работы с проводником буксирного каната.

10.5. ШЛЮПОЧНОЕ УСТРОЙСТВО

Шлюпочное устройство — устройство, предназначенное для спуска шлюпки на воду, подъема из воды и хранения по-походному.

Шлюпбалка — устройство, предназначенное для спуска и подъема шлюпки.

Правая шлюпбалка — шлюпбалка, расположенная в шлюпочном устройстве с правой стороны при направлении взгляда от диаметральной плоскости судна на борт.

Левая шлюпбалка — шлюпбалка, расположенная в шлюпочном устройстве с левой стороны при направлении взгляда от диаметральной плоскости судна на борт.

Комплект шлюпбалок — правая и левая шлюпбалки, работающие в паре в составе шлюпочного устройства.

Приводная шлюпбалка— шлюпбалка, вываливание и заваливание стрелы которой осуществляется с помощью механического привода.

Поворотная шлюпбалка — приводная шлюпбалка, вываливание стрелы которой осуществляется вращением стрелы вокруг вертикальной оси (рис. 10.16, *а*).

Склоняющаяся шлюпбалка — приводная шлюпбалка, вываливание и заваливание стрелы которой осуществляется вращением стрелы вокруг горизонтальной оси (рис. 10.16, *б*).

Шарнирно-хоботковая шлюпбалка — приводная шлюпбалка, вываливание и заваливание которой осуществляются вращением стрелы и хобота шлюпбалки вокруг горизонтальных осей.

Гравитационная шлюпбалка — шлюпбалка, вываливание стрелы которой осуществляется под действием сил гравитации.

Одношарнирная гравитационная шлюпбалка — гравитационная шлюпбалка, вываливание и заваливание стрелы которой осуществляются путем поворота стрелы вокруг горизонтальной оси (рис. 10.16, *в*).

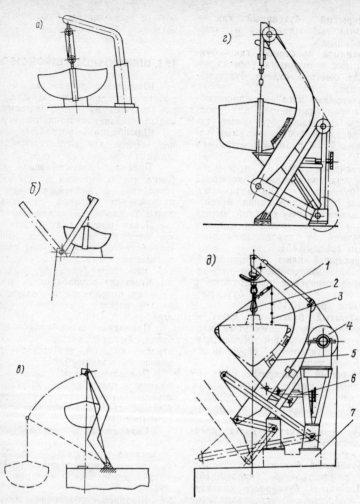

Рис. 10.16. Шлюпбалка: *а* — поворотная; *б* — склоняющаяся; *в* — одношарнирная гравитационная; *г* — двухшарнирная гравитационная *д* — четырехшарнирная гравитационная

1 — стрела шлюпбалки; *2* — шлюпочный найтов; *3* — спасательный шкентель; *4* — шлюпочная лебедка; *5* — шлюпочный бортблок; *6* — стопор стрелы шлюпбалки; *7* — станина шлюпбалки

Двухшарнирная гравитационная шлюпбалка — гравитационная шлюпбалка, вываливание и заваливание стрелы которой осуществляются путем поворота стрелы и рычага шлюпбалки вокруг горизонтальных осей (рис. 10.16, *г*).

Четырехшарнирная гравитационная шлюпбалка — гравитационная шлюпбалка, вываливание и заваливание стрелы которой осуществляются посредством поворота стрелы и двух рычагов шлюпбалки вокруг горизонтальных осей (рис. 10.16, *д*).

Скатывающаяся гравитационная шлюпбалка — гравитационная шлюпбалка, вываливание и заваливание которой осуществляются путем перемещения стрелы на катках по направляющим станины.

Ростровая скатывающаяся гравитационная шлюпбалка — скатывающаяся гравитационная шлюпбалка, станина которой закреплена на шлюпочной и нижележащей палубах.

Шарнирно-хоботковая гравитационная шлюпбалка — гравитационная шлюпбалка, вываливание и заваливание которой осуществляются путем поворота стрелы и хобота шлюпбалки вокруг горизонтальных осей.

Стрела шлюпбалки — балка, к ноку которой подвешивается на лопарях шлюпка (рис. 10.16).

Шлюпочная лебедка — лебедка, предназначенная для обеспечения операций по спуску и подъему шлюпки (рис. 10.16).

Подтягивающее устройство шлюпки — устройство, предназначенное для подвода шлюпки к борту судна на уровне посадочной палубы при вываливании шлюпки с целью обеспечения безопасной посадки в нее людей, а также для отвода ее от борта судна в положение спуска на воду.

Шлюпочный найтов — крепление шлюпки на шлюпбалках или на кильблоках, обеспечивающее ее неподвижность в положении по-походному (рис. 10.16).

Топрик — канат, соединяющий ноки стрелы шлюпбалок (ндп. *средний бакштаг*).

Спасательный шкентель — неметаллический канат, имеющий на определенном расстоянии друг от друга мусинги[1], предназначенный для спуска по нему людей со шлюпочной палубы в шлюпку на воде (рис. 10.16).

Шлюпочный бортблок — опора, служащая для закрепления по-походному шлюпки на стреле шлюпбалки (рис. 10.16).

Шлюпочный кильблок — опора, предназначенная для установки на нее шлюпки при хранении по-походному.

Шлюпочные тали — тали, с помощью которых поднимается и опускается шлюпка на приводных шлюпбалках.

Подкильный кронштейн шлюпки — кронштейн, устанавливаемый на стреле шлюпбалки и служащий опорой килю шлюпки в положении по-походному.

Бакштаг шлюпбалки — канат, закрепленный за нос стрелы поворотной шлюпбалки и предназначенный для вываливания, заваливания и закрепления в определенном положении стрелы шлюпбалки.

Грунтов — канат, предназначенный для удержания шлюпки, подвешенной на приводных шлюпбалках, от раскачивания.

Стандерс — металлическая конструкция, служащая опорой и подпятником стрелы поворотной шлюпбалки.

Станина шлюпбалки — неподвижная часть шлюпбалки, на которой смонтированы все ее подвижные детали (рис. 10.16).

Шлюпочный блок — подвижный блок, к которому крепится шлюпка на шлюпбалке, не имеющей шлюпочных талей.

Стопор стрелы шлюпбалки — устройство для крепления стрелы шлюпбалки в положении по-походному (рис. 10.16).

Стопор шлюпочного найтова — устройство, предназначенное для закрепления и автоматической отдачи шлюпочного найтова при вываливании шлюпки на гравитационных шлюпбалках.

Тяга шлюпбалки — устройство, предназначенное для фиксации стрелы гравитационной шлюпбалки в вываленном положении.

* **Спасательная шлюпка** — шлюпка специальной конструкции, оборудованная внутренними средствами плавучести (воздушными ящиками, или заполненными пенопластом от-

---

[1] Мусинг — узел ввязанный в канат специальным образом.

секами), обеспечивающими поддержание на плаву шлюпки с полным снабжением, когда она залита водой на уровне планширя.

10.6. ГРУЗОВОЕ УСТРОЙСТВО

Грузовое устройство — судовое устройство, предназначенное для выполнения операций по погрузке, разгрузке и перемещению грузов на судне.

* **Грузоподъемное устройство** — устройство типа судовых грузовых стрел, кранов или подъемников.

* **Грузовая мачта** — мачта, входящая в состав грузового устройства судна и предназначенная для крепления грузовых стрел, а также блоков для проводки такелажа стрел.

* **Судовые грузовые стрелы** — грузоподъемные устройства, осуществляющие удержание и перемещение груза системой тросов и блоков, закрепляемых вне собственной конструкции стрелы (на грузовых мачтах, колоннах, палубах и лебедках).

* **Легкие грузовые стрелы**, легкие стрелы — судовые грузовые стрелы с грузоподъемностью одиночной стрелы менее 10 т.

* **Тяжелые грузовые стрелы** — судовые грузовые стрелы с грузоподъемностью одиночной стрелы 10 т и более.

* **Грузовой гак** — стальной крюк, предназначенный для подъема груза.

* **Грузовой шкентель** — снасть такелажа грузовой стрелы, представляющая собой стальной трос, ходовой конец которого оснащен грузовым гаком; предназначен для передачи усилия грузовой лебедки через направляющие блоки на поднимаемый (опускаемый) груз.

* **Топенант** — снасть такелажа грузовой стрелы, представляющая собой стальной трос, предназначенный для удержания грузовой стрелы в заданном положении и перемещения (изменения вылета) ее в вертикальной плоскости.

* **Оттяжка** — снасть такелажа грузовой стрелы, предназначенная для поворота стрелы в горизонтальной плоскости или удержания ее в нужном положении.

Грузовая лебедка — лебедка, предназначенная для работы в составе грузового устройства.

Лебедка оттяжек — лебедка, предназначенная для поворота и удержания в заданном положении грузовой стрелы.

Топенантная вьюшка — палубный механизм с собственным приводом, предназначенный для изменения вылета стрелы без груза на гаке и для удержания в заданном положении стрелы с грузом на гаке при застопоренном барабане механизма.

Топенантная лебедка — лебедка, предназначенная для изменения вылета и удержания в заданном положении грузовой стрелы.

Лебедка люкового закрытия — лебедка, предназначенная для открытия и закрытия крышек грузовых люков.

Грузовой поворотный кран с переменным вылетом стрелы — грузовой кран с изменяющимся вылетом стрелы, имеющий возможность поворота вокруг вертикальной оси и предназначенный для работы на открытой палубе.

Сдвоенный грузовой поворотный кран — конструкция, состоящая из двух одинаковых грузовых поворотных кранов с переменным вылетом стрелы, установленных на общей вращающейся платформе, и имеющая грузоподъемность, равную двойной грузоподъемности одинарного крана.

10.7. СУДОВЫЕ ПОДЪЕМНИКИ

Судовой подъемник — подъемник, предназначенный для установки на судах и плавсредствах.

Грузовой судовой подъемник — судовой подъемник, предназначенный для подъема и спуска грузов на платформе.

Канатный судовой подъемник — судовой подъемник, грузонесущая часть которого подвешена на канатах, огибающих приводной шкив или барабан.

Цепной судовой подъемник — судовой подъемник, грузонесущая часть которого перемещается при помощи цепной передачи.

Винтовой судовой подъемник— судовой подъемник, грузонесущая часть которого перемещается при помощи передачи винт — гайка.

Плунжерный судовой подъемник — судовой подъемник, грузонесущая часть которого перемещается непосредственно гидроцилиндрами.

Реечный судовой подъемник — судовой подъемник, грузонесущая часть которого перемещается посредством передачи зубчатое колесо — рейка.

Судовой лифт — судовой подъемник, предназначенный для подъема и спуска людей или грузов в кабине, направляющие которой расположены вертикально в шахте, снабженной запираемыми дверями на посадочных или нагрузочных палубах (рис. 10.17).

Пассажирский судовой лифт — судовой лифт, предназначенный для подъема и спуска людей или грузов в сопровождении людей.

Камбузный судовой лифт — грузовой судовой лифт, предназначенный для подъема или спуска пищи, продовольствия и посуды.

Госпитальный судовой лифт — судовой лифт, предназначенный для подъема и спуска больных на госпитальных транспортных средствах с сопровождающим персоналом.

Шахта судового подъемника — судовое пространство, огражденное со всех сторон и предназначенное для размещения грузонесущей части и противовеса судового подъемника (рис. 10.17).

Приямок шахты судового подъемника, приямок — нижняя часть шахты судового подъемника, расположенная за пределами нижнего рабочего положения его грузонесущей части (рис. 10.17).

Машинное помещение судового подъемника — судовое помещение, в котором установлены подъемный механизм с приводом и пусковая аппаратура судового подъемника (рис. 10.17).

Кабина судового лифта — грузонесущая часть судового лифта, огражденная с боковых сторон на

всю высоту, имеющая пол и потолочное покрытие (рис. 10.17).

Непроходная кабина судового лифта, непроходная кабина — кабина судового лифта высотой более 2 м, имеющая дверь или грузовой проем с одной стороны.

Проходная кабина судового лифта, проходная кабина — кабина

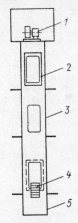

Рис. 10.17. Судовой лифт

1 — машинное помещение судового подъемника; *2* — кабина судового лифта; *3* — шахта судового подъемника; *4* — противовес; *5* — приямок

судового лифта, высотой более 2 м, имеющая двери или грузовые проемы с двух сторон.

Несквозная кабина судового лифта, несквозная кабина — кабина судового лифта высотой менее 2 м, имеющая дверь или грузовой проем с одной стороны.

Сквозная кабина судового лифта — кабина судового лифта высотой менее 2 м, имеющая двери или грузовые проемы с двух сторон.

Платформа судового подъемника — грузонесущая часть судового подъемника с боковым ограждением или без него.

Противовес судового подъемника — подвижная часть судового подъемника, движущаяся по направляющим и уравновешивающая массу грузонесущей части судового подъемника и часть массы поднимаемого груза (рис. 10.17).

Направляющие судового подъемника — составная часть судового подъемника, предназначенная для придания необходимой траектории движения несущей части или противовесу, а также предназначенная для удержания их при срабатывании ловителей.

Башмаки судового подъемника — элементы подвижных частей судового подъемника, обеспечивающие определенное положение грузонесущей части или противовеса относительно его направления.

Ловители судового подъемника — автоматически срабатывающие устройства, тормозящие с определенным замедлением и удерживающие на направляющих грузонесущую часть судового подъемника или противовес при ослаблении или обрыве тяговых тросов или цепей.

Ограничитель скорости судового подъемника — устройство, приводящее в действие ловители и воздействующее на систему управления судового подъемника при превышении заданной скорости.

Упор судового подъемника — устройство, ограничивающее движение грузонесущей части или противовеса судового подъемника при аварийном переходе или крайних рабочих положениях.

Буфер судового подъемника — амортизированный упор, обеспечивающий значительное поглощение энергии движения подвижных масс судового подъемника.

10.8. ГРУЗОВЫЕ КОНТЕЙНЕРЫ И ПРИСПОСОБЛЕНИЯ ДЛЯ ИХ ПЕРЕГРУЗКИ

Грузовой контейнер, контейнер-единица транспортного оборудования многократного применения, предназначенная для перевозки и временного хранения грузов без промежуточных перегрузок, удобная для механизированной загрузки и разгрузки, погрузки и выгрузки, внутренним объемом не менее 1 м^3 (рис. 10.18).

Крупнотоннажный контейнер — грузовой контейнер, максимальная масса брутто которого 10 т и более.

Среднетоннажный контейнер — грузовой контейнер, максимальная масса брутто которого не менее 2,5 т, но менее 10 т.

Малотоннажный контейнер — грузовой контейнер, максимальная масса которого 2,5 т.

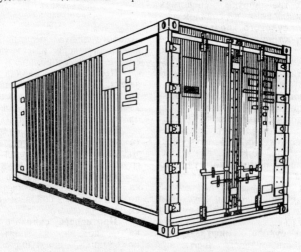

Рис. 10.18. Грузовой контейнер

Изотермический контейнер — контейнер, стенки, пол, крыша и двери которого покрыты теплоизоляционным материалом, ограничивающим теплообмен между внутренним объемом контейнера и окружающей средой, или изготовлены из него.

Рефрижераторный контейнер с машинным охлаждением — изотермический контейнер, имеющий холодильную установку компрессионного или абсорбционного типа.

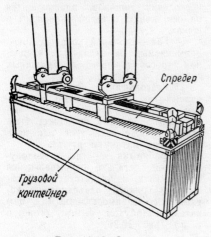

Рис. 10.19. Спредер

Контейнерный домкрат — домкрат для подъема или опускания крупнотоннажных контейнеров за угловые фитинги.

Контейнерный захват — устройство для строповки контейнеров, устанавливаемое на подъемно-транспортное оборудование.

Спредер — контейнерный автоматический или полуавтоматический захват для контейнеров с угловыми фитингами (рис. 10.19).

Контейнерный автозахват — контейнерный автоматический или полуавтоматический захват для контейнеров, оборудованных рымами и соответствующими устройствами, исключая угловые фитинги.

Контейнерный строп — контейнерный захват для ручной строповки контейнеров, состоящий из цепей

или канатов, закрепляемых посредством крюков или соответствующими приспособлениями за фитинги, рымы, цапфы.

Контейнерное фиксирующее устройство, фиксирующее устройство— устройство для фиксирования грузовых контейнеров на транспортном средстве и (или) для крепления их между собой.

10.9. СРЕДСТВА ВНУТРИТРЮМНОЙ МЕХАНИЗАЦИИ

Средства внутритрюмной механизации, ВТМ — специальные механизмы и приспособления, применяемые при погрузочно-разгрузочных и складских работах в грузовых помещениях судна (конвейеры, тали, погрузчики и др.).

Конвейеры

Конвейер — машина для непрерывного транспортирования грузов.

Ленточный конвейер — конвейер, грузонесущим и тяговым элементом которого является замкнутая лента.

Скребковый конвейер — конвейер, в котором груз транспортируется по желобу или другому направляющему устройству движущимися скребками, прикрепленными к тяговому элементу.

Ковшовый конвейер — конвейер для транспортирования грузов в ковшах, шарнирно прикрепленных к замкнутому тяговому элементу, в горизонтальном, вертикальном и наклонном направлениях.

Винтовой конвейер — конвейер, перемещение груза в трубе-желобе которого производится валом с винтовыми лопастями (ндп. *шнек*).

Роликовый конвейер — конвейер, на котором перемещение грузов происходит по вращающимся роликам, оси которых укреплены на раме конвейера (ндп. *рольганг*).

Элеватор — конвейер для транспортирования грузов в ковшах, жестко прикрепленных к тяговому элементу, в вертикальном или крутонаклонном направлении.

Тали

Таль — механизм, смонтированный в одном корпусе с приводом, предназначенный для подъема или подъема и горизонтального перемещения груза.

Ручная таль — таль с ручным приводом механизмов.

Электрическая таль — таль с электрическим приводом ее механизмов (ндп. *тельфер*).

Стационарная таль — таль без механизма передвижения, закрепленная в определенном месте.

Передвижная таль — таль с механизмом передвижения.

Механизм передвижения тали — тележка для подвешивания тали и передвижения по монорельсу.

Погрузчики и штабелеры

Погрузчик — машина, оборудованная рабочими органами (вилами для подхватывания штучных грузов, ковшом для зачерпывания и высыпания сыпучих грузов и т. п.) и предназначенная для погрузки, разгрузки и штабелирования грузов.

Автопогрузчик — погрузчик с приводом от двигателя внутреннего сгорания.

Электропогрузчик — погрузчик с электрическим приводом.

Штабелер — передвижная машина, оборудованная устройством для штабелирования штучных грузов.

Автоштабелер.

Электроштабелер.

Ролл-трейлер — низкорамная прицепная тележка для перемещения с помощью тягача штучных грузов, контейнеров и транспортных пакетов при производстве грузовых работ на накатных судах (рис. 10.20).

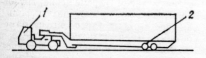

Рис. 10.20. Портовый спецтягач (*1*) с ролл-трейлером (*2*)

Портовый спецтягач — тягач со специализированным сцепным устройством, предназначенный для буксировки ролл-трейлеров (рис. 10.20).

10.10. ИЗДЕЛИЯ СУДОВЫХ УСТРОЙСТВ ОБЩЕГО ПРИМЕНЕНИЯ

* Блок — изделие, служащее для увеличения силы или изменения направления тяги, состоящее из корпуса в виде щек и одного или нескольких шкивов, вращающихся на оси, концы которой укреплены в щеках.

* Гак — стальной кованый крюк, применяемый на судах для крепления тросов и цепей в различных судовых устройствах.

* Глаголь-гак — откидной Г-образный гак, удерживаемый в рабочем положении особым звеном цепи, благодаря чему он может быть откинут, даже если трос или цепь устройства натянуты втугую.

Карабин-гак — гак с подпружиненной деталью, открывающейся внутрь гака и препятствующей самопроизвольному разъединению карабина со взаимосвязанным с ним изделием (обухом, рымом, огоном и т. п.) (рис. 10.21).

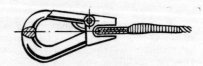

Рис. 10.21. Карабин-гак

* Коуш — каплевидная (*а*) или круглая (*б*) оправа из металла (пластмассы) с желобом на наружной стороне, предназначенная для обводки вокруг нее петли троса (каната) с целью уменьшения его истирания (рис. 10.22).

Патрон для стальных канатов — кованая или штампованная полая коническая деталь, используемая для заделки концов стальных канатов; ее можно прикрепить к деталям судовых устройств, заканчивающихся вилкой с осью или проушиной (рис. 10.23).

* **Ролики тросовых проводок** — ролики, предназначенные для изменения направления движения тросов (канатов) в составе различных судовых устройств.

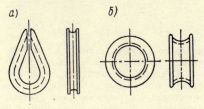

Рис. 10.22. Коуш: *а* — каплевидный; *б* — круглый

Такелажный обух — деталь, привариваемая к корпусным конструкциям (палубе, переборке, борту)

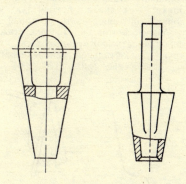

Рис. 10.23. Патрон для стальных канатов

и имеющая отверстие или звено для крепления такелажа, талей и т. п. (рис. 10.24).

* **Такелажная скоба** — изогнутое стальное кованое изделие, концы которого имеют утолщения с от-

верстиями и соединены штырем с резьбой или осью (рис. 10.25, *а*, *б*).

Талреп винтовой — приспособление для обтягивания и крепления концов стальных тросов различных

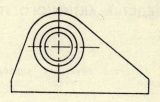

Рис. 10.24. Такелажный обух

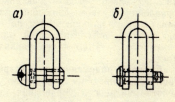

Рис. 10.25. Такелажная скоба: *а* — со штырем с резьбой; *б* — с осью

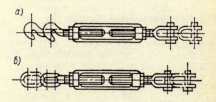

Рис. 10.26. Винтовой талреп: *а* — с гаком; *б* — с проушиной

устройств, состоящее из муфты и двух винтов, концы которых оканчиваются вилкой, гаком или проушиной в зависимости от назначения талрепа (рис. 10.26, *а*, *б*).

11.

СРЕДСТВА АКТИВНОГО УПРАВЛЕНИЯ СУДАМИ

Средство активного управления судном — устройство с приводным двигателем, создающее на малых ходах судна и без хода упор или тягу, направленные под углом к диаметральной плоскости судна.

Движительно-рулевая система — движительная система и (или) одно или несколько средств активного управления судном, способные создавать упор, изменяющийся по направлению и обеспечивающий одновременно ход судна и его управляемость.

Судовое подруливающее устройство, подруливающее устройство — средство активного управления судном с рабочим органом в канале, расположенном в корпусе судна, создающее тягу, направленную под прямым углом к диаметральной плоскости (рис. 11.1).

Судовое вспомогательное движительное-рулевое устройство, вспомогательное движительно-рулевое устройство — средство активного управления судном с рабочим органом, расположенным вне корпуса судна; создает упор, направление которого может меняться относительно диаметральной плоскости.

Судовая поворотная колонка, поворотная колонка — судовое вспомогательное движительно-рулевое устройство с гребным винтом, создающее упор, направление которого может изменяться в пределах $0 \pm 180°$ при повороте устройства относительно вертикальной оси, перпендикулярной оси гребного винта колонки.

Судовая откидная поворотная колонка, откидная поворотная колонка — судовая поворотная колонка, нижняя часть которой с гребным винтом в насадке может поворачиваться откидываться вокруг горизонтальной оси в нерабочее положение (рис. 11.2).

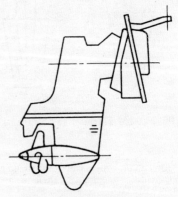

Рис. 11.2. Откидная поворотная колонка

Судовая выдвижная поворотная колонка, выдвижная поворотная колонка — судовая поворотная колонка, нижняя часть которой с гребным винтом в насадке может перемещаться в вертикальном на-

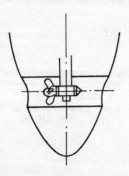

Рис. 11.1. Подруливающее устройство

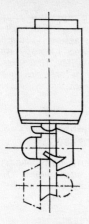

Рис. 11.3. Выдвижная поворотная колонка

Судовой активный руль, активный руль — судовое вспомогательное движительно-рулевое устройство с рабочим органом, расположенным в пере руля; создает упор, направление которого может изменяться в пределах угла перекладки пера руля (рис. 11.4).

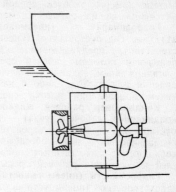

Рис. 11.4. Активный руль

правлении и убираться в корпус судна в нерабочее положение (рис. 11.3).

12.

ОБЪЕМНЫЙ ГИДРОПРИВОД И ПНЕВМОПРИВОД

12.1. ОБЩИЕ ПОНЯТИЯ

Объемный гидропривод, гидропривод (пневмопривод) — привод, в состав которого входит гидравлический механизм, в котором рабочая среда [1] находится под давлением, имеет один (или более) объемных гидродвигателей (объемный пневмодвигатель).

Гидроустройство (пневмоустройство) — техническое устройство, предназначенное для выполнения определенной самостоятельной функции в объемном гидроприводе (пневмоприводе) посредством взаимодействия с рабочей средой.

Управляемое гидроустройство (управляемое пневмоустройство) — гидроустройство (пневмоустройство), имеющее элемент управления, на который подается внешнее управляющее воздействие; по виду управляющего воздействия различают гидроустройства (пневмоустройства) с ручным, механическим, электромагнитным, гидравлическим, пневматическим, электрогидравлическим, электропневматическим и другим управлением.

---

[1] Под рабочей средой понимается рабочая жидкость в объемном гидроприводе и рабочий газ в пневмоприводе.

Неуправляемое гидроустройство (неуправляемое пневмоустройство).

Объемная гидромашина (объемная пневмомашина) — гидроустройство (пневмоустройство), предназначенное для преобразования механической энергии рабочей среды в процессе попеременного заполнения рабочей камеры рабочей средой и вытеснения ее из рабочей камеры.

Гидроаппарат (пневмоаппарат) [1] — гидроустройство (пневмоустройство), предназначенное для управления потоком рабочей среды с поддержанием заданных значений давления или расхода либо с изменением направления потока среды.

Кондиционер рабочей жидкости (кондиционер рабочего газа) — гидроустройство (пневмоустройство), предназначенное для обеспечения необходимых качественных показателей и состояния рабочей среды.

Гидроемкость (пневмоемкость) — гидроустройство (пневмоустройство), предназначенное для содержания рабочей среды с целью использования ее в процессе работы объемного гидропривода (пневмопривода).

Гидроустройство (пневмоустройство) трубного присоединения — гидроустройство (пневмоустройство), которое соединяется с другими гидроустройствами (пневмоустройствами) при помощи трубопроводов — труб или рукавов.

Стыковое гидроустройство (стыковое пневмоустройство) — гидроустройство (пневмоустройство), которое соединяется с другими гидроустройствами (пневмоустройствами) при помощи каналов, выведенных на наружную плоскость, по которой происходит стыковка с другими гидроустройствами (пневмоустройствами).

Модульное гидроустройство (модульное пневмоустройство) — гидроустройство (пневмоустройство), которое соединяется с другими гидроустройствами (пневмоустройствами) при помощи каналов, выведенных на две параллельные наружные плоскости, по которым происходит

стыковка с другими гидроустройствами (пневмоустройствами).

Встраиваемое гидроустройство (встраиваемое пневмоустройство) — гидроустройство (пневмоустройство), корпусные детали которого являются неотъемлемой частью других устройств.

12.2. ОБЪЕМНЫЕ ГИДРОПРИВОДЫ (ПНЕВМОПРИВОДЫ)

Насосный гидропривод (компрессорный пневмопривод) — объемный гидропривод (пневмопривод), в котором рабочая среда подается в объемный гидродвигатель (объемный пневмодвигатель) насосом (компрессором), входящий в состав этого привода.

Аккумуляторный гидропривод (аккумуляторный пневмопривод) — объемный гидропривод (пневмопривод), в котором рабочая среда подается в объемный гидродвигатель (объемный пневмодвигатель) из гидроаккумулятора (пневмоаккумулятора), предварительно заряженного от внешнего источника, не входящего в состав привода.

Магистральный гидропривод (магистральный пневмопривод) — объемный гидропривод (пневмопривод), в котором рабочая среда подается в объемный гидродвигатель (объемный пневмодвигатель) от гидромагистрали (пневмомагистрали), не входящей в состав привода.

Гидропривод (пневмопривод) поступательного движения — объемный гидропривод (пневмопривод), гидродвигателем (пневмодвигателем) которого является гидроцилиндр (пневмоцилиндр).

Гидропривод (пневмопривод) поворотного движения — объемный гидропривод (пневмопривод), гидродвигателем (пневмодвигателем) которого является поворотный гидродвигатель (поворотный пневмодвигатель).

Гидропривод (пневмопривод) вращательного движения — объем-

---

[1] В качестве собирательного названия гидроаппаратов (пневмоаппаратов) допускается применять термин «гидроаппаратура (пневмоаппаратура)».

ный гидропривод (пневмопривод), гидродвигателем (пневмодвигателем) которого является гидромотор (пневмомотор).

Гидропривод (пневмопривод) без управления — объемный гидропривод (пневмопривод) с постоянными параметрами движения выходного звена объемного гидродвигателя (пневмодвигателя).

Гидропривод (пневмопривод) с управлением — объемный гидропривод (пневмопривод) с изменяющимися параметрами движения выходного звена объемного гидродвигателя (пневмодвигателя).

Гидропривод (пневмопривод) с ручным управлением — гидропривод (пневмопривод) с управлением, в котором управление параметрами движения выходного звена объемного гидродвигателя (пневмодвигателя) осуществляется с помощью устройств, управляемых вручную.

Гидропривод (пневмопривод) с автоматическим управлением — гидропривод (пневмопривод) с управлением, в котором управление параметрами движения выходного звена объемного гидродвигателя (пневмодвигателя) осуществляется автоматически.

Стабилизирующий гидропривод (стабилизирующий пневмопривод) — гидропривод (пневмопривод) с автоматическим управлением, в котором регулируемый параметр движения выходного звена поддерживается постоянным.

Программный гидропривод (программный пневмопривод) — гидропривод (пневмопривод) с автоматическим управлением, в котором регулируемый параметр движения выходного звена изменяется по заранее заданной программе.

Следящий гидропривод (следящий пневмопривод) — гидропривод (пневмопривод) с ручным или автоматическим управлением, в котором регулируемый параметр выходного звена изменяется по определенному закону в зависимости от внешнего воздействия, значение которого заранее неизвестно.

Гидропривод (пневмопривод) с дроссельным управлением — гидропривод (пневмопривод) с управле-

нием, в котором управление параметром движения выходного звена осуществляется регулирующим гидроаппаратом (регулирующим пневмоаппаратом).

Гидропривод с машинным управлением — гидропривод с управлением, в котором управление параметром движения выходного звена осуществляется регулируемым насосом или регулируемым гидромотором или обеими объемными гидромашинами.

Гидропривод с машинно-дроссельным управлением — гидропривод с управлением, в котором управление параметрами движения выходного звена осуществляется регулирующим гидроаппаратом и объемной гидромашиной.

Гидропривод с управлением приводящим двигателем — гидропривод с управлением, в котором управление параметром движения выходного звена осуществляется изменением частоты вращения приводящего двигателя.

Пневмопривод с управлением противодавлением — пневмопривод с управлением, в котором управление параметром движения выходного звена осуществляется созданием противодавления на выходе из пневмодвигателя.

Гидропривод (пневмопривод) с разомкнутым потоком — насосный гидропривод (компрессорный пневмопривод), в котором рабочая среда от объемного гидродвигателя (объемного пневмодвигателя) поступает в гидробак (атмосферу).

Гидропривод (пневмопривод) с замкнутым потоком — насосный гидропривод (компрессорный пневмопривод), в котором рабочая среда от объемного гидродвигателя (объемного пневмодвигателя) поступает на вход насоса (компрессора).

12.3. ОБЪЕМНЫЕ ГИДРОМАШИНЫ (ПНЕВМОМАШИНЫ)

Объемный гидродвигатель (объемный пневмодвигатель) — объемная гидромашина, предназначенная для преобразования энергии потока рабочей среды в энергию выходного звена. Выходным звеном гидроцилиндра (пневмоцилиндра) является шток или плунжер гидродвигателя (поворотного пневмодвигателя), гидромотора (пневмомотора) — вал.

Насос-мотор — объемная гидромашина, предназначенная для работы как в режиме объемного насоса, так и в режиме гидромотора.

Гидропреобразователь (пневмопреобразователь) — объемная гидромашина (объемная пневмомашина), предназначенная для преобразования энергии одного потока рабочей среды в энергию другого потока с изменением значения давления.

Гидровытеснитель (пневмовытеснитель, пневмогидровытеснитель) — объемная гидромашина (объемная пневмомашина), предназначенная для преобразования энергии одного потока рабочей среды в энергию другого потока без изменения значения давления (рис. 12.1).

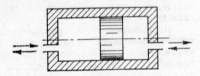

Рис. 12.1. Гидровытеснитель (пневмовытеснитель, пневмогидровытеснитель)

Гидроцилиндр (пневмоцилиндр) — объемный гидродвигатель (объемный пневмодвигатель) с возвратно-поступательным движением выходного звена (ндп. *силовой гидроцилиндр, пневмоцилиндр*).

Поворотный гидродвигатель (поворотный пневмодвигатель) — объемный гидродвигатель (объемный пневмодвигатель) с ограниченным поворотным движением выходного звена (ндп. *моментный гидроцилиндр, пневмоцилиндр*).

Гидромотор (пневмомотор) — объемный гидродвигатель (объемный пневмодвигатель) с неограниченным вращательным движением выходного звена.

Гидроцилиндр (пневмоцилиндр) одностороннего действия — гидроцилиндр (пневмоцилиндр), в котором движение выходного звена под дей-

ствием рабочей среды возможно только в одном направлении. Движение выходного звена в противоположном направлении может происходить под действием пружины, силы тяжести или звеньев приводимой машины (рис. 12,2, *а*).

Гидроцилиндр (пневмоцилиндр) двустороннего действия — гидроцилиндр (пневмоцилиндр), в котором движение выходного звена под действием рабочей среды возможно в двух противоположных направлениях (рис. 12.2, *б*).

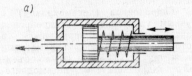

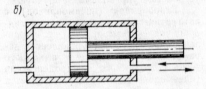

Рис. 12.2. Гидроцилиндр (пневмоцилиндр): *а* — одностороннего действия; *б* — двустороннего действия

Двухпозиционный гидроцилиндр (двухпозиционный пневмоцилиндр) — гидроцилиндр (пневмоцилиндр), выходное звено которого имеет только два фиксированных положения.

Многопозиционный гидроцилиндр (многопозиционный пневмоцилиндр) — гидроцилиндр (пневмоцилиндр), выходное звено которого имеет три или более фиксированных положения.

Поршневой гидроцилиндр (поршневой пневмоцилиндр) — гидроцилиндр (пневмоцилиндр) с рабочим звеном в виде поршня.

Плунжерный гидроцилиндр (плунжерный пневмоцилиндр) — гидроцилиндр (пневмоцилиндр) с рабочим звеном в виде плунжера (рис. 12.3, *а*).

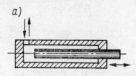

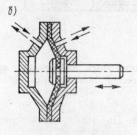

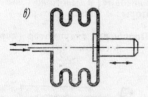

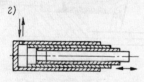

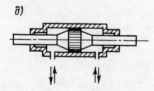

Рис. 12.3. Гидроцилиндр:
а — плунжерный (плунжерный пневмоцилиндр); *б* — мембранный (мембранный пневмоцилиндр); *в* — сильфонный (сильфонный пневмоцилиндр); *г* — телескопический (телескопический пневмоцилиндр); *д* —с торможением (пневмоцилиндр)

Мембранный гидроцилиндр (мембранный пневмоцилиндр) — гидроцилиндр (пневмоцилиндр) с рабочим звеном в виде мембраны (рис. 12.3, *б*).

Сильфонный гидроцилиндр (сильфонный пневмоцилиндр) — гидроцилиндр (пневмоцилиндр) с рабочим звеном в виде сильфона (рис. 12.3, *в*).

Одноступенчатый гидроцилиндр (одноступенчатый пневмоцилиндр) — гидроцилиндр (пневмоцилиндр), у которого полный ход выходного звена равен ходу рабочего звена.

Телескопический гидроцилиндр (телескопический пневмоцилиндр) — гидроцилиндр (пневмоцилиндр), у которого полный ход выходного звена равен сумме ходов всех рабочих звеньев. В зависимости от числа поршней или плунжеров телескопические гидроцилиндры (телескопические пневмоцилиндры) могут быть двуступенчатыми, трехступенчатыми и т. д. (рис. 12.3, *г*).

Гидроцилиндр (пневмоцилиндр) с торможением — гидроцилиндр (пневмоцилиндр), снабженный устройством, обеспечивающим торможение выходного звена в конце хода (рис. 12.3, *д*).

Гидроцилиндр (пневмоцилиндр) без торможения — гидроцилиндр (пневмоцилиндр) без устройства, обеспечивающего торможение выходного звена в конце хода.

Гидроцилиндр (пневмоцилиндр) с односторонним штоком — гидроцилиндр (пневмоцилиндр) со штоком, расположенным с одной стороны поршня или мембраны.

Гидроцилиндр (пневмоцилиндр) с двусторонним штоком — гидроцилиндр (пневмоцилиндр) со штоками, расположенными по обе стороны поршня или мембраны.

Шиберный поворотный гидродвигатель (шиберный поворотный пневмодвигатель) — поворотный двигатель (поворотный пневмодвигатель) с рабочими звеньями в виде шиберов (рис. 12.4, *а*).

Поршневой поворотный гидродвигатель (поворотный пневмодвигатель) — поворотный гидродвигатель (поворотный пневмодвигатель) с рабочими звеньями в виде поршней (рис. 12.4, *б*).

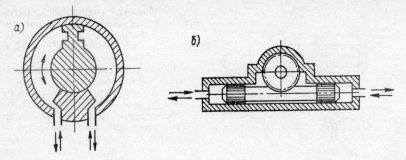

Рис. 12.4. Поворотный гидродвигатель: *а* — шиберный (шиберный поворотный пневмодвигатель); *б* — поршневой (поршневой поворотный пневмодвигатель)

Шестеренный гидромотор (шестеренный пневмомотор) — гидромотор (пневмомотор) с рабочими звеньями в виде шестерен.

Винтовой гидромотор (винтовой пневмомотор) — гидромотор (пневмомотор) с рабочими звеньями в виде винтов. По числу винтов различаются одновинтовые, двухвинтовые, трехвинтовые и многовинтовые гидромоторы (пневмомоторы) (рис. 12.5, *а*).

Поршневой гидромотор (поршневой пневмомотор) — гидромотор

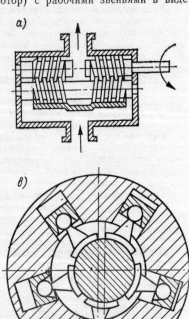

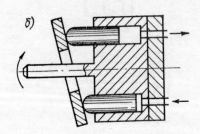

Рис. 12.5. Гидромотор: *а* — винтовой (винтовой пневмомотор); *б* — аксиально-поршневой; *в* — радиально-поршневой (радиально-поршневой пневмомотор)

(пневмомотор) с рабочими звеньями в виде поршней. Поршневые гидромоторы (поршневые пневмомоторы) могут быть роторными или безроторными.

Аксиально-поршневой гидромотор — поршневой гидромотор, у которого оси поршней параллельны оси блока цилиндров или расположены к оси блока под углом не более 45° (рис. 12.5, *б*).

Радиально-поршневой гидромотор (радиально-поршневой пневмомотор) — поршневой гидромотор (поршневой пневмомотор), у которого оси поршней расположены под углом более 45° к оси блока цилиндров (рис. 12.5, *в*).

Гидромотор (пневмомотор) с наклонным блоком — аксиально-поршневой гидромотор (аксиально-поршневой пневмомотор), у которого оси выходного звена и блока цилиндров пересекаются.

Гидромотор (пневмомотор) с наклонным диском — аксиально-поршневой гидромотор (аксиально-поршневой пневмомотор), у которо-

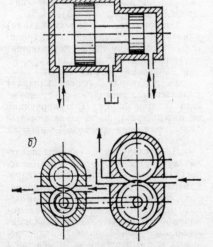

Рис. 12.6. Гидропреобразователь: *а* — поступательный (поступательный пневмопреобразователь); *б* — вращательный (вращательный пневмопреобразователь);

го выходное звено и блок цилиндров расположены на одной оси, а поршни связаны с торцевой поверхностью диска, наклоненного к этой оси (рис. 12.5, *б*).

Поступательный гидропреобразователь (поступательный пневмопреобразователь) — гидропреобразователь (пневмопреобразователь), составленный из гидроцилиндров (пневмоцилиндров) с двумя поршнями разных диаметров, штоки которых жестко соединены между собой (рис. 12.6, *а*).

Вращательный гидропреобразователь (вращательный пневмопреобразователь) — гидропреобразователь (пневмопреобразователь), составленный из гидромотора (пневмомотора) и насоса с разными рабочими объемами, валы которых жестко соединены между собой (рис. 12.6, *б*).

12.4. ГИДРОАППАРАТЫ (ПНЕВМОАППАРАТЫ)

Золотниковый гидроаппарат (золотниковый пневмоаппарат) — гидроаппарат (пневмоаппарат), запорно-регулирующим элементом которого является золотник. Под запорно-регулирующим элементом понимается подвижная деталь или группа деталей гидроаппарата (пневмоаппарата), при перемещении которой частично или полностью перекрывается рабочее проходное сечение. По типу золотника различаются гидроаппараты (пневмоаппараты) с плоским (рис. 12.7, *а*) и цилиндрическим золотниками (рис. 12.7, *б*).

Крановый гидроаппарат (крановый пневмоаппарат) — гидроаппарат (пневмоаппарат), запорно-регулирующим элементом которого является кран (рис. 12.7, *в*).

Клапанный гидроаппарат (клапанный пневмоаппарат) — гидроаппарат (пневмоаппарат), запорно-регулирующим элементом которого является клапан (рис. 12.7, *г*, *д*).

Регулируемый гидроаппарат (регулируемый пневмоаппарат) — гидроаппарат (пневмоаппарат), в котором размеры рабочего проходного сечения или силовое воздействие на запорно-регулирующий элемент могут быть изменены извне в процессе ра-

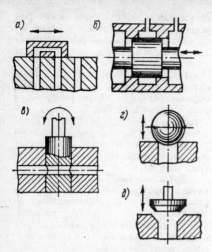

Рис. 12.7. Гидроаппарат: *а* — золотниковый с плоским золотником (золотниковый пневмоаппарат); *б* — золотниковый с цилиндрическим золотником; *в* — крановый (крановый
пневмоаппарат); *г* — редукционный;
д — клапанный с плоским клапаном

боты гидроаппарата (пневмоаппарата) с целью получения заданного
значения давления и расхода рабочей среды.

**Настраиваемый гидроаппарат
(настраиваемый пневмоаппарат)** —
гидроаппарат (пневмоаппарат), в котором размеры рабочего проходного
сечения или силовое воздействие на
запорно-регулирующий элемент могут быть изменены извне только
в нерабочем состоянии гидроаппарата (пневмоаппарата) с целью получения заданного значения давления
и расхода рабочей среды.

Гидроклапан (пневмоклапан) —
гидроаппарат (пневмоаппарат), размеры рабочего проходного сечения
которого изменяются от воздействия
потока рабочей среды, проходящего
через гидроаппарат (пневмоаппарат).

**Гидроаппарат (пневмоаппарат)
неклапанного действия** — гидроаппарат (пневмоаппарат), размеры рабочего проходного сечения которого
изменяются от внешнего управляющего воздействия.

**Регулирующий гидроаппарат
(регулирующий пневмоаппарат)** —
гидроаппарат (пневмоаппарат), который управляет давлением, расходом и направлением потока рабочей
среды путем частичного открытия
рабочего проходного сечения. В качестве собирательного названия для
направляющих гидроаппаратов (направляющих пневмоаппаратов) допускается использовать термин «направляющая гидроаппаратура (направляющая пневмоаппаратура)»
(ндп. *распределительный гидроаппарат, распределительный пневмоаппарат*).

**Гидроклапан (пневмоклапан)
прямого действия** — гидроклапан
(пневмоклапан), в котором размеры
рабочего проходного сечения изменяются в результате непосредственного воздействия потока рабочей
среды на запорно-регулируемый элемент (рис. 12,8, *а*).

**Гидроклапан (пневмоклапан) не-
прямого действия** — гидроклапан
(пневмоклапан), в котором размеры
рабочего проходного сечения изменяются запорно-регулирующим элементом в результате воздействия потока
рабочей среды на вспомогательный
запорно-регулирующий элемент (ндп.
сервоклапан) (рис. 12,8, *б*).

**Гидроклапан (пневмоклапан)
давления** — регулирующий гидроаппарат (регулирующий пневмоаппарат), предназначенный для управления давлением рабочей среды.

**Гидроаппарат (пневмоаппарат)
управления расходом** — регулирующий гидроаппарат (регулирующий
пневмоаппарат), предназначенный
для управления расходом рабочей
среды.

**Дросселирующий гидрораспреде-
литель (дросселирующий пневмораспределитель)** — регулирующий гидроаппарат (регулирующий пневмоаппарат), предназначенный для управления расходом и направлением потока рабочей среды в нескольких гидролиниях (пневмолиниях) одновременно в соответствии с изменением
внешнего управляющего воздействия.
В зависимости от числа характерных
позиций запорно-регулирующего элемента различаются двух-, трехпози-
ционные и прочие дросселирующие

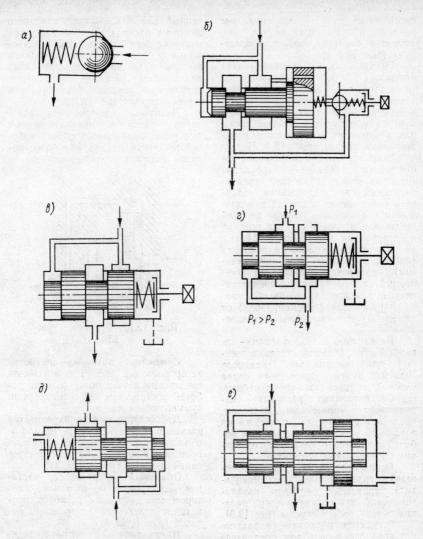

Рис. 12.8. Гидроклапан (пневмоклапан); *а* — прямого действия; *б* — непрямого действия; *в* — напорный; *г* — редукционный; *д* — разности давлений; *е* — соотношений давлений

гидрораспределители (дросселирующие пневмораспределители (ндп. *следящий золотник*).

Напорный гидроклапан (напорный пневмоклапан) — гидроклапан (пневмоклапан) давления, предназначенный для ограничения давления в подводимом к нему потоке рабочей среды (рис. 12.8, *в*),

Редукционный гидроклапан (редукционный пневмоклапан) — гидроклапан (пневмоклапан) давления, предназначенный для поддержания в отводимом от него потоке рабочей среды более низкого давления, чем давление в подводимом потоке (ндп. *регулятор давления, редуктор давления*) (рис. 12.8, *г*).

Гидроклапан (пневмоклапан) разности давлений — гидроклапан (пневмоклапан) давления, предназначенный для поддержания заданной разности давления в подводимом и отводимом потоках рабочей среды или в одном из этих потоков и постороннем потоке (рис. 12.8, *д*).

Гидроклапан (пневмоклапан) соотношения давлений — гидроклапан (пневмоклапан) давления, предназначенный для поддержания заданного соотношения давлений в подводимом и отводимом потоках рабочей среды или в одном из этих потоков и постороннем потоке (рис. 12.8, *е*).

Предохранительный гидроклапан (предохранительный пневмоклапан) — напорный гидроклапан (напорный пневмоклапан), предназначенный для предохранения объемного гидропривода (пневмопривода) от давления, превышающего установленное.

Переливной гидроклапан — напорный гидроклапан, предназначенный для поддержания заданного давления путем непрерывного слива рабочей жидкости во время работы.

Синхронизатор расходов — гидроаппарат управления расходом, предназначенный для поддержания заданного соотношения расходов рабочей жидкости в двух или нескольких параллельных потоках.

Гидродроссель (пневмодроссель) — гидроаппарат (пневмоаппарат) управления расходом, предназначенный для создания сопротивления потоку рабочей среды (рис. 12.9).

Регулятор расхода — гидроаппарат управления расходом, предназна-

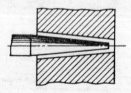

Рис. 12.9. Гидродроссель (пневмодроссель)

ченный для поддержания заданного значения расхода вне зависимости от значения перепада давлений в подводимом и отводимом потоках рабочей жидкости. По числу внешних линий различаются двух- и трехлинейные регуляторы расхода (ндп. дроссель с регулятором (рис. 12.10).

Делитель потока — синхронизатор расходов, предназначенный для разделения одного потока рабочей жидкости на два или более потоков (ндп. делительный клапан).

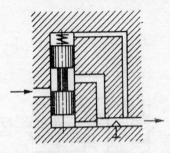

Рис. 12.10. Регулятор расхода

Сумматор потоков — синхронизатор расходов, предназначенный для соединения двух и более потоков рабочей жидкости в один поток (ндп. суммирующий клапан).

Дросселирующий синхронизатор расходов — синхронизатор расходов, в котором синхронизация расходов происходит вследствие дросселирования потоков (рис. 12.11, *а*).

Объемный синхронизатор расходов — синхронизатор расходов, в котором синхронизация расходов происходит вследствие дозирования потоков (рис. 12.11, *б*).

Направляющий гидрораспределитель (направляющий пневмораспределитель), гидрораспределитель пневмораспределитель) — направляющий гидроаппарат (направляющий пневмоаппарат), предназначенный для управления пуском, остановкой и направлением потока рабочей среды в двух или более гидролиниях (пневмолиниях) в зависимости от наличия внешнего управляющего воздействия. В зависимости от числа фиксированных позиций запорно-ре-

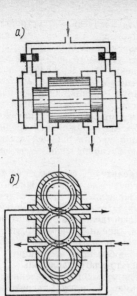

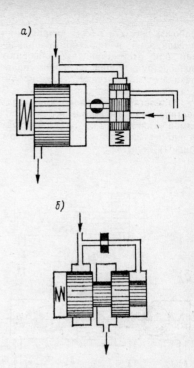

Рис. 12.11. Синхрониза-
тор расхода: *а* — дрос-
селирующий; *б* — объем-
ный

Рис. 12.12. Гидроклапан (пневмоклапан): *а* — выдержки времени;
б — последовательности

гулирующего элемента гидрораспределители (пневмораспределители)
могут быть двух-, трехпозиционны-
ми и т. д. В зависимости от числа
внешних гидролиний (пневмолиний),
поток в которых управляется рас-
пределителем, гидрораспределители
(пневмораспределители) могут быть
двух-, трехлинейными и т. д.

Гидроклапан (пневмоклапан)
выдержки времени — направляющий
гидроаппарат (направляющий пневмоаппарат), предназначенный для
пуска или остановки потока рабочей
среды через заданный промежуток
времени после подачи управляющего
сигнала (ндп. *реле времени*)
(рис. 12.12, *а*).

Гидроклапан (пневмоклапан)
последовательности — направляющий
гидроаппарат (направляющий пневмо-
моаппарат), предназначенный для
пуска потока рабочей среды при до-
стижении в нем заданного значения
давления (рис. 12.12, *б*).

Обратный гидроклапан (обратный пневмоклапан) — направляющий

гидроаппарат (направляющий пневмоаппарат), предназначенный для
пропускания рабочей среды только
в одном направлении и запирания
рабочей среды в обратном направлении (рис. 12.13).

Гидрозамок (пневмозамок) —
направляющий гидроаппарат (направляющий пневмоаппарат), предназначенный для пропускания потока

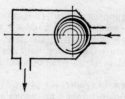

Рис. 12.13. Обратный
гидроклапан (обрат-
ный пневмоклапан)

рабочей среды в одном направлении и запирания в обратном направлении при отсутствии управляющего воздействия, а при наличии управляющего воздействия — для пропускания в обоих направлениях.

Односторонний гидрозамок (односторонний пневмозамок) — гидрозамок (пневмозамок) с одним запорно-регулирующим элементом (рис. 12.14, *а*).

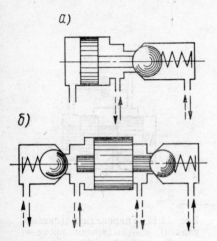

а)

б)

Рис. 12.14. Гидрозамок (пневмозамок): *а* — односторонний; *б* — двусторонний

Двусторонний гидрозамок (двусторонний пневмозамок) — гидрозамок (пневмозамок) с двумя запорно-регулирующими элементами (рис. 12.14,*б*).

12.5. КОНДИЦИОНЕРЫ РАБОЧЕЙ СРЕДЫ

Гидроочиститель (пневмоочиститель) — кондиционер рабочей жидкости (кондиционер рабочего газа), предназначенный для очистки рабочей среды от загрязняющих примесей.

Пневмоглушитель — кондиционер рабочего газа, предназначенный для уменьшения шума, возникающего при выходе рабочего газа в атмосферу.

Воздухоспускное устройство — кондиционер рабочей жидкости, предназначенный для выпуска воздуха из устройств, используемых для уменьшения содержания воздуха в рабочей жидкости (ндп. *вантуз*).

Сапун — кондиционер рабочей жидкости, предназначенный для очистки воздуха, поступающего в гидробак из окружающей среды при снижении уровня рабочей жидкости, с целью предохранения ее от загрязнения.

Отделитель твердых частиц — гидроочиститель пневмоочиститель), предназначенный для отделения твердых загрязняющих примесей.

Влагоотделитель — пневмоочиститель, предназначенный для отделения влаги, находящейся в жидком или парообразном состоянии.

Фильтр-влагоотделитель — пневмоотделитель, предназначенный для отделения твердых загрязняющих примесей от влаги.

Влагоотделитель жидкой фазы — влагоотделитель, предназначенный для отделения влаги, находящейся в виде жидкости, от рабочего газа.

Влагоотделитель паровой фазы — влагоотделитель, предназначенный для отделения влаги, находящейся в виде пара, от рабочего газа.

Комбинированный влагоотделитель — влагоотделитель, который может очищать рабочий газ от влаги, находящейся как в жидком, так и в парообразном состоянии.

Контактный влагоотделитель — влагоотделитель жидкой фазы, в котором очистка рабочего газа происходит при его прохождении через щели, отверстия или поры фильтрующего элемента.

Конденсирующий влагоотделитель — влагоотделитель паровой фазы, в котором влага задерживается вследствие ее конденсации.

Абсорбирующий влагоотделитель — влагоотделитель паровой фазы, в котором влага задерживается веществами, вступающими в химическую реакцию с молекулами пара.

Адсорбирующий влагоотделитель — влагоотделитель паровой фазы, в котором влага задерживается при прохождении рабочего газа через пористые вещества, не вступающие в химическую реакцию с молекулами пара.

12.6. ГИДРОЕМКОСТИ (ПНЕВМОЕМКОСТИ)

Гидробак — гидроемкость, предназначенная для питания объемного гидропривода рабочей жидкостью. Различаются гидробаки под атмосферным и избыточным давлениями.

Гидроаккумулятор — гидроемкость, предназначенная для аккумулирования и возврата энергии рабочей жидкости, находящейся под давлением.

Ресивер — пневмоемкость, которая заполняется рабочим газом в процессе работы пневмопривода.

Пневмоаккумулятор — пневмоемкость, которая заполняется рабочим газом перед началом работы пневмопривода.

Пневмогидроаккумулятор — гидроаккумулятор, в котором аккумулирование и возврат энергии происходят за счет сжатия и расширения газа.

Пневмогидроаккумулятор без разделителя — пневмогидроаккумулятор, в котором рабочая жидкость находится в непосредственном контакте с газом.

Пневмогидроаккумулятор с разделителем — пневмогидроаккумулятор, в котором рабочая жидкость отделена от газа разделителем.

Поршневой пневмогидроаккумулятор — пневмогидроаккумулятор с разделителем рабочих сред в виде поршня (рис. 12.15,а).

Мембранный пневмогидроаккумулятор — пневмогидроаккумулятор с разделителем рабочих сред в виде мембраны или сильфона (ндп. *диафрагменный пневмогидроаккумулятор*) (рис. 12.15,б).

Баллонный пневмогидроаккумулятор — пневмогидроаккумулятор с разделителем рабочих сред в виде эластичного баллона рис. 12.15, в).

12.7. МОНТАЖНЫЕ ПЛИТЫ

Монтажная плита — совокупность гидролиний (пневмолиний), конструктивно выполненная в виде плиты и предназначенная для присоединения каналов стыкового или модульного гидроустройства (пневмоустройства) к каналам других гидроустройств (пневмоустройств).

Плита стыкового монтажа — монтажная плита для соединения стыковых гидроустройств (стыковых пневмоустройств).

Плита модульного монтажа — монтажная плита для соединения модульных гидроустройств (модульных пневмоустройств).

Одноместная плита — монтажная плита, на которой устанавливается одно гидроустройство (пневмоустройство).

Многоместная плита — монтажная плита, на которой устанавливаются два или более гидроустройств (пневмоустройств).

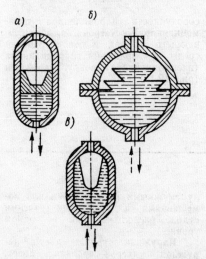

Рис. 12.15. Пневмогидроаккумулятор: *а* — поршневой; *б* — мембранный; *в* — баллонный

12.8. КОМБИНИРОВАННЫЕ ГИДРОУСТРОЙСТВА (ПНЕВМОУСТРОЙСТВА)

Блок гидроаппаратов (блок пневмоаппаратов) — совокупность гидроаппаратов (пневмоаппаратов),

127

конструкция которых представляет собой одно целое.

Гидропанель (пневмопанель) — совокупность гидроаппаратов (пневмоаппаратов), смонтированных на общей плите и представляющих собой одно целое. В гидропанель (пневмопанель) могут дополнительно входить кондиционеры рабочей жидкости (кондиционеры рабочего газа), контрольные и измерительные устройства.

Насосно-аккумуляторная станция — совокупность насосной установки с гидроаккумулятором, смонтированных на общей несущей конструкции в виде единого агрегата.

Гидроусилитель (пневмоусилитель) — совокупность гидроаппаратов (пневмоаппаратов), предназначенных для преобразования и усиления мощности управляющего сигнала в мощность потока рабочей среды и для изменения его направления в соответствии с управляющим сигналом (рис. 12.16).

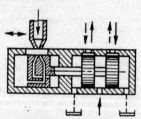

Рис. 12.16. Гидроусилитель (пневмоусилитель)

Объемная гидропередача — часть насосного гидропривода, предназначенная для передачи движения от приводящего двигателя к звеньям машины (ндп. *объемная гидротрансмиссия*).

Гидропередача нераздельного исполнения — объемная гидропередача, состоящая из гидроустройств, конструкция которых представляет собой одно целое.

Гидропередача раздельного исполнения — объемная гидропередача, состоящая из раздельных гидроустройств.

Вращающийся гидроцилиндр (вращающийся пневмоцилиндр) —

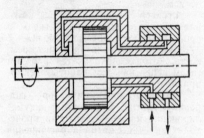

Рис. 12.17. Вращающийся гидроцилиндр (вращающийся пневмоцилиндр)

совокупность гидроцилиндра (пневмоцилиндра) и устройства, обеспечивающего подвод и отвод рабочей среды при вращении гидроцилиндра (пневмоцилиндра) вокруг своей оси (рис. 12.17).

13.

ДЕЛЬНЫЕ ВЕЩИ

13.1. СУДОВЫЕ ДВЕРИ, ДВЕРЦЫ, ФОРТОЧКИ, КРЫШКИ, ГОРЛОВИНЫ И ИЛЛЮМИНАТОРЫ

Судовые двери

Судовая дверь, дверь — дверь устанавливаемая на судне и служащая для закрывания прохода между смежными помещениями или помещениями и открытыми частями судна, расположенными на одном уровне.

Наружная судовая дверь, наружная дверь — судовая дверь, предназначенная для закрывания прохода из помещения на открытую часть судна.

Внутренняя судовая дверь, внутренняя дверь — судовая дверь, служащая для закрывания прохода между смежными помещениями судна.

Проницаемая судовая дверь, проницаемая дверь — судовая дверь, к которой не предъявляются требования непроницаемости.

Брызгонепроницаемая дверь — судовая дверь, обеспечивающая непроницаемость при действии на нее атмосферных осадков и брызг при мытье судовых конструкций.

Водогазонепроницаемая дверь — судовая дверь, обеспечивающая в заданном положении непроницаемость при действии на нее напора воды и газа, не превышающего расчетного (рис. 13.1, а).

Дверь непроницаемая под напором — судовая дверь, обеспечивающая в заданном положении непроницаемость при действии на нее постоянного напора воды, не превышающего расчетного (например, в случае затопления одного из смежных отсеков при аварии судна).

Дверь непроницаемая при воздействии моря — судовая дверь, устанавливаемая выше главной палубы и обеспечивающая при накате волн непроницаемость.

Клинкетная дверь — сдвижная непроницаемая при воздействии морской воды судовая дверь, которая устанавливается в водонепроницаемой переборке, непроницаемость двери под напором воды обеспечивается за счет плотного прижатия поверхностей ее рамы и створки. Обычно дверь оборудуют гидроприводом (рис. 13.1, б).

Горизонтальная клинкетная дверь — клинкетная судовая дверь, при открывании которой створка сдвигается в горизонтальном направлении.

Вертикальная клинкетная дверь — клинкетная судовая дверь, при открывании которой створка сдвигается вверх.

Противопожарная дверь — судовая дверь, которая при пожаре в течение заданного интервала времени препятствует проникновению дыма или пламени в соседние судовые помещения и повышению сверх установленной величины температуры на

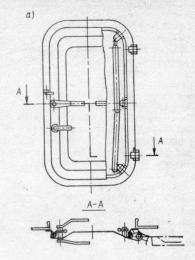

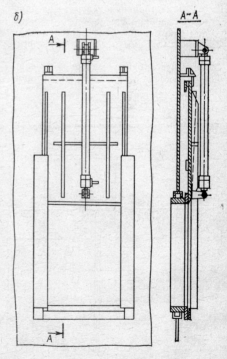

Рис. 13.1. Дверь: *а* — водогазонепроницаемая; *б* — клинкетная

стороне, противоположной огневому воздействию.

Огнестойкая дверь — противопожарная судовая дверь, сохраняющая свои противопожарные свойства и препятствующая проникновению в помещение дыма и пламени в течение не менее 60 мин.

Огнезадерживающая дверь — противопожарная судовая дверь, сохраняющая свои противопожарные свойства и препятствующая проникновению в помещение пламени в течение не менее 30 мин.

Потайная дверь — судовая дверь, полотно и арматура которой установлены заподлицо с полотном судовой конструкции.

Распашная дверь — одностворчатая или двустворчатая судовая дверь, створка которой шарнирно прикреплена к раме или коробке и при открывании распахивается.

Односторонняя дверь — распашная судовая дверь, створка которой при открывании отклоняется в одну сторону от плоскости судовой конструкции.

Двусторонняя дверь — распашная судовая дверь, створка которой при открывании отклоняется в обе стороны от плоскости судовой конструкции.

Сдвижная дверь — одностворчатая судовая дверь, у которой при открывании створка сдвигается.

Раздвижная дверь — двустворчатая судовая дверь, у которой створки при открывании раздвигаются в противоположном направлении.

Складная дверь — судовая дверь, состоящая из нескольких шарнирно соединенных между собой створок, складывающихся при ее открывании.

Двойная дверь — двустворчатая судовая дверь, створки которой расположены параллельно друг другу с обеих сторон рамы или коробки.

Секционная дверь — судовая дверь, створка которой состоит из нижней и верхней секций, которые могут скрепляться между собой или открываться каждая самостоятельно (ндп. *дверь с горизонтальным разъемом*).

Судовые дверцы

Судовая дверца — дверца, устанавливаемая на судне и служащая

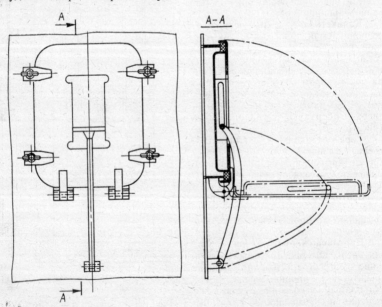

Рис. 13.2. Откидная форточка

130

для закрывания ниш, обеспечивающих доступ к арматуре.

Проницаемая дверца — судовая дверца, к которой не предъявляются требования непроницаемости.

Водогазонепроницаемая дверца — судовая дверца, обеспечивающая в задраенном положении непроницаемость при действии на дверцу напора воды и газа, не превышающего расчетного.

Дверца непроницаемая при воздействии моря — судовая дверца, устанавливаемая выше главной палубы и при накате волн обеспечивающая непроницаемость.

Дверца непроницаемая под напором — судовая дверца, обеспечивающая в задраенном положении непроницаемость при действии на нее постоянного напора воды, не превышающего расчетный.

С у д о в ы е   ф о р т о ч к и

Судовая форточка — форточка, служащая для закрывания выреза в створке судовой двери, выгородке или переборке.

Проницаемая форточка — судовая форточка, к которой не предъявляются требования непроницаемости.

Водогазонепроницаемая форточка — судовая форточка, обеспечивающая в задраенном положении непроницаемость при воздействии на нее напора воды и газа, не превышающего расчетного.

Форточка непроницаемая под воздействием моря — судовая форточка, устанавливаемая выше главной палубы и при накате волн обеспечивающая непроницаемость.

Форточка непроницаемая под напором — судовая форточка, обеспечивающая в задраенном положении непроницаемость при воздействии на нее постоянного напора воды, не превышающего расчетного.

Откидная форточка — судовая форточка, при открывании которой створка отклоняется вниз или вверх (рис. 13.2).

К р ы ш к и   с у д о в ы х   с х о д н ы х
л ю к о в

Крышка судового сходного люка — крышка, предназначенная для закрывания судового сходного люка

(ндп. *крышка входного люка*) (рис. 13.3, *а*).

Проницаемая крышка сходного люка — крышка судового сходного люка, к которой не предъявляются требования непроницаемости.

Брызгонепроницаемая крышка сходного люка — крышка судового сходного люка, обеспечивающая непроницаемость при действии на нее атмосферных осадков и брызг при мытье судовых конструкций.

Водогазонепроницаемая крышка сходного люка — крышка судового сходного люка, обеспечивающая в задраенном положении непроницаемость при действии на нее напора воды и газа, не превышающего расчетного.

Крышка сходного люка непроницаемая под напором — крышка судового сходного люка, обеспечивающая в задраенном положении непроницаемость при действии на нее постоянного напора воды, не превышающего расчетного.

Крышка сходного люка непроницаемая при воздействии моря — крышка судового сходного люка, устанавливаемая на главной палубе или выше нее и при накате волн обеспечивающая непроницаемость.

Потайная крышка сходного люка — плоская крышка судового сходного люка, элементы которой и арматура установлены заподлицо с полотном судовой конструкции.

Полупотайная крышка сходного люка — крышка судового сходного люка, элементы которой и арматура возвышаются над полотном судовой конструкции не более чем на 100 мм.

К р ы ш к и   с у д о в ы х
с в е т о в ы х   л ю к о в

Крышка судового светового люка — крышка, служащая для закрывания светового люка на судне (ндп. *крышка светлого люка*) (рис. 13.3, *б*).

Брызгонепроницаемая крышка светового люка — крышка судового светового люка, обеспечивающая непроницаемость при действии на нее атмосферных осадков и брызг при мытье судовых конструкций.

Водогазонепроницаемая крышка светового люка — крышка судового

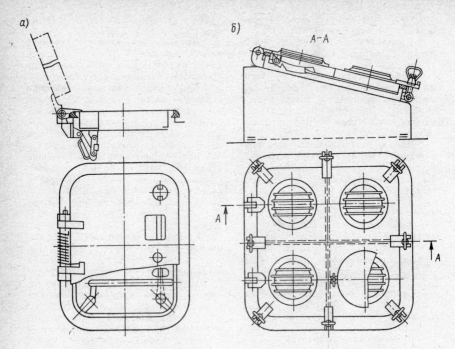

Рис. 13.3. Крышка судового люка: *а* — сходного; *б* — светового

светов016 люка, обеспечивающая в задраенном положении непроницаемость при действии на нее напора воды и газа, не превышающего расчетного.

Крышка светового люка непроницаемая под напором — крышка судового светового люка, обеспечивающая в задраенном положении непроницаемость при действии на нее постоянного напора воды, не превышающего расчетного.

Крышка светового люка непроницаемая под воздействием моря — крышка судового светового люка, устанавливаемая выше главной палубы и при накате волн обеспечивающая непроницаемость.

Крышки люков грузовых танков нефтеналивных судов

Крышка люка грузового танка нефтеналивного судна, крышка люка грузового танка — крышка, предна-

значенная для закрывания люка грузового танка нефтеналивного судна (рис. 13.4).

Смотровое окно крышки люка грузового танка, смотровое окно — окно, установленное в крышке люка грузового танка нефтеналивного судна и служащее для осмотра танка и отбора проб.

Судовые горловины

Судовая горловина — горловина, закрывающая вырез в корпусной конструкции, обеспечивающий доступ в редко посещаемое помещение (рис. 13.5).

Нефтенепроницаемая горловина — судовая горловина, которая в эксплуатации обеспечивает непроницаемость нефти и масла.

Потайная горловина — судовая горловина, уравнительный лист и арматура которой установлены заподлицо с полотном судовой конструкции (рис. 13.5).

132

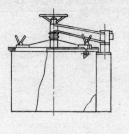

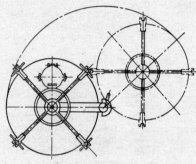

Рис. 13.4. Крышка люка грузового танка

Крышка горловины — плоский лист, установленный на обделке или комингсе и обеспечивающий прочность и плотность горловины (рис. 13.5).

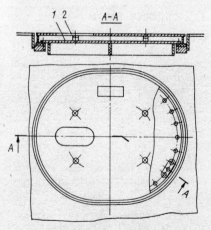

Рис. 13.5. Судовая горловина

1 — крышка горловины; *2* — уравнительный лист горловины

Уравнительный лист горловины — лист потайной судовой горловины, установленный заподлицо с настилом или полотном судовой конструкции (рис. 13.5).

Узлы и детали дверей, дверец, крышек и горловин

Задраивающее устройство — устройство, предназначенное для задраивания закрывающей отверстие в корпусе судна конструкции, к которой предъявляются требования непроницаемости.

Задрайка — элемент задраивающего устройства, с помощью которого обеспечивается плотное прижатие дверей, крышек и других непроницаемых конструкций.

Барашковая задрайка — задрайка, состоящая из откидного болта с навинчивающейся на него гайкой-барашком.

Задраивающее устройство с тягами — задраивающее устройство, приводом задраивания которого служат тяги, соединенные с ручкой.

Клиновая задрайка — задрайка, имеющая в качестве задраивающего элемента клиновую поверхность.

Привод задраивания — элемент задраивающего устройства, представляющий собой механизм, служащий для одновременного приведения в движение задраек.

Судовая ручка-задрайка — клиновая задрайка, выполненная в комбинации с ручкой, служащей для поворота задрайки при задраивании.

Центральное задраивающее устройство — задраивающее устройство, у которого все задрайки приводятся в действие одновременно от одного привода задраивания.

Центрально-винтовое задраивающее устройство — центральное задраивающее устройство, приводом задраивания которого служит установленный в центре конструкции маховик с винтом.

Устройство самозакрывания противопожарной двери — устройство, удерживающее противопожарную судовую дверь в открытом положении и автоматически закрывающее ее при повышении температуры окружающей среды сверх заданной величины.

Филенка двери — лист, закрывающий проем в створке судовой двери.

Аварийная филенка двери — филенка судовой двери, выбиваемая в аварийных случаях для обеспечения выхода при заклинивании двери.

Судовые иллюминаторы

Судовые иллюминаторы, иллюминаторы — круглые или прямоугольные окна различной конструкции, устанавливаемые на судне.

Глухой иллюминатор — судовой иллюминатор, в конструкции которого не предусмотрено его открывание (рис. 13.6).

Створчатый иллюминатор — судовой иллюминатор, рама которого открывается.

Опускной иллюминатор — судовой иллюминатор, при открывании которого стекло сдвигается вниз.

Универсальный иллюминатор — круглый глухой судовой иллюминатор, имеющий различные места расположения и области назначения.

Затемнительный щиток иллюминатора — щиток, прикрывающий стекло иллюминатора и полностью препятствующий проникновению света из судового помещения наружу.

Солнцезащитный щиток иллюминатора — щиток, прикрывающий стекло иллюминатора и предназначенный для уменьшения светового потока солнечных лучей.

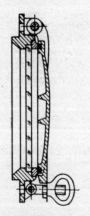

Рис. 13.6. Глухой иллюминатор

Предохранительный щиток иллюминатора — щиток, предохраняющий стекло иллюминатора от удара снаружи судна.

Ограждение иллюминатора — ограждение иллюминатора в виде решетки, прикрепленное к корпусу судна снаружи и предназначенное для предохранения стекла от повреждения.

Штормовая крышка иллюминатора, штормовая крышка — крышка судового иллюминатора, предназначенная для обеспечения водонепроницаемости в случае повреждения его стекла.

Стеклоочиститель иллюминатора — стеклоочиститель, установленный на судовой иллюминатор.

Щеточный стеклоочиститель иллюминатора — стеклоочиститель судового иллюминатора, осуществляющий очистку стекла перемещением щетки по его поверхности.

Центробежный стеклоочиститель — стеклоочиститель судового иллюминатора, вращающееся стекло которого очищается за счет действия центробежных сил.

Уравновешивающее устройство иллюминатора — устройство, предназначенное для уравновешивания массы рамы иллюминатора с целью снижения усилия при его открывании.

13.2. СУДОВЫЕ ТРАПЫ

Общие понятия

Судовые трапы, трапы — судовые лестницы различных конструкций, расположения и назначения.

Складной трап — судовой трап, состоящий из нескольких шарнирно соединенных между собой секций судового трапа.

Составной трап — судовой трап, составленный из нескольких отдельных секций судового трапа, скрепленных между собой любым способом, не позволяющим им произвольно перемещаться друг относительно друга (рис. 13.7, *а*).

Телескопический трап — судовой трап, состоящий из нескольких секций судового трапа, соединение которых позволяет его поворачивать, наклонять и перемещать секции в продольном направлении друг относительно друга.

Жесткий трап — судовой трап, тетива которого представляет собой жесткую конструкцию, не допускающую изменений его формы.

Двухпоточный трап — судовой трап, ширина которого позволяет проход по нему двух встречных потоков людей.

Трехпоточный трап — судовой трап, ширина которого позволяет

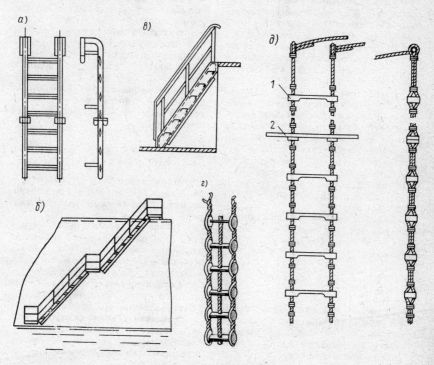

Рис. 13.7. Трап *а* — составной; *б* — забортный; *в* — стационарный; *г* — штормтрап; *д* — лоцманский
1 — балясина; *2* — поперечина

Гибкий трап — судовой трап, тетива которого представляет собой конструкцию, допускающую изменения его формы в широких пределах.

Наружный трап — судовой трап, устанавливаемый на открытых частях судна (ндп. *палубный трап*).

Внутренний трап — судовой трап, устанавливаемый в судовых помещениях.

Однопоточный трап — судовой трап, ширина которого позволяет проход по нему потоку людей в одном направлении.

одному потоку людей разойтись с двумя встречными потоками.

Нормальный трап — судовой трап, конструкция которого по размерным характеристикам и массе соответствует номинальным требованиям без каких-либо специальных ограничений.

Облегченный трап — судовой трап, масса которого значительно меньше массы одноименного нормального трапа с соответствующими основными размерными характеристиками.

135

Легкий трап — судовой трап, масса которого значительно меньше массы одноименного облегченного трапа с соответствующими основными размерными характеристиками.

Забортный трап — судовой трап, имеющий постоянное место крепления к борту судна и устанавливаемый для входа на судно и схода с него (рис. 13.7, *б*).

Стационарный трап — судовой трап, установленный неподвижно и жестко прикрепленный к судовым конструкциям (рис. 13.7, *в*).

Штормтрап — гибкий судовой трап с деревянными ступеньками, который служит для посадки людей на плавсредства и их подъема из воды и из плавсредств (рис. 13.7, *г*).

Лоцманский трап — гибкий судовой трап, который опускается по наружному борту и позволяет лоцману наиболее безопасным способом подниматься на борт судна (рис. 13.9, *д*).

Судовая сходня — разновидность судового трапа с настилом, к которому крепятся бруски, служащие ступеньками.

Стационарные судовые трапы

Вестибюльный трап — стационарный судовой трап, устанавливаемый в вестибюлях, салонах и у входов, ведущих по основным направлениям движения людей по судну.

Скоб-трап — стационарный судовой трап, составленный из отдельных ступенек в виде фигурных скоб, прикрепляемых непосредственно к судовым конструкциям.

Переносные судовые трапы

Навесной трап — вертикальный переносный судовой трап, предназначенный для навешивания на свободные кромки корпусных конструкций, ограждения, оборудования или специальные приспособления.

Подвесной трап — вертикальный переносный судовой трап, прикрепленный в висячем положении к корпусной конструкции или оборудованию.

Пристенный трап — наклонный переносный судовой трап, опирающийся на корпусную конструкцию или оборудование.

Водолазный трап — наклонный переносный судовой трап, предназначенный для безопасного спуска водолаза с судна под воду и подъема его на палубу.

Фальшбортный трап — наклонный переносный судовой трап, предназначенный для перехода через фальшборт и входа на судовую сходню.

Контейнерный трап — наклонный переносный судовой трап, предназначенный для обслуживания грузовых контейнеров.

Конструктивные элементы судовых трапов

Марш забортного судового трапа — часть забортного судового трапа между двумя смежными площадками.

Тетива судового трапа — боковая продольная балка, имеющая различные конструкции, или боковой продольный канат судового трапа, к которому крепятся ступеньки.

Секция судового трапа — часть судового трапа, из которой составляют различные его комбинации.

Концевая секция судового трапа — секция судового трапа, устанавливаемая по концам составного, складного или телескопического судовых трапов.

Промежуточная секция судового трапа — секция судового трапа, устанавливаемая между концевыми секциями складного, составного или телескопического судовых трапов.

Ограждение судового трапа — достаточно прочная ограда вдоль судового трапа, предназначенная для предотвращения падения людей.

Заваливающееся ограждение судового трапа — ограждение судового трапа, конструкция крепления которого к судовому трапу позволяет заваливать его при уборке судового трапа, а в рабочем положении судового трапа исключает его самопроизвольное заваливание.

Леерное ограждение судового трапа — ограждение судового трапа, выполненное из леерных стоек, лееров и поручня ограждений судового трапа.

Поручень ограждения судового трапа — ограждение судового трапа или его элемент, за который люди держатся рукой при подъеме и спуске по судовому трапу.

Устройство подъема и заваливания леерного ограждения забортного судового трапа — устройство, с помощью которого производится подъем и заваливание леерного ограждения забортного судового трапа без выхода человека за борт судна на неогражденный забортный трап.

Устройство постановки и уборки забортного судового трапа — устройство для выполнения операций постановки и уборки забортного судового трапа, а также для удержания его в рабочем положении и в положении «по-походному».

Трап-балка — поворотная или заваливающаяся балка, служащая для постановки и уборки забортного судового трапа.

Площадка забортного судового трапа — горизонтальный участок забортного судового трапа, установленного в рабочее положение.

Поворотная площадка забортного судового трапа — площадка забортного судового трапа, конструкция которой позволяет с помощью специальных устройств поворачивать ее вокруг вертикальной оси на заданный угол при установке судового трапа в рабочее положение.

Поворотная ступенька забортного судового трапа — ступенька забортного судового трапа, шарнирно прикрепленная к тетиве судового трапа таким образом, что при любом изменении угла наклона забортного судового трапа плоскость ступеньки остается горизонтальной.

Подшивка судового трапа — зашивка с нижней стороны наклонного судового трапа.

Балясина штормтрапа (лоцманского трапа) — ступенька штормтрапа (лоцманского трапа) (рис. 13.7, *д*).

Поперечина штормтрапа (лоцманского трапа) — планка, имеющая в несколько раз большую ширины штормтрапа (лоцманского трапа) длину и прикрепленная к задней стенке балясины (рис. 13.7 *д*).

Центральный канат штормтрапа (лоцманского трапа) — неметаллический накат, проходящий во всей длине штормтрапа (лоцманского трапа) через отверстия в балясинах трапа посередине его ширины.

14.

ЭЛЕКТРООБОРУДОВАНИЕ СУДОВ

14.1. СУДОВЫЕ ЭЛЕКТРОЭНЕРГЕТИЧЕСКИЕ СИСТЕМЫ

Судовая электроэнергетическая система — совокупность судовых электротехнических устройств, объединенных процессами производства, преобразования и распределения электроэнергии и предназначенных для питания судовых приемников электроэнергии (ндп. *система генерирования и распределения электроэнергии*).

Единая судовая электроэнергетическая система — судовая электроэнергетическая система, объединенная с судовой энергетической установкой, обеспечивающей ход судна.

Судовая (корабельная) электростанция (электрическая сеть, линия электропередачи, источник электроэнергии) — электростанция (электрическая сеть, линия электропередачи, источник электроэнергии), предназначенная для работы на судне, к судовым источникам электроэнергии относятся аккумуляторные батареи, дизель-генераторы, турбогенераторы, валогенераторы и др.

Основной судовой источник электроэнергии — судовой источник электроэнергии, предназначенный для работы в любом режиме судовой электроэнергетической системы.

Резервный судовой источник электроэнергии — судовой источник электроэнергии, предназначенный для обеспечения резерва мощности судовой электроэнергетической системы.

Аварийный судовой источник электроэнергии — судовой источник электроэнергии, предназначенный для работы в аварийном режиме судовой электроэнергетической системы.

Силовая судовая электрическая сеть — судовая электрическая сеть, распределяющая электроэнергию от главного распределительного щита судовой электростанции без преобразователей в линиях электропередачи.

Фидерная судовая линия электропередачи, фидер — судовая линия электропередачи, включенная между источниками электроэнергии и распределительным щитом или между двумя распределительными щитами, или между распределительным щитом и приемником электроэнергии.

Фидерная судовая силовая электрическая сеть — силовая судовая электрическая сеть, в которой распределение и передача электроэнергии осуществляются фидерами.

Магистральная судовая линия электропередачи, магистраль-судовая линия электропередачи, параллельно к которой по ее длине подключается ряд распределительных щитов и определенных приемников электроэнергии.

Магистральная силовая судовая электрическая сеть — силовая судовая электрическая сеть, в которой распределение и передача электроэнергии осуществляются магистралями.

Магистрально-фидерная силовая электрическая сеть — силовая судовая электрическая сеть, в которой одна часть приемников получает электроэнергию по магистралям, другая — по фидерам.

Перемычка судовой электроэнергетической системы, перемычка — судовая линия электропередачи между электростанциями судовой электроэнергетической системы, а также между секциями шин главного распределительного щита.

Судовая электрическая сеть приемников — силовая судовая электрическая сеть, предназначенная для распределения электроэнергии среди одинаковых приемников, а также электрическая сеть, отделенная от силовой сети преобразователем электрической энергии.

Аварийная судовая электрическая сеть — судовая электрическая сеть, предназначенная для передачи электроэнергии при выходе из строя линий электропередачи силовой сети или при исчезновении напряжения.

Главный судовой электрораспределительный щит — судовой электрораспределительный щит, являющийся частью судовой электростанции, предназначенный для присоединения источников электроэнергии к силовой судовой электрической сети и для управления работой источников электроэнергии.

Аварийный судовой электрораспределительный щит — судовой электрораспределительный щит, являющийся частью аварийной судовой электростанции, предназначенный для присоединения аварийного источника электроэнергии к аварийной электрической сети и для управления работой аварийного источника электроэнергии.

Районный судовой электрораспределительный щит — судовой электрораспределительный щит, предназначенный для распределения электроэнергии в пределах определенного района и обеспечивающий электроэнергией несколько отсечных щитов.

Отсечной судовой электрораспределительный щит — судовой электрораспределительный щит, предназначенный для распределения электроэнергии в пределах определенного отсека судна.

Групповой судовой электрораспределительный щит — судовой электрораспределительный щит, предназначенный для распределения электроэнергии между группой приемников электроэнергии одинакового назначения.

Судовой распределительный щит электроснабжения с берега — судовой электрораспределительный щит, предназначенный для присоединения судовых приемников электроэнергии к береговой электрической сети или аналогичному устройству другого судна.

Генераторный судовой щит — судовое электроэнергетическое устройство в виде щита, служащее для передачи электроэнергии от генератора к определенному главному распределительному щиту, а также для местного управления генератором в тех случаях, когда генератор и главный распределительный щит размещены в разных отсеках или помещениях судна.

Соединительный судовой электрический ящик (щит) — судовое электрическое устройство в виде ящика (щита), служащее для соединения электрических цепей.

Электромагнитный компенсатор — магнитный компенсатор, предназначенный для снижения магнетизма судна электрическим током.

Включенная мощность судовой электроэнергетической системы — суммарная активная мощность источников электроэнергии, включенных в рассматриваемом режиме работы судовой электроэнергетической системы.

Нагрузка судовой электроэнергетической системы — суммарная потребляемая активная мощность включенных в рассматриваемом режиме работы судовой электроэнергетической системы приемников, определяемая расчетом или по приборам.

Включенный резерв мощности судовой электроэнергетической си- стемы — разность между значениями включенной мощности и нагрузки судовой электроэнергетической системы в рассматриваемом режиме работы (ндп. *вращающийся резерв, горячий резерв*).

Невключенный резерв мощности судовой электроэнергетической системы — разность между значениями установленной и включенной мощностей судовой электроэнергетической системы в рассматриваемом режиме работы (ндп. *холодный резерв*).

14.2. ЭЛЕКТРОТЕХНИЧЕСКИЕ ИЗДЕЛИЯ[1]

Общие понятия

Электротехническое изделие (устройство) — изделие (устройство), предназначенное для производства, преобразования, распределения, передачи и использования электрической энергии или для ограничения возможности ее передачи.

Электрооборудование — совокупность электротехнических изделий (устройств), предназначенных для выполнения заданной работы; в зависимости от объекта установки электрооборудование может иметь соответствующее наименование, например, электрооборудование компрессора.

Источник электроэнергии, источник — электротехническое изделие (устройство), преобразующее различные виды энергии в электрическую энергию.

Преобразователь электрической энергии, преобразователь электроэнергии — электротехническое изделие (устройство), преобразующее электрическую энергию с одним значением параметров и (или) показателей качества в электрическую энергию с другими их значениями; в зависимости от назначения преобразователя электроэнергии различают, например, выпрямитель, инвертор, преобразователь частоты.

[1] Подробнее в ГОСТ 18311—80. Изделия электротехнические. Термины и определения основных понятий.

Приемник электрической энергии — устройство, в котором происходит преобразование электрической энергии в другой вид энергии для ее использования.

Электрическая цепь — совокупность устройств и объектов, образующих путь для электрического тока; электромагнитные процессы, происходящие в этих устройствах и объектах могут быть описаны с помощью понятий об электродвижущей силе, токе и напряжении.

Силовая электрическая цепь, силовая цепь — электрическая цепь, содержащая элементы, функциональное назначение которых состоит в производстве или передаче основной части электрической энергии, ее распределении, преобразовании в другой вид энергии или в электрическую энергию с другими значениями параметров.

Вспомогательные цепи электротехнического изделия (устройства), вспомогательные цепи — электрические цепи различного функционального назначения, не являющиеся силовыми электрическими цепями электротехнического изделия (устройства); вспомогательная цепь может выполнять одну из функций: контроля, управления, защиты, сигнализации, измерений и т. д.

Электрическая цепь управления, цепь управления — электрическая цепь, функциональное назначение которой состоит в приведении в действие электрооборудования и (или) отдельных электрических изделий или устройств или в изменении значений их параметров.

Электрическая цепь сигнализации, цепь сигнализации — электрическая цепь, функциональное назначение которой состоит в приведении в действие сигнальных устройств.

Электрическая цепь измерения, цепь измерения — электрическая цепь, функциональное назначение которой состоит в измерении и (или) регистрации значений параметров и (или) получении информации измерений электротехнического изделия (устройства) или электрооборудования.

Виды электротехнических изделий, электротехнических устройств, электрооборудования

Электротехническое изделие (электротехническое устройство, электрооборудование) общего назначения — электротехническое изделие (электротехническое устройство, электрооборудование), выполненное без учета специфичных требований к изделию определенного назначения и условий эксплуатации (ндп. *общепромышленное электротехническое изделие, электротехническое изделие общего применения*).

Электротехническое изделие (электротехническое устройство, электрооборудование) специального назначения — электротехническое изделие (электротехническое устройство, электрооборудование), выполненное с учетом специфических требований к изделию определенного назначения и условий эксплуатации (ндп. *специальное электротехническое изделие, специализированное электротехническое изделие*).

Электротехническое изделие (электротехническое устройство, электрооборудование) специализированного назначения — электротехническое изделие (электротехническое устройство, электрооборудование) специального назначения, приспособленное для применения только с одним определенным объектом.

Электротехническое изделие (электротехническое устройство, электрооборудование) народнохозяйственного назначения — электротехническое изделие (электротехническое устройство, электрооборудование), имеющее различные назначения, кроме изделий, предназначенных на экспорт или изготовленных в целях обороны.

Погружное электротехническое изделие (электротехническое устройство, электрооборудование) — электротехническое изделие (электротехническое устройство, электрооборудование) специального назначения, предназначенное для эксплуатации в условиях погружения в жидкость.

Открытое электротехническое изделие (электротехническое устройство, электрооборудование) — электротехническое изделие (электротехническое устройство, электрооборудование), не имеющее защитной оболочки частей, находящихся под напряжением, движущихся частей.

Брызгозащищенное электротехническое изделие (электротехническое устройство, электрооборудование) — защищенное электротехническое изделие (электротехническое устройство, электрооборудование), попадание внутрь оболочки которого брызг, падающих под любым углом к вертикали в количестве, вызывающем нарушение его работы, исключается (ндп. *брызгонепроницаемое электротехническое изделие*).

Водозащищенное электротехническое изделие (электротехническое устройство, электрооборудование) — защищенное электротехническое изделие (электротехническое устройство, электрооборудование), при обливании которого водой исключается ее попадание внутрь оболочки в количестве, вызывающем нарушение его работы.

Закрытое электротехническое изделие (электротехническое устройство, электрооборудование) — защищенное электротехническое изделие (электротехническое устройство, электрооборудование), имеющее оболочку, обеспечивающую защиту его внутреннего пространства от окружающей среды; сообщение может происходить только через неплотности соединений между частями электротехнического изделия.

Герметичное электротехническое изделие (электротехническое устройство, электрооборудование) — защищенное электротехническое изделие (электротехническое устройство, электрооборудование), имеющее оболочку, практически исключающую возможность сообщения между его внутренним пространством и окружающей средой (ндп. *непроницаемое электротехническое изделие, герметизированное электротехническое изделие, герметическое электротехническое изделие*).

Взрывозащищенное электротехническое изделие (электротехническое устройство, электрооборудование) — электротехническое изделие (электротехническое устройство, электрооборудование) специального назначения, возможность воспламенения окружающей взрывоопасной среды которого вследствие эксплуатации этого изделия устранена или затруднена.

Взрывобезопасное электротехническое изделие (электротехническое устройство, электрооборудование) — взрывозащищенное электротехническое изделие (электротехническое устройство, электрооборудование), в котором взрывозащита обеспечивается как при нормальном режиме работы, так и при вероятных повреждениях, определяемых условиями эксплуатации, кроме повреждений средств взрывозащиты (ндп. *взрывонепроницаемое, искробезопасное, электротехническое изделие*).

14.3. ЭЛЕКТРОПРИВОДЫ [1]

Общие понятия

Электропривод — электромеханическая система, состоящая из электродвигательного, преобразовательного, передаточного и управляющего устройств, предназначенная для приведения в движение вспомогательных органов рабочей машины и управления этим движением.

Электродвигательное устройство электропривода, электродвигательное устройство — электротехническое устройство, предназначенное для преобразования электрической энергии в механическую или механической в электрическую; электродвигательное устройство может содержать один или несколько электродвигателей.

Преобразовательное устройство электропривода, преобразовательное устройство — электротехническое устройство, преобразующее род тока и (или) напряжение, частоту и (или) изменяющее показатели качества электрической энергии; предна-

---

[1] Подробнее в ГОСТ 16593—79. Электроприводы. Термины и определения.

значено для создания управляющего воздействия на электродвигательное устройство.

Передаточное устройство электропровода, передаточное устройство — устройство, предназначенное для передачи механической энергии от электродвигательного устройства электропривода к исполнительному органу рабочей машины и для согласования вида и скоростей их движения.

Управляющее устройство электропривода, управляющее устройство — электротехническое устройство, предназначенное для управления преобразовательным, электродвигательным и (или) передаточным устройствами.

Виды электроприводов

Главный электропривод — электропривод, обеспечивающий главное движение исполнительного органа рабочей машины и (или) основную операцию процесса.

Вспомогательный электропривод — электропривод, обеспечивающий вспомогательное движение исполнительных органов рабочей машины и (или) вспомогательные операции процесса.

Групповой электропривод — электропривод, обеспечивающий движение исполнительных органов нескольких рабочих машин или нескольких исполнительных органов одной рабочей машины.

Индивидуальный электропривод — электропривод, обеспечивающий движение одного исполнительного органа рабочей машины.

Взаимосвязанный электропривод — два или несколько электрически или механически связанных между собой электроприводов, при работе которых поддерживаются заданное соотношение их скоростей и (или) нагрузок и (или) положение исполнительных органов рабочей машины.

Многодвигательный электропривод — взаимосвязанный электропривод, электродвигательные устройства которого работают совместно на общий вал.

Электрический вал — взаимосвязанный электропривод, обеспечивающий синхронное вращение двух и более электродвигателей, валы которых не имеют механической связи.

Вращательный электропривод — электропривод, электродвигательным устройством которого являются вращающиеся электродвигатели.

Линейный электропривод — электропривод, электродвигательным устройством которого является линейный электродвигатель.

Электропривод постоянного тока — электропривод с электродвигательным устройством постоянного тока.

Синхронный электропривод — электропривод переменного тока, в котором электродвигательным устройством является синхронный двигатель.

Реверсивный электропривод — электропривод, обеспечивающий движение электродвигательного устройства в противоположных направлениях.

Автономный электропривод — электропривод, потребляющий энергию от автономного источника.

Регулируемый электропривод — электропривод, параметры которого изменяются под воздействием управляющего устройства.

Нерегулируемый электропривод — электропривод, параметры которого изменяются в результате возмущающих воздействий.

Автоматизированный электропривод — регулируемый электропривод с автоматическим регулированием параметров.

Программно-управляемый электропривод — автоматизированный электропривод, управляемый в соответствии с заданной программой.

Следящий электропривод — автоматизированный электропривод, отрабатывающий перемещение исполнительного органа рабочей машины в соответствии с произвольно меняющимся задающим сигналом.

Позиционный электропривод — автоматизированный электропривод, предназначенный для регулирования положений исполнительного органа рабочей машины.

Адаптивный электропривод — автоматизированный электропривод, автоматически избирающий структуру или параметры системы регулирования при изменении условий работы.

Вентильный электропривод — электропривод, преобразовательным устройством которого является вентильный преобразователь энергии.

Полупроводниковый электропривод — вентильный электропривод, преобразовательным устройством которого является вентильно-полупроводниковый преобразователь электроэнергии.

Тиристорный электропривод — полупроводниковый электропривод, преобразовательным устройством которого является тиристорный преобразователь электроэнергии.

Транзисторный электропривод — полупроводниковый электропривод, преобразовательным устройством которого является транзисторный преобразователь электроэнергии.

Система генератор — двигатель, система Г—Д — регулируемый электропривод, преобразовательным устройством которого является электромашинный преобразовательный агрегат.

Система магнитный усилитель — двигатель, система МУ—Д — регулируемый электропривод, преобразовательным устройством которого является магнитный усилитель.

14.4. ЭЛЕКТРИЧЕСКИЕ МАШИНЫ [1]

Электрическая вращающаяся машина — машина, действие которой основано на использовании явления электромагнитной индукции, преобразующей энергию или сигналы при участии вращательного движения.

Машина постоянного тока — электрическая машина, предназначенная для преобразования механической энергии в электрическую энергию постоянного тока или электрической энергии постоянного тока (в том числе пульсирующего) в механическую, или электрической энергии постоянного тока в электрическую энергию постоянного тока другого напряжения.

Машина переменного тока — электрическая машина, предназначенная для преобразования механической энергии в электрическую энергию переменного тока или электрической энергии переменного тока в механическую, или электрической энергии переменного тока в электрическую энергию переменного тока другого напряжения, другой частоты и т. п.

Электромашинный генератор, генератор — электрическая машина, предназначенная для преобразования механической энергии в электрическую.

Электродвигатель, двигатель — электрическая машина, предназначенная для преобразования электрической энергии в механическую.

Электромашинный преобразователь — электрическая машина, предназначенная для преобразования электрической энергии в электрическую энергию другого вида (других рода тока, напряжения, частоты и т. д.).

Электрический усилитель — электрическая машина, предназначенная для управления относительно большими мощностями с помощью относительно малой мощности, подаваемой на ее обмотки возбуждения или управления.

Бесконтактная электрическая машина — электрическая машина, в которой все электрические связи как между обмотками, так и обмоток с внешней сетью осуществляются без применения скользящих контактов.

Коллекторная электрическая машина — электрическая машина, в которой хотя бы одна из обмоток, токи которых участвуют в основном процессе преобразования энергии, соединена с коллектором.

Бесколлекторная электрическая машина — электрическая машина, в которой электрические связи между обмотками и токами, участвующими в основном процессе преобразования энергии, и этих обмоток с внешней сетью осуществляются без примене-

---

[1] Подробнее в СТ СЭВ 169—75. Машины электрические. Виды. Термины и определения.

ния скользящих контактов или с помощью контактных колец.

Электрическая машина с внешним ротором — электрическая машина, у которой статор размещен внутри ротора.

Реверсивная электрическая машина — электрическая машина, предназначенная для работы в условиях переменного направления вращения.

Синхронная машина — бесколлекторная машина переменного тока, магнитное поле которой, участвуя в основном процессе преобразования энергии, при постоянном токе возбуждения (или при постоянных магнитах) неподвижно относительно индуктора.

Асинхронная машина — машина переменного тока, магнитное поле которой, участвуя в основном процессе преобразования энергии в установившемся режиме, вращается; магнитное поле и ротор вращаются с разными скоростями.

Турбогенератор — синхронный генератор, имеющий привод от паровой и газовой турбин.

Зарядный генератор — генератор постоянного тока с широким диапазоном изменения напряжения, предназначенный для зарядки аккумуляторов.

Сварочный генератор — генератор, предназначенный для электрической дуговой сварки.

Магнето-генератор с постоянными магнитами, предназначенный для зажигания горючей смеси в двигателях внутреннего сгорания.

Крановый двигатель — двигатель, предназначенный для привода подъемно-транспортных механизмов с поворотно-кратковременным режимом работы.

Гребной двигатель — двигатель, предназначенный для привода гребного винта.

Электростартер — двигатель, предназначенный для пуска двигателей внутреннего сгорания.

Гироскопический двигатель — двигатель с внешним ротором, предназначенный для применения в гироскопических устройствах.

Электрический динамометр — электрическая машина, предназначенная для определения вращающих моментов посредством измерения сил механической реакции ее мотора.

Сельсин — электрическая машина переменного тока, предназначенная для синхронной передачи угла поворота или вращения, либо для генерирования напряжения, пропорционального углу рассогласования.

14.5. ХИМИЧЕСКИЕ ИСТОЧНИКИ ТОКА [1]

Химический источник тока, ХИТ — устройство, в котором химическая энергия заложенных в нем активных веществ непосредственно преобразуется в электрическую энергию при протекании электрохимических реакций.

Гальванический элемент, элемент — химический источник тока, состоящий из электродов и электролита, заключенных в один сосуд, предназначенный для разового или многократного разряда.

Гальваническая батарея, батарея — химический источник тока, состоящий из двух или более гальванических элементов, соединенных между собой электрически для совместного производства электрической энергии.

Первичный химический источник тока — химический источник тока, предназначенный для непрерывного или прерывистого разряда.

Первичный элемент, элемент — гальванический элемент, предназначенный для разового непрерывного или прерывистого разряда.

Первичная батарея, батарея — электрически соединенные между собой первичные элементы, оснащенные выводами и, как правило, заключенные в одном корпусе.

Вторичный химический источник тока — химический источник тока, предназначенный для многократного использования за счет восстановления химической энергии веществ путем пропускания электрического

[1] Подробнее в ГОСТ 15596—82. Химические источники тока. Термины и определения.

тока в направлении, обратном направлению тока при разряде.

Аккумулятор — гальванический элемент, предназначенный для многократного разряда за счет восстановления емкости путем заряда электрическим током.

Аккумуляторная батарея, батарея — электрически соединенные между собой аккумуляторы, оснащенные выводами и заключенные, как правило, в одном корпусе.

Топливный элемент — первичный элемент, в котором электрическая энергия вырабатывается за счет электрохимических реакций между активными веществами, непрерывно поступающими к электродам извне.

Электрохимический генератор — электрически соединенные между собой топливные элементы в комплексе с системами, обеспечивающими их функционирование.

Электрохимическая система химического источника тока — совокупность активных веществ и электролита, на основе которых создан химический источник тока.

Резервный химический источник тока — химический источник тока, предназначенный для хранения в неактивизированном состоянии, конструкция которого включает устройство для активизации.

Ампульный химический источник тока — резервный химический источник тока, приводящийся в действие подачей электролита, находящегося в отдельных ампулах, к электродам.

Тепловой химический источник тока — резервный химический источник тока, приводящийся в действие нагреванием до расплавления электролита, находящегося в твердом кристаллическом состоянии до соприкосновения с электродами.

Водоактивируемый химический источник тока — резервный химический источник тока, приводящийся в действие подачей воды к электродам.

Сухой элемент — первичный элемент, в котором электролит малоподвижен или не растекается при наличии адсорбирующего вещества, впитывающего влагу, или загустителя.

Жидкостный элемент — первичный элемент, в котором водный электролит находится в подвижном состоянии.

Герметичный первичный элемент — первичный элемент, герметически закрытый, не имеющий выпускного отверстия.

Элемент с твердым электролитом — первичный элемент, электролит которого состоит из ионопроводящих твердых материалов.

Щелочной элемент — первичный элемент, электролит которого состоит из водного раствора сильной щелочи.

Активация резервного химического источника тока, активация — процесс, в результате которого резервный химический источник тока приводится в рабочее состояние.

Неактивированное состояние резервного химического источника тока, неактивированное состояние — состояние резервного химического источника тока, при котором электролит находится в твердом кристаллическом состоянии или разобщен с электродами, а напряжение на его выводах отсутствует.

Кислотный аккумулятор — аккумулятор, в котором электролитом является водный раствор кислоты.

Щелочной аккумулятор — аккумулятор, в котором электролитом является водный раствор сильной щелочи.

Открытый аккумулятор — аккумулятор, в котором газообразные продукты электролита во время заряда не удерживаются внутри аккумулятора и электролит которого непосредственно соединен с атмосферой.

Закрытый аккумулятор — аккумулятор, имеющий несъемную крышку с отверстием, закрытым пробкой или клапаном, через которые могут удаляться газообразные продукты электролиза.

Непроливаемый аккумулятор — аккумулятор, из которого не может вытекать электролит независимо от положения, в котором он находится, за исключением периода заряда.

Герметичный аккумулятор — аккумулятор, в котором газы и электролит полностью удерживаются в течение всего срока службы.

Буферная батарея — аккумуляторная батарея, включенная параллельно с основным источником постояного тока с целью уменьшения отклонения значения напряжения и тока в цепи потребителя.

Безуходная аккумуляторная батарея — аккумуляторная батарея, не требующая корректировки электролита во время всего срока службы при соблюдении условий эксплуатации.

Сухозаряженная аккумуляторная батарея — аккумуляторная батарея, готовая к разряду после заливки ее электролитом.

Сухозаряженный аккумулятор — аккумулятор, готовый к разряду после заливки его электролитом.

14.6. СИЛОВЫЕ ТРАНСФОРМАТОРЫ [1]

Общие понятия

Трансформатор — статическое электромагнитное устройство, имеющее две или более индуктивно связанных обмоток и предназначенное для преобразования посредством электромагнитной индукции одной или нескольких систем переменного тока в одну или несколько других систем переменного тока.

Силовой трансформатор — трансформатор, предназначенный для преобразования электрической энергии в электрических сетях и в установках, предназначенных для приема и использования электрической энергии.

Силовой трансформаторный агрегат — устройство, в котором конструктивно объединены два или более силовых трансформатора.

Многофазная трансформаторная группа — группа однофазных трансформаторов, обмотки которых соединены так, что в каждой из обмоток группы может быть создана система переменного тока с числом фаз, равным числу трансформаторов.

Сторона высшего (среднего, низшего) напряжения трансформатора — совокупность витков и других токопроводящих частей, присоединенных к зажимам трансформатора, между которыми действует его высшее (среднее или низшее) напряжение.

Виды трансформаторов

Повышающий трансформатор — трансформатор, у которого первичной обмоткой является обмотка низшего напряжения.

Понижающий трансформатор — трансформатор, у которого первичной обмоткой является обмотка высшего напряжения.

Однофазный (трехфазный) трансформатор — трансформатор, в магнитной системе которого создается однофазное (трехфазное) магнитное поле.

Многофазный трансформатор — трансформатор, в магнитной системе которого создается магнитное поле с числом фаз более трех.

Двухобмоточный (трехобмоточный) трансформатор — трансформатор, имеющий две (три) основные гальванически не связанные обмотки.

Многообмоточный трансформатор — трансформатор, имеющий более трех основных гальванически не связанных обмоток.

Регулируемый трансформатор — трансформатор, допускающий регулирование напряжения одной или более обмоток при помощи специальных устройств, встроенных в конструкцию трансформатора.

Регулировочный трансформатор — регулируемый трансформатор, предназначенный для включения в сеть или в силовой трансформаторный агрегат с целью регулирования напряжения сети или агрегата.

Автотрансформатор — трансформатор, две или более обмоток которого гальванически связаны так, что они имеют общую часть.

Сварочный трансформатор — трансформатор, предназначенный для

---

[1] Подробнее в ГОСТ 16110—82. Трансформаторы силовые. Термины и определения.

питания установок электрической сварки.

Преобразовательный трансформатор — трансформатор, предназначенный для работы в выпрямителях, инверторных и других установках, преобразующих систему переменного тока в систему постоянного тока и, наоборот, при непосредственном подключении к ним.

Пусковой трансформатор — трансформатор или автотрансформатор, предназначенный для изменения напряжения ступенями при пуске электродвигателей.

Герметичный трансформатор — трансформатор, выполненный так, что исключается возможность сообщения между внутренним пространством его бака и окружающей средой.

14.7. КОММУТАЦИОННЫЕ ЭЛЕКТРИЧЕСКИЕ АППАРАТЫ [1]

Общие понятия

Коммутационный электрический аппарат — электрический аппарат, предназначенный для коммутации электрической цепи и проведения тока.

Контактный коммутационный аппарат — коммутационный электрический аппарат, осуществляющий коммутационную операцию путем перемещения его контакт-деталей друг относительно друга.

Бесконтактный коммутационный аппарат — коммутационный электрический аппарат, осуществляющий коммутационную операцию без перемещения и разрушения его деталей.

Однополюсный коммутационный аппарат — (ндп. *однофазный аппарат*).

Многополюсный коммутационный аппарат — коммутационный электрический аппарат, имеющий два и более полюсов. В зависимости от количества полюсов применяют термины: «двухполюсный аппарат», «трехпо-

люсный аппарат» и т. д. (ндп. *многополюсный аппарат*).

Аппарат с общим приводом — многополюсный контактный коммутационный аппарат, имеющий для всех полюсов общий привод.

Аппарат с полюсным управлением — многополюсный контактный коммутационный аппарат, имеющий для каждого полюса отдельный привод.

Аппарат с выдержкой времени — коммутационный электрический аппарат, имеющий устройство, обеспечивающее специально предусмотренную выдержку времени от момента подачи команды на выполнение коммутационной операции до начала ее выполнения.

Аппарат с самовозвратом — контактный коммутационный аппарат, автоматически возвращающийся в начальное положение после снятия внешнего воздействия.

Аппарат без самовозврата — контактный коммутационный аппарат, для изменения фиксированного коммутационного положения которого необходимо внешнее воздействие.

Двухпозиционный аппарат — контактый коммутационный аппарат, имеющий два коммутационных положения.

Многопозиционный аппарат — контактный коммутационный аппарат, имеющий более двух коммутационных положений. В зависимости от количества коммутационных положений применяют термины: «трехпозиционный аппарат», «четырехпозиционный аппарат» и т. д.

Аппарат со свободным расцеплением — контактный коммутационный аппарат, переходящий в начальное положение, когда команда на этот переход дана после команды на переход в конечное положение, даже если последняя не снята.

Аппарат моментного действия — контактный коммутационный аппарат, у которого скорость движения контактов практически не зависит от скорости перемещения подвижных частей его привода.

---

[1] Подробнее в ГОСТ 17703—72. Аппараты электрические коммутационные. Основные понятия. Термины и определения.

Виды коммутационных электрических аппаратов

Выключатель [1] — коммутационный электрический аппарат, имеющий два коммутационных положения или состояния и предназначенный для включения и отключения тока.

Автоматический выключатель — выключатель, предназначенный для автоматической коммутации электрической цепи.

Неавтоматический выключатель.

Токоограничивающий выключатель — выключатель, в конструкции которого предусмотрены специальные меры для ограничения в заданном диапазоне тока отключаемой им цепи. Как правило, токоограничивающие выключатели предназначены для ограничения токов при коротком замыкании.

Синхронный выключатель — выключатель, контакты которого при помощи специальных устройств автоматического управления размыкаются в заданную фазу тока и (или) замыкаются в заданную фазу напряжения.

Путевой выключатель (переключатель) — выключатель (переключатель), изменяющий свое коммутационное положение или состояние при заданных положениях перемещающихся относительно него подвижных частей рабочих машин и механизмов.

Кнопочный выключатель, кнопка — выключатель, приводимый в действие нажатием или вытягиванием детали, передающей усилие оператора.

Разъединитель — контактный коммутационный аппарат, предназначенный для коммутации электрической цепи без тока или с незначительным током, который для обеспечения безопасности имеет в отключенном положении изоляционный промежуток.

Переключатель — контактный коммутационный аппарат, предназначенный для переключения электрических цепей.

Короткозамыкатель — коммутационный электрический аппарат, предназначенный для создания искусственного короткого замыкания в электрической цепи.

Предохранитель — коммутационный электрический аппарат, предназначенный для отключения защищаемой цепи посредством разрушения специально предусмотренных для этого токоведущих частей под действием тока, превышающего определенную величину.

Предохранитель - выключатель — предохранитель, выполняющий функции выключателя при взаимном перемещении деталей.

Предохранитель - разъединитель — предохранитель, выполняющий функции разъединителя при взаимном перемещении деталей.

Контактор — двухпозиционный аппарат с самовозвратом, предназначенный для частых коммутаций токов, не превышающих токи перегрузки, и приводимой в действие двигательным приводом.

Электрическое реле [2] — аппарат, предназначенный производить скачкообразные изменения в выходных цепях при заданных значениях электрически воздействующих величин.

Пускатель — коммутационный электрический аппарат, предназначенный для пуска, остановки и защиты электродвигателей без выведения и введения в его цепь сопротивления резисторов.

Пусковой реостат — коммутационный электрический аппарат, предназначенный для пуска электродвигателей путем изменения величины вводимого в цепь сопротивления резисторов, являющихся частью этого аппарата.

---

[1] Под выключателем обычно понимают контактный аппарат без самовозврата. В остальных случаях термин должен быть дополнен поясняющими словами, например, «выключатель с самовозвратом», «выключатель тиристорный» и т. д.

[2] Подробнее в ГОСТ 16022—83. Реле электрические. Термины и определения.

Пускорегулирующий реостат — коммутационный электрический аппарат, предназначенный для пуска и регулирования скорости электродвигателя путем изменения величины вводимого в цепь сопротивления резисторов, являющихся частью этого аппарата.

Контроллер — многопозиционный аппарат, предназначенный для управления электрическими машинами и трансформаторами путем коммутации резисторов, обмоток машин и (или) трансформаторов.

14.8. СВЕТОВЫЕ ПРИБОРЫ [1]

Световой прибор — устройство, содержащее одну или несколько ламп и светотехническую арматуру, перераспределяющее свет лампы (ламп) и (или) преобразующее его структуру и предназначенное для освещения или сигнализации.

Светильник — световой прибор, перераспределяющий свет лампы (ламп) внутри больших телесных углов и обеспечивающий угловую концентрацию светового потока с коэффициентом усиления не более 30 для круглосимметричных и не более 15 для симметричных приборов.

Прожектор — световой прибор, перераспределяющий свет лампы (ламп) внутри малых телесных углов и обеспечивающий угловую концентрацию светового потока с коэффициентом усиления более 30 для круглосимметричных и более 15 для симметричных приборов.

Осветительный прибор.

Светосигнальный прибор.

Светотехническая арматура — часть светового прибора, предназначенная для перераспределения и (или) преобразования света лампы (ламп), для ее (их) крепления и подключения к системе питания, для защиты лампы (ламп) от механических повреждений и изоляции ее (их) от окружающей среды. Светотехническая арматура для газоразрядных ламп может включать устройства

для зажигания и стабилизации их работы.

Осветительная арматура — светотехническая арматура осветительных приборов.

Брызгозащищенный световой прибор — световой прибор, токоведущие части и лампа которого защищены от попадания капель и брызг воды.

Струезащищенный световой прибор — световой прибор, токоведущие части и лампа которого защищены от попадания воды при обливании его струей воды.

Водонепроницаемый световой прибор — световой прибор, токоведущие части и лампа которого или только токоведущие части защищены от попадания воды при его кратковременном погружении в воду.

Герметичный световой прибор — световой прибор, токоведущие части и лампа которого или только токоведущие части защищены от попадания при его неограниченно долгом погружении в воду на указанную в технической документации глубину.

Взрывобезопасный световой прибор — световой прибор, в котором предусмотрены меры защиты от взрыва окружающей взрывоопасной, газо-, паро- и пылевоздушной смеси в результате действия искр, электрических дуг или нагретых поверхностей при нормальной работе светового прибора и вероятных повреждениях.

Взрывонепроницаемый световой прибор — взрывобезопасный световой прибор, имеющий взрывонепроницаемую оболочку, предотвращающую передачу взрыва при воспламенении смеси внутри оболочки.

14.9. ЭЛЕКТРИЧЕСКИЕ ЛАМПЫ [2]

Электрическая лампа, лампа — источник оптического излучения, создаваемого в результате преобразования электрической энергии.

---

[1] Подробнее в ГОСТ 16703—79. Приборы и комплексы световые. Термины и определения.

[2] Подробнее в ГОСТ 15049—81. Лампы электрические. Термины и определения.

Лампа накаливания — электрическая лампа, в которой свет создается телом накала, раскаленным в результате прохождения через него электрического тока.

Вакуумная лампа — лампа накаливания, светящееся тело которой находится в замкнутом пространстве, из которого выкачан воздух.

Газополная лампа — лампа накаливания, светящееся тело которой находится в замкнутом пространстве, наполненном инертным газом.

Галогенная лампа — газополная лампа, инертный газ в которой содержат галогены или их соединения.

Разрядная лампа — электрическая лампа, в которой свет создается в результате электрического разряда в газе и (или) парах металла.

Трубчатая разрядная лампа — разрядная лампа в форме трубки.

Металлогалогенная лампа — разрядная лампа, в которой свет создается смесью паров металла и продуктов разложения галогенных соединений металлов.

Люминесцентная лампа — разрядная лампа, в которой свет излучается в основном слоем люминесцирующего вещества, возбуждаемого ультрафиолетовым излучением электрического разряда.

Газоразрядная лампа — разрядная лампа, в которой электрический разряд происходит в газе. В зависимости от вида газа различают, например, неоновую, ксеноновую или гелиевую лампы.

Дуговая лампа — электрическая лампа, в которой свет создается дуговым разрядом и электродами.

Светонаправленная лампа — лампа накаливания или разрядная лампа, которая имеет для перераспределения света колбу особой формы, частично покрытую отражающим слоем.

Импульсная лампа — разрядная лампа, работающая с электронным устройством и дающая импульсы света.

Точечная лампа — лампа повышенной яркости, служащая точечным источником света.

14.10. КАБЕЛЬНЫЕ ИЗДЕЛИЯ [1]

Общие понятия

Кабельное изделие — электрическое изделие, предназначенное для передачи по нему электрической энергии сигналов информации или служащее для изготовления обмоток электрических устройств, отличающееся гибкостью.

Электрический кабель, кабель — кабельное изделие, содержащее одну или более изолированных жил (проводников), заключенных в металлическую или неметаллическую оболочку, поверх которой в зависимости от условий прокладки и эксплуатации может иметься соответствующий защитный покров, в который может входить броня; пригодно, в частности, для прокладки под водой.

Электрический провод, провод — кабельное изделие, содержащее одну или несколько скрученных проволок или одну или более изолированных жил, поверх которых в зависимости от условий прокладки и эксплуатации может иметься легкая неметаллическая оболочка, обмотка и (или) оплетка из волокнистых материалов или проволоки.

Электрический шнур, шнур — провод с изолированными жилами повышенной гибкости, служащий для соединения с подвижными устройствами.

Тип кабельного изделия — классификационное понятие, характеризующее назначение и основные особенности конструкции кабельного изделия, материал изоляции токопроводящих жил и прочего; полностью или частично отражаемое в марке кабельного изделия.

Марка кабельного изделия — условное буквенно-цифровое обозначение кабельного изделия, отражающее его назначение и основные кон-

---

[1] Подробнее в ГОСТ 15845—80. Изделия кабельные. Термины и определения.

структивные признаки, т. е. тип кабельного изделия, а также дополнительные конструктивные признаки: материал оболочки, род защитного покрова и др.

Маркоразмер кабельного изделия — условное буквенно-цифровое обозначение, характеризующее помимо марки основные конструктивные и электрические параметры кабельного изделия (диаметр или сечение токопроводящих жил, число жил, их групп, напряжение, волновое сопротивление и др.) и дающее возможность отличить данное изделие от другого.

Элемент кабельного изделия — любая конструктивная часть кабельного изделия.

Заполнитель — элемент, служащий для заполнения свободных промежутков в кабеле или проводе с целью придания ему требуемой формы, механической устойчивости, продольной герметичности и др.

Кордель — элемент из изолирующего материала произвольного сечения, применяемый для образования каркаса полувоздушной изоляции.

Прядь — элемент кабельной обмотки или оплетки в виде нескольких нитей или проволок, прилегающих одна к другой и расположенных параллельно в один ряд.

Кабельная обмотка, обмотка — покров из наложенных по винтовой спирали лент, нитей, проволок или прядей.

Кабельная оплетка, оплетка — покров кабельного изделия из переплетенных прядей.

Кабельный сердечник, сердечник — часть кабеля, находящаяся под оболочкой или экраном.

Токопроводящая жила — элемент кабельного изделия, предназначенный для прохождения электрического тока.

Кабельный экран, экран — элемент, состоящий из электропроводящего немагнитного и (или) магнитного материалов, образующих цилиндрическую оболочку вокруг токопроводящей или изолированной жилы, группы жил, пучка, всего сердечника или его части, либо разделительную оболочку различной конфигурации.

Кабельная оболочка, оболочка — непрерывная металлическая или неметаллическая трубка, расположенная поверх сердечника и предназначенная для защиты его от влаги и других внешних воздействий.

Защитный кабельный покров, защитный покров — элемент, наложенный на изоляцию, экран, оболочку кабельного изделия и предназначенный для дополнительной защиты от внешних воздействий.

Кабельная броня, броня — часть защитного покрова (или защитный покров) из металлических лент или одного или нескольких повивов металлических проволок, предназначенная для защиты от внешних механических и электрических воздействий и в некоторых случаях для восприятия растягивающих усилий (броня из проволок).

Защитный шланг, шланг — сплошная выпрессованная трубка из пластмассы или резины, расположенная поверх металлической оболочки, оплетки или брони кабельного изделия и являющаяся защитным покровом или его наружной частью.

Опознавательная лента — лента, расположенная под оболочкой или защитным покровом, на которой нанесены повторяющиеся обозначения предприятия-изготовителя и (или) другие определяющие данные.

Мерная лента — лента, расположенная под оболочкой, разделенная на определенные единицы длины линиями с цифрами, по которым можно определить длину кабеля.

Виды кабельных изделий

Одно-, двух-, трехжильный кабель (провод, шнур).

Многожильный кабель (провод, шнур) — кабель (провод, шнур), в котором число жил более трех.

Коаксиальный кабель — кабель, основные группы которого являются коаксиальными парами.

Трехпроводный коаксиальный кабель, триксиальный кабель — кабель, состоящий из трех проводников, расположенных соосно и разделенных изоляцией.

Однородный кабель — кабель, в котором основные жилы или группы имеют одинаковую конструкцию.

Комбинированный кабель — кабель, в котором разные основные жилы (группы) предназначены для выполнения различных функций и имеют различающиеся конструкции и параметры.

Самонесущий кабель (провод) — кабель (провод) с несущим элементом, предназначенным для увеличения его механической прочности, крепления и подвески.

Кабель (провод) с несущим тросом — самонесущий кабель, несущим элементом которого является стальной трос (ндп. *тросовый кабель*) (провод).

Грузонесущий кабель (провод) — кабель (провод), который помимо своего основного назначения одновременно предназначен для подвески, тяжеления, а также многократных спусков, подъемов, удержания на заданной высоте и горизонтального перемещения (буксировки) грузов.

Герметизированный кабель — кабель, свободное пространство между конструктивными элементами которого заполнено герметизирующим составом с целью препятствия проникновению влаги в кабель и ее продольному перемещению.

Экранированный кабель (провод) — кабель (провод), в котором все или часть основных жил (групп) экранированные или имеется общий экран.

Бронированный кабель.

Силовой кабель — кабель для передачи электрической энергии токами промышленных частот.

Радиочастотный кабель — кабель для передачи электромагнитной энергии на радиочастотах.

Кабель (провод, шнур) связи — кабель (провод, шнур) для передачи сигналов информации токами различных частот (ндп. *кабель, провод, шнур слабого тока*).

Гидроакустический кабель — комбинированный кабель, предназначенный для передачи электрической энергии, сигналов информации, контроля и управления к гидроакустической аппаратуре.

14.11. ЗАЗЕМЛЕНИЕ

Заземление — соединение конструкции с металлическим корпусом судна или с заземлением на неметаллических судах.

«Земля» — металлический корпус судна или магистраль заземления.

Антистатическое заземление — заземление, предназначенное для защиты от возможного взрывоопасного искрообразования при операциях с легковоспламеняющимися и электростатически активными жидкими и сыпучими материалами путем выравнивания электрического потенциала отдельных элементов и корпуса судна.

Защитное заземление — заземление, предназначенное для защиты людей от поражения током при прикосновении к металлическим частям электрических устройств, которые в нормальном состоянии не находятся под напряжением, но могут оказаться под ним вследствие повреждения изоляции или по другим причинам.

Заземление от помех радиоприему — заземление, предназначенное для уменьшения уровня помех радиоприему, создаваемых судовым электрооборудованием.

Экранирующее заземление — заземление, предназначенное для уменьшения влияния внешних электромагнитных полей на экранированные элементы, электронных и электротехнических устройств.

Магистраль заземления — устройство на судне с неметаллическим корпусом, представляющее собой специально проложенные металлические шины или используемые для этой цели металлические конструкции, имеющие неразъемное надежное электрическое соединение между собой.

14.12. ГРОЗОЗАЩИТА

Грозозащита — совокупность мер, обеспечивающих защиту судна от прямого поражения и вторичных воздействий грозовых разрядов.

Молниезащита — совокупность мер, обеспечивающих защиту судна от прямого поражения грозовым разрядом.

Молниеотводное устройство — устройство, обеспечивающее отвод тока молнии в землю по безопасному для защищаемого объекта направлению.

Заземлитель — часть молниеотводного устройства, непосредственно соприкасающаяся с водой (землей).

СУДОВОЕ НАВИГАЦИОННОЕ ОБОРУДОВАНИЕ

15.1. ОБЩИЕ ПОНЯТИЯ

Судовое навигационное оборудование — судовые технические средства навигации, которыми снабжено судно.

Судовые технические средства навигации — технические средства, включающие навигационные комплексы судов и судовые навигационные устройства, предназначенные для решения задач навигации.

Судовой навигационный комплекс, НК — часть судовых технических средств навигации, функционально взаимоувязанных в единое изделие, предназначенное для решения задач навигации (ндп. *штурманский комплекс*).

Судовое навигационное устройство — судовое техническое средство навигации, предназначенное для решения или обеспечения решения одной или нескольких задач навигации.

Судовая навигационная система — судовые навигационные устройства, взаимоувязанные в единую упорядоченную структуру.

Судовая навигационная аппаратура, навигационная аппаратура — совокупность судовых навигационных приборов и вспомогательных устройств, предназначенных для выработки одного или нескольких навигационных параметров при решении задач навигации самостоятельно или в составе навигационного комплекса.

Судовой навигационный прибор, навигационный прибор — навигационный прибор, предназначенный для выполнения отдельных функций по измерению навигационных параметров, обработке, хранению, передаче, отображению и регистрации данных при решении задач навигации на судне.

Судовой навигационный инструмент, навигационный инструмент — судовой навигационный прибор, предназначенный для выполнения работ вручную при решении задач навигации (ндп. *мореходный инструмент, штурманский прибор*).

Судовой компас, компас — судовое навигационное устройство, предназначенное для определения курса судна.

* **Главный компас** — компас, предназначенный для контроля движения по заданному курсу и определения направления на земные предметы и небесные светила.

* **Путевой компас** — компас, применяемый для управления судном или кораблем.

Лаг — судовое навигационное устройство, предназначенное для измерения скорости и выработки пройденного расстояния (ндп. *судовой спидометр*).

Абсолютный лаг — лаг, производящий измерение скорости относительно дна.

Относительный лаг — лаг, производящий измерение скорости относительно воды.

Судовой навигационный эхолот, эхолот — судовое навигационное устройство, предназначенное для измерения глубины с помощью эхосигналов.

Судовой глубиномер, глубиномер — судовое навигационное устройство, предназначенное для определения глубины погружения относительно водной поверхности плавсредства при нахождении его в подводном положении.

Судовой высотомер, высотомер — судовое навигационное устройство, предназначенное для определения высоты подъема судна с динамическими принципами поддержания над водной поверхностью.

Судовой обнаружитель ледовых разводий — судовое навигационное устройство, предназначенное для обнаружения ледовых разводий при нахождении плавсредств в подводном положении.

Тренажер судового навигационного комплекса — специализированный тренажер, предназначенный для подготовки человека-оператора к выполнению им функций по управлению и обслуживанию судового навигационного комплекса.

15.2. СУДОВЫЕ НАВИГАЦИОННЫЕ СИСТЕМЫ

Инерциальная судовая навигационная система, ИНС — судовая навигационная система, предназначенная для определения координат и параметров движения судна, построенная на основе использования инерционных свойств движущихся материальных тел.

Астрономическая судовая навигационная система, АНС — судовая навигационная система, предназначенная для измерения, обработки и отображения горизонтальных координат астрономических ориентиров с целью определения координат и поправки курса судна.

Судовая система курсоуказания, СКУ — судовая навигационная система, предназначенная для определения отображения, передачи и регистрации курса.

Судовая навигационная система трансляции, система трансляции — судовая навигационная система, предназначенная для приема, преобразования, размножения и передачи сигналов на судне.

Судовая навигационная система отображения информации, система отображения — судовая навигационная система, предназначенная для преобразования сигналов данных, поступающих от навигационного оборудования судна, в форму, удобную для восприятия человеком-оператором.

Судовая навигационная система радиолокационной прокладки, СРП — судовая навигационная система, предназначенная для отображения надводной обстановки в районе нахождения судна и решения задач предупреждения столкновений судов.

Судовая навигационная система регистрации, система регистрации — судовая навигационная система, предназначенная для регистрации сигналов данных, поступающих от навигационного оборудования судна и представления их в виде, удобном для анализа и хранения.

Информационно - вычислительная судовая навигационная система, информационно-вычислительная система — судовая навигационная система, предназначенная для приема, обработки и отображения информации об управлении маневром судна и о навигационной обстановке.

15.3. СУДОВЫЕ ГИРОСКОПИЧЕСКИЕ НАВИГАЦИОННЫЕ УСТРОЙСТВА

Судовой гирокомпас, ГК — судовой компас с гироскопическим чувствительным элементом.

Гироскопическое судовое навигационное устройство — судовое навигационное устройство, содержащее гироскопический чувствительный элемент.

Судовой гироазимут, ГА — гироскопическое судовое навигационное устройство, предназначенное для хранения какого-либо определенного направления в горизонтальной плоскости и измерения углов относительно хранимого направления.

Судовой гирогоризонт, ГГ — гироскопическое судовое навигационное устройство, предназначенное для измерения углов наклона судна относительно плоскости горизонта.

Судовой гироазимут-компас, ГАК— гироскопическое судовое навигационное устройство, предназначенное для выполнения раздельных во времени функций гироазимута и гирокомпаса.

Судовой гироазимут-горизонт, ГАГ — гироскопическое судовое навигационное устройство, предназначенное для выполнения функций гироазимута и гирогоризонта одновременно.

Судовой гирогоризонт-компас, ГГК — гироскопическое судовое навигационное устройство, предназначенное для выполнения функций гирокомпаса и гирогоризонта одновременно.

Судовой гироазимут-горизонт-компас, ГАГК — гироскопическое судовое навигационное устройство, предназначенное для выполнения раздельных во времени функций гироазимута, гирогоризонт-компаса или гироазимут-горизонта.

Судовой гирокурсоуказатель, ГКУ — гироскопическое судовое навигационное устройство, предназначенное для определения курса судна.

Судовой гироориентатор, ГО — гироскопическое судовое навигационное устройство, моделирующее одну из систем координат, для определения направления относительно принятой системы координат и параметров движения.

Судовой гиростабилизатор, ГС— гироскопическое судовое навигационное устройство, служащее для поддержания неизменной или изменяющейся по заданному закону ориентации в пространстве какого-либо направления.

15.4. СУДОВЫЕ НАВИГАЦИОННЫЕ УСТРОЙСТВА ДЛЯ ОПРЕДЕЛЕНИЯ КООРДИНАТ СУДНА

Судовой секстан, секстан — судовое навигационное устройство, предназначенное для измерения одной или двух горизонтальных координат астрономических ориентиров, одной горизонтальной координаты и расстояния до навигационного спутника, а также вертикальных или горизонтальных углов между различными ориентирами.

Судовой радиосекстан, РС — судовой секстан, используемый при измерении радиоизлучения ориентиров.

Радиооптический судовой секстан, РОС — судовой секстан, использующий при измерении оптическое видение и радиоизлучение ориентиров.

Радиотелевизионный судовой секстан — радиооптический судовой секстан с телевизионным каналом.

Судовые приемоиндикаторы радионавигационной системы, приемоиндикаторы РНС — судовая навигационная аппаратура, предназначенная для приема и обработки сигналов наземных радионавигационных систем при определении координат судна.

Радиопеленгатор — радиотехническое устройство, предназначенное для пеленгования объектов, излучающих радиосигналы.

Судовой пеленгатор, пеленгатор — судовое навигационное устройство, предназначенное для измерения направления на видимые очертания.

Судовая навигационная аппаратура спутниковых навигационных систем, СНА СНС — судовая навигационная аппаратура, предназначенная для определения координат судна по сигналам навигационных спутников.

Судовая аппаратура ведущего кабеля, АВК — судовая навигационная аппаратура, предназначенная для обеспечения плавания судна по фарватерам, оборудованным ведущим кабелем.

Судовая аппаратура навигационной подводной гидроакустической системы — судовая навигационная аппаратура, предназначенная для определения координат судна по гидроакустическим маякам-ответчикам.

15.5. СУДОВЫЕ НАВИГАЦИОННЫЕ УСТРОЙСТВА ОТОБРАЖЕНИЯ, ОБРАБОТКИ И РЕГИСТРАЦИИ

Судовой пульт штурмана, пульт штурмана — элемент рабочего места штурмана, на котором размещены средства отображения информации и органы управления, необходимые для решения задач навигации.

Судовой пульт технического обслуживания навигационного комплекса, пульт технического обслуживания — элемент рабочего места оператора, на котором размещены средства отображения информации и органы управления обслуживанием навигационного комплекса судна и его составных частей.

Судовой автопрокладчик, автопрокладчик — судовое навигационное устройство, предназначенное для ведения прокладки на навигационной морской карте или навигационном морском плане автоматически.

Судовой автоисчислитель, автоисчислитель — судовой навигационный прибор, предназначенный для вычисления текущих координат судна.

Судовой навигационный преобразователь координат, преобразователь — судовой навигационный прибор, предназначенный для прямого и обратного преобразования координат судна при их определении.

Судовой навигационный индикатор, индикатор — судовой навигационный прибор, предназначенный для отображения количественного или качественного значения параметров, вырабатываемых навигационным оборудованием судна.

Репитер курса судна, репитер курса — судовой навигационный индикатор, предназначенный для отображения курса судна.

Репитер скорости судна, репитер скорости — судовой навигационный индикатор, предназначенный для отображения скорости или скорости и пройденного расстояния.

Судовой курсограф, курсограф — судовой навигационный прибор, предназначенный для непрерывной регистрации курса.

Трансляционный судовой навигационный прибор, трансляционный прибор — судовой навигационный прибор, предназначенный для размножения, преобразования и передачи данных, вырабатываемых навигационным оборудованием судна.

Одномерный лаг — лаг, предназначенный для измерения продольной составляющей скорости судна.

Двумерный лаг — лаг, предназначенный для измерения продольной и поперечной составляющих скорости судна (ндп. *двухкомпонентный лаг*).

Трехмерный лаг — лаг, предназначенный для измерения продольной, поперечной и вертикальной составляющих судна (ндп. *трехкомпонентный лаг*).

Вертушечный лаг, ЛВ — лаг, определяющий скорость судна в зависимости от частоты вращения вертушки в воде.

Гидродинамический лаг, ЛГ — лаг, определяющий скорость судна в зависимости от динамического давления воды, обтекающей судно при его движении.

Индукционный лаг, ЛИ — лаг, определяющий скорость судна в зависимости от электродвижущей силы, индуктируемой в потоке воды, обтекающем судно при его движении.

Доплеровский лаг — лаг, основанный на использовании эффекта Доплера.

Геомагнитный лаг — лаг, основанный на использовании свойств магнитного поля Земли.

Корреляционный лаг — лаг, определяющий скорость судна путем анализа корреляционой связи между двумя сигналами, принятыми на движущемся судне на разнесенные в направлении движения первичные преобразователи скорости.

Геоэлектромагнитный лаг — геомагнитный лаг, основанный на использовании явления наведения электродвижущей силы в проводнике при его движении в магнитном поле Земли.

Гидроакустический лаг, ГАЛ — лаг, основанный на использовании законов распространения акустических волн в воде.

Корреляционный гидроакустический лаг, корреляционный ГАЛ — гидроакустический лаг, основанный на использовании анализа корреляционной связи при обработке гидроакустических сигналов.

Радиолаг — лаг, основанный на использовании законов распространения радиоволн.

Доплеровский гидроакустический лаг — гидроакустический лаг, основанный на использовании эффекта Доплера.

Доплеровский радиолаг — радиолаг, основанный на использовании эффекта Доплера.

Швартовный лаг — лаг, предназначенный для измерения скорости движения носа и кормы судна при его швартовке.

15.6. МАГНИТНЫЕ СУДОВЫЕ КОМПАСЫ

Магнитный судовой компас, магнитный компас — судовой компас с магнитным чувствительным элементом.

Стрелочный магнитный судовой компас, стрелочный компас — магнитный судовой компас со стрелочным магнитным чувствительным элементом.

Индукционный магнитный судовой компас, индукционный компас — магнитный судовой компас с индукционным магнитным чувствительным элементом.

Гиромагнитный судовой компас, ГМК — магнитный судовой компас с гироскопическим устройством для сглаживания показаний магнитного чувствительного элемента.

Дистанционный магнитный судовой компас, дистанционный магнитный компас — магнитный судовой компас с дистанционной передачей курса.

* Карданов подвес — устройство, предназначенное для сохранения горизонтального положения котелка компаса при наклонах судна или корабля.

* Картушка — диск, градуированный в градусах и с буквенными обозначениями главных румбов.

* Магнитный чувствительный элемент, МЧЭ — узел, состоящий из системы постоянных магнитов и картушки, который под действием магнитного поля устанавливается в направлении горизонтальной составляющей этого поля.

* Курсовой указатель — указатель для отсчета магнитного курса.

* Нактоуз — подставка, прочно прикрепляемая к палубе, предназначенная для установки котелка, компенсаторов девиации и осветительного устройства компаса.

15.7. СУДОВЫЕ НАВИГАЦИОННЫЕ ИНСТРУМЕНТЫ

Ручной судовой секстан, ручной секстан — судовой секстан, предназначенный для выполнения измерений высот небесных светил над видимым горизонтом, а также вертикальных и горизонтальных углов между ориентирами вручную.

Судовой наклономер, наклономер — судовой навигационный инструмент, предназначенный для измерения наклонения видимого горизонта.

Протрактор — судовой навигационный инструмент, предназначенный для нанесения на навигационную морскую карту места судна, определяемого по углам между тремя ориентирами.

16.

ГИДРОАКУСТИЧЕСКИЕ СРЕДСТВА

Гидроакустика — область акустики, рассматривающая излучение, прием и распространение акустических волн в водной среде.

Гидроакустическое средство — совокупность технических устройств или отдельное устройство, принцип действия которого основан на использовании акустических волн в водной среде; устройство предназначено для передачи и приема информации.

Гидроакустический сигнал — акустическая волна, распространяющаяся в водной среде и несущая информацию.

Гидроакустическая помеха — акустическая волна, распространяющаяся в водной среде и не являющаяся гидроакустическим сигналом для данного гидроакустического средства.

Гидроакустический канал — область водной среды с ее границами, в которой осуществляется передача и прием гидроакустических сигналов.

Гидрологические условия — совокупность физико-химических свойств реальной водной среды, определяющая условия распространения гидроакустических сигналов в данном районе.

Гидроакустическое поле — акустическое поле в водной среде.

Первичное гидроакустическое поле — гидроакустическое поле, возбужденное источником акустических волн.

Вторичное гидроакустическое поле — гидроакустическое поле отраженных и рассеянных акустических волн.

Пассивное гидроакустическое средство — гидроакустическое средство, содержащее устройства только приема гидроакустических сигналов.

Активное гидроакустическое средство — гидроакустическое средство, содержащее устройство излучения и приема гидроакустических сигналов.

Гидроакустическая голография — метод обработки гидроакустических сигналов приемных гидроакустических антенн с использованием интерферометрической записи и дифракционного восстановления волновых фронтов.

Морская реверберация — послезвучание, наблюдаемое в море в результате отражения и рассеяния звука от дна и неоднородностей водной среды, рыб и других биологических объектов. Различают донную морскую реверберацию, вызываемую рассеянием звука от дна моря, и объемную морскую ревербе-

рацию, обусловленную рассеянием звука малыми частицами, насыщающими глубинные слои воды.

Гидроакустическая телеметрия — область науки и техники, занимающаяся вопросами разработки и эксплуатации комплекса автоматизированных средств, обеспечивающих получение, преобразование, передачу по каналу связи, прием, обработку и регистрацию измерительной информации о событиях в водной среде с целью контроля на расстоянии состояния и функционирования технических и биологических систем различных объектов и изучения явлений природы.

Гидроакустическая цель — объект, формирующий гидроакустический сигнал, местоположение и характеристики которого подлежат определению.

Слой скачка — относительно тонкий слой воды в океане (море) с резким изменением вертикального градиента данной характеристики относительно, вышележащих или нижележащих слоев.

Зона конвергенции — пространство океана (моря), характеризующееся схождением струй и опусканием вод.

Гидроакустическая станция, ГАС — гидроакустическое средство, объединяющее в едином схемно-конструкторском решении различные составные части, предназначенные для решения задач в области гидроакустики, возникающих при функционировании объекта.

Станция шумопеленгования — пассивное гидроакустическое средство, предназначенное для получения информации о цели по ее шумам.

Станция обнаружения гидроакустических сигналов, СОГС — пассивное гидроакустическое средство, предназначенное для получения информации о цели по сигналам ее активных гидроакустических средств.

Гидролокационная станция, гидролокатор, ГЛС — активное гидроакустическое средство, предназначенное для получения информации о цели по отраженному от нее гидроакустическому сигналу.

Эхоледомер — активное гидроакустическое средство, предназначенное для измерения дистанции до нижней кромки ледового покрова и его толщины.

Рыбопоисковая гидроакустическая станция — активное гидроакустическое средство, предназначенное для получения информации об объектах промысла и орудиях лова.

Гидроакустический маяк-ответчик — автономное гидроакустическое средство, предназначенное для получения гидроакустического сигнала в результате приема гидроакустического кодированного сигнала-запроса.

Гидроакустическая станция связи — активное гидроакустическое средство, предназначенное для обмена информацией по гидроакустическому каналу.

Гидроакустический комплекс, ГАК — гидроакустическое средство, объединяющее в едином схемно-конструкторском решении с использованием принципа комплексирования гидроакустические средства, расположенные на объекте; обеспечивает решение задач в области гидроакустики, возникающих при функционировании объекта.

Буксируемая часть гидроакустического комплекса (станции), БЧК (БЧС) — составная часть гидроакустического комплекса (станции), предназначенная для обеспечения работы с буксируемой гидроакустической антенной.

Буксируемое устройство гидроакустического комплекса (станции), буксируемое устройство — составная часть гидроакустического комплекса (станции), состоящая из буксируемого носителя и размещенных в нем гидроакустических антенн и забортной аппаратуры.

Энергетическая дальность действия гидроакустических средств — максимальное расстояние, на котором может быть обнаружена цель с заданными гидроакустическими характеристиками и вероятностью правильного обнаружения при определенных значениях гидроакустических помех в однородной, безграничной, поглощающей водной среде.

Фактическая дальность действия гидроакустических средств — максимальное расстояние, на котором мо-

жет быть обнаружена цель с заданными гидроакустическими характеристиками и вероятностью правильного обнаружения при определенных значениях гидроакустических помех в гидроакустическом канале.

Разрешающая способность гидроакустических средств по дистанции — максимальное расстояние между двумя целями с равной интенсивностью гидроакустических сигналов в точке приема, при котором цели наблюдаются раздельно.

Разрешающая способность гидроакустических средств по углу — максимальный угол между двумя целями с равной интенсивностью гидроакустических сигналов в точке приема, при котором цели наблюдаются раздельно.

Гидроакустическая антенна — антенна, обеспечивающая прием и (или) излучение гидроакустических сигналов в водной среде и обладающая пространственной избирательностью.

Конформная гидроакустическая антенна, конформная антенна — гидроакустическая антенна, форма которой повторяет обводы носителя.

Буксируемая гидроакустическая антенна, буксируемая антенна — гидроакустическая антенна, конструкция и способ использования которой обеспечивают ее функционирование при буксировке в буксируемом носителе гидроакустической антенны.

Опускаемая гидроакустическая антенна, опускаемая антенна — гидроакустическая антенна, конструкция и способ использования которой обеспечивают ее функционирование при погружении в опускаемом контейнере.

Электроакустический преобразователь — устройство, осуществляющее взаимное преобразование акустической и электрической энергии и предназначенное для излучения и (или) приема гидроакустических сигналов в водной среде.

Гидрофон — акустический преобразователь, предназначенный для измерения звукового давления.

Обтекатель гидроакустической антенны — звукопрозрачная конструкция для защиты антенны от набегающего потока воды и снижения гидродинамических помех.

Акустический экран — устройство, обеспечивающее повышение эффективности гидроакустической антенны.

17.

ПРИБОРЫ ДЛЯ НАБЛЮДЕНИЯ В МОРЯХ И ОКЕАНАХ

Приборы для измерения глубины

Лот — прибор для измерения глубины водоема с судна.

Эхолот — лот для измерения глубины гидроакустическим способом.

Термометр-глубомер, термоглубомер — гидростатический измеритель глубины, действие которого основано на измерении гидростатического давления и температуры воды, от которых зависит высота столбика ртути, отрывающегося при опрокидывании термометра. Применяется совместно с глубоководным опрокидывающимся термометром.

Приборы для измерения температуры и отбора проб воды

Батитермограф — регистрирующий прибор, предназначенный для измерения распределения температуры воды по глубине (ндп. *термобатиграф*).

Обрывной термозонд — батитермограф, погружаемая часть которого теряется после измерения (на ходу судна).

Опрокидывающийся глубоководный термометр — глубоководный термометр, фиксирующий измеренное значение температуры воды в момент опрокидывания термометра.

Батометр — прибор для отбора проб воды с заданной глубины.

Приборы для измерения течений

Измеритель течения — прибор для измерения скорости и направления течения.

Самописец течения — регистрирующий измеритель течения.

Геоэлектромагнитный измеритель течения — измеритель составляющих вектора течения, принцип действия которого основан на измерении ЭДС, индуцируемой в буксируемом за судном кабеле с электродами при сносе его течением в магнитном поле Земли.

Вертушка — измеритель течения, в котором для измерения скорости используется механический ротор.

Приборы для измерения волнения

Волномер — прибор или устройство для измерения элементов волн.

Волнограф — прибор для записи волновых колебаний свободной поверхности моря.

Приборы для гидрохимических измерений

Гидрооксиметр — прибор для измерения концентрации растворенного в воде кислорода.

Солемер — прибор для определения суммарной концентрации растворенных в воде солей.

Электросолемер — солемер, действие которого основано на использовании зависимости электропроводности морской воды от солености.

Приборы для измерения уровня моря

Мареограф — прибор для измерения и непрерывной автоматической регистрации колебаний уровня моря.

Уровенная рейка — измерительное устройство в виде рейки с делениями, предназначенное для непосредственного отсчета уровня моря (ндп. *водомерная рейка*).

Приборы для измерения оптических свойств воды

Гидрофотометр — прибор для измерения подводной облученности.

Гидронефелометр — прибор для измерения показателей рассеяния света в морской воде.

Прозрачномер — прибор для измерения показателей ослабления света в морской воде.

Гидронефелометр-прозрачномер — прибор для комплексного измерения показателей колебания и рассеяния света в морской воде.

Белый диск-прозрачномер, белый диск — белый диск диаметром 300 мм, опускаемый в воду для определения относительной прозрачности воды.

Гидрояркомер — прибор для измерения подводной яркости.

Шкала цветности воды — набор пробирок с цветными растворами, предназначенный для определения цвета воды путем сравнения.

Гидрогеологическое оборудование

Грунтовая трубка — устройство для отбора колонок донных отложений и пород морского дна.

Дночерпатель — устройство для отбора проб донных отложений и пород с поверхности морского дна.

Морская драга — устройство для взятия грубообломочного материала с поверхности морского дна.

Оборудование для гидробиологических исследований

Донный трал — устройство для сбора донных организмов.

Планктонная сеть.

Планктонный стакан — металлический цилиндр, являющийся частью планктоновой сети; предназначен для слива сбора из планктонных сетей.

Комбинированные океанографические приборы

Гидрозонд — комплекс приборов и устройств для измерения и регистрации распределения по глубине одного или нескольких гидрологических элементов.

Зонд-батометр — гидрозонд с установленными на нем батометрами для отбора проб воды на заданных горизонтах.

Приборы и оборудование для градуировки и проверки океанографических приборов

Гидрометрический бассейн — бассейн, оборудованный для проверки и градуировки измерителей течений.

Термобарокамера — установка для проверки и градуировки океанографических приборов, измеряющих температуру воды и гидростатическое давление.

Приборы для магнитных измерений в море

Морской магнитометр — магнитометр, предназначенный для измерения напряженности, геомагнитного поля в море.

Судовой морской магнитометр.

Буксируемый морской магнитометр — морской магнитометр, чувствительный элемент которого размещен в специальной гондоле, буксируемой за носителем.

Морской аэромагнитометр — магнитометр, устанавливаемый на летательных аппаратах и предназначенный для измерения напряженности геомагнитного поля в море.

18.

СИСТЕМЫ УПРАВЛЕНИЯ ТЕХНИЧЕСКИМИ СРЕДСТВАМИ КОРАБЛЯ[1]

Система управления техническими средствами корабля, СУ ТС — функционально и конструктивно законченное изделие, обеспечивающее управление техническими средствами корабля.

Комплексная система управления техническими средствами корабля, КСУ ТС — единая система управления техническими средствами корабля, обеспечивающая координированное управление техническими средствами в нормальных условиях эксплуатации, в аварийных ситуациях и при борьбе за живучесть корабля.

Центральная координирующая система управления техническими средствами корабля, ЦКСУ ТС — составная часть комплексной системы управления техническими средствами корабля, обеспечивающая: обобщение информации о состоянии технических средств и внутренней обстановке на корабле; координированное управление совокупностью комплексов технических средств через их системы управления во всех режимах эксплуатации; локализацию аварийных ситуаций, выходящих за пределы систем управления отдельными комплексами технических средств, а также выработку рекомендаций операторам по управлению техническими средствами при решении задач борьбы за живучесть корабля.

Система управления комплексом технических средств корабля, СУ КТС — составная часть комплексной системы управления техническими средствами корабля или система управления, обеспечивающая отработку заданных режимов работы комплекса технических средств корабля, координированное управление совокупностью взаимосвязанных технологически или (и) общностью выполняемой задачи агрегатов и механизмов комплекса в нормальных условиях эксплуатации и в аварийных ситуациях.

Информационно - вычислительная система комплексной системы управления техническими средствами корабля, ИВС — составная часть комплексной системы управления техническими средствами корабля, обеспечивающая сбор и обработку информации о состоянии и режимах работы автоматизированных комплексов технических средств и корабля для решения вычислительных задач контроля, выдачу информации операторам в требуемой форме, хранение справочной информации и регистрацию параметров и событий.

Групповая система управления техническими средствами корабля, ГСУ ТС — составная часть комплексной системы управления или системы управления комплексом технических средств корабля, предназначенная для выполнения однородных управляющих и информационных функций.

Локальная система управления техническими средствами корабля, ЛСУ ТС — составная часть отдельного корабельного оборудования, обеспечивающая возможность протекания физических процессов, безаварийность функционирования, диагностирование состояния и осуще-

---

[1] Более подробно в ГОСТ 19176—85. Системы управления техническими средствами корабля. Термины и определения.

ствление местного управления, а также прием и отработку командных сигналов от комплексной или групповой системы управления техническими средствами корабля и выдачу в нее обобщенной информации о состоянии корабельного оборудования.

Базовая система управления техническими средствами корабля, базовая СУ ТС — система управления техническими средствами корабля, предназначенная для отработки агрегатных комплексов средств автоматизации и типового проекта системы управления для одного или нескольких классов кораблей одного поколения.

Децентрализованная система управления техническими средствами корабля, децентрализованная система управления — система управления техническими средствами корабля, в которой отдельные управляющие, информационные и вспомогательные функции реализуются отдельными приборами или устройствами.

Иерархическая система управления техническими средствами корабля, иерархическая система управления — децентрализованная система управления техническими средствами корабля, в которой локальные и координирующие функции управления рассредоточены между подчиненными устройствами или приборами обработки информации.

Централизованная система управления техническими средствами корабля, централизованная система управления — система управления техническими средствами корабля, в которой управляющие и информационные функции реализуются в одном управляющем вычислительном комплексе или в одном программируемом логическом или регулирующем устройстве.

Прибор системы управления техническими средствами корабля, прибор — составная часть системы управления техническими средствами корабля, являющаяся конструктивно законченным и индивидуально монтируемым на корабле изделием, предназначенным для выполнения определенных функций в системе управления и сохраняющим работо-

способность при заданных условиях внешних воздействий в месте установки (ндп. *шкаф*).

Блок системы управления техническими средствами корабля, блок — составная часть прибора системы управления техническими средствами корабля, являющаяся функционально или конструктивно законченным изделием, предназначенным для функционального и механического объединения двух или более модулей (ндп. *контейнер*).

Модуль системы управления техническими средствами корабля, модуль — составная часть прибора или блока системы управления техническими средствами корабля, являющаяся конструктивно законченным легкосъемным, неремонтируемым в условиях корабля изделием, встраиваемым в прибор или в блок системы управления (ндп. *субблок, кассета*).

Функциональное устройство системы управления техническими средствами корабля, функциональное устройство — совокупность взаимодействующих модулей, встраиваемых в один или в несколько приборов и обеспечивающих выполнение в системе управления техническими средствами корабля отдельной управляющей, информационной или вспомогательной функции или их сочетание.

Структурная организация системы управления техническими средствами корабля, структурная организация СУ ТС — совокупность проектных решений, принятых при выборе функциональной, алгоритмической, организационной, топологической и технической структур системы управления техническими средствами корабля и в целом характеризующих принципов ее построения и функционирования в различных режимах и условиях эксплуатации.

Функциональная структура системы управления техническими средствами корабля, функциональная структура СУ ТС — структура, отображающая состав управляющих, информационных и вспомогательных функций системы управления и связей между ними, описывающих порядок и последовательность выполчения функций при решении задач управления техническими средствами корабля.

Алгоритмическая структура системы управления техническими средствами корабля, алгоритмическая структура СУ ТС — структура, отображающая состав алгоритмов обработки информации и взаимодействие между ними, описывающая принципиальный способ выполнения управляющих и (или) информационных функций системы управления техническими средствами корабля.

Организационная структура системы управления техническими средствами корабля, организация управления ТС — структура, отображающая состав и назначение постов управления техническими средствами корабля, состав операторов, их расписание по постам управления, распределение между ними функций управления отдельными комплексами технических средств связи, порядок подчинения и взаимодействия при решении общих задач координационного управления, в том числе в аварийных ситуациях и при борьбе за живучесть технических средств и корабля.

Топологическая структура системы управления техническими средствами корабля, топологическая структура СУ ТС — структура, отображающая территориальное размещение на корабле постов и пультов управления, подсистем и (или) приборов с указанием выполняемых ими управляющих, информационных и вспомогательных функций, а также каналы передачи информации и энергии между приборами.

Техническая структура системы управления техническими средствами корабля, техническая структура СУ ТС — структура, отображающая состав и выполняемые функции элементов системы управления техническими средствами корабля, приборов, устройств и (или) модулей, а также информационные и энергетические потоки между элементами.

19.

СРЕДСТВА РАДИОСВЯЗИ

* **Средства радиосвязи** — средства, предназначенные для передачи или приема информации с помощью радиоволн.

* **Средства радиосвязи главные** — средства радиосвязи, предназначенные для передачи и приема сигналов и сообщений, относящихся к бедствию и аварийным случаям, срочности и безопасности, навигационным предупреждениям, метеорологическим прогнозам и медицинским сообщениям, а также для приема сигналов времени. Главные средства радиосвязи состоят из главного передатчика, главного приемника и радиотелефонного приемника слуховой вахты.

* **Средства радиосвязи резервные (аварийные)** — средства радиосвязи, предназначенные для связи предпочтительно во время бедствия судна, а также в других экстренных случаях, когда использование главных средств радиосвязи невозможно. Резервные средства радиосвязи состоят из резервного (аварийного) передатчика, резервного (аварийного) приемника и аккумуляторов.

* **Средства радиосвязи эксплуатационные** — средства радиосвязи, предназначенные для передачи и

164

приема служебных сообщений эксплуатационного характера, а также аварийной и частной корреспонденций. Эксплуатационные средства радиосвязи состоят из эксплуатационных передатчика и приемника.

* **Средства радиосвязи спутниковые** — средства радиосвязи, предназначенные для передачи и приема сообщений с использованием искусственных спутников Земли в качестве ретрансляторов передаваемых радиосигналов. Спутниковые средства радиосвязи состоят из антенного, приемно-передающего и оконечных устройств.

* **Антенна-мачта** — самоподдерживающаяся антенна, состоящая из изолированной от корпуса судна мачты и частично или полностью используемая в качестве активного излучателя либо несущая на себе активные излучатели.

* **Средства командной трансляции** — средства, предназначенные для передачи служебных распоряжений судовой администрации в жилые, служебные и общественные помещения, а также на открытые палубы судна.

* **Аварийный радиобуй** — буй, снабженный автоматически действующим устройством, посылающим радиосигналы, которые служат для радиопеленгования и наведения спасателей на место аварии судна.

20.

ИЗДЕЛИЯ ОБЩЕМАШИНОСТРОИТЕЛЬНОГО ПРИМЕНЕНИЯ

20.1. КРЕПЕЖНЫЕ ИЗДЕЛИЯ

Общие понятия

Крепежное изделие — деталь для образования соединения.

Болт — крепежное изделие в форме стержня с наружной резьбой на одном конце и с головкой на другом, образующее соединение при помощи гайки или резьбового отверстия в одном из соединяемых изделий.

Винт — крепежное изделие для образования соединения или фиксации, выполненное в форме стержня с наружной резьбой на одном конце и конструктивным элементом для передачи крутящего момента на другом (головка со шлицем или накаткой, шлиц в торце стержня).

Шуруп — крепежное изделие в форме стержня с наружной специальной резьбой, резьбовым коническим концом и головкой на другом конце, образующее резьбу в отверстии соединяемого деревянного или пластмассового изделия. Специальная резьба имеет треугольный заостренный профиль и большую ширину впадины по сравнению с шириной зуба.

Шпилька — крепежное изделие в форме цилиндрического стержня с наружной резьбой на обоих концах или на всей длине стержня.

Штифт — крепежное изделие в форме цилиндрического или конического стержня для фиксации изделий при сборке.

Гайка — крепежное изделие с резьбовым отверстием и конструктивным элементом для передачи крутящего момента в виде многогранника, наката на боковой поверхности, торцевых и радиальных отверстий, шлицев и т. д.

Шайба — крепежное изделие с отверстием, подкладываемое под гайку или головку болта или винта для увеличения опорной поверхности и (или) предотвращения их самоотвинчивания.

Шплинт — крепежное изделие в форме проволочного стержня полукруглого сечения, сложенного вдвое с образованием головки.

* Закладной штырь с язычком — крепежное изделие в виде цилиндрического стержня с проушиной для остропки, предотвращающей его потерю после отдачи, и шарнирным язычком, исключающим самопроизвольное выпадение штыря из отверстия (рис. 20.1).

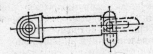

Рис. 20.1. Закладной штырь с язычком

Заклепка — крепежное изделие в форме гладкого цилиндрического стержня с головкой на одном конце, служащее для получения неразъемного соединения за счет образования головки на другом конце стержня пластической деформацией.

Виды крепежных изделий

* Гужон — болт с квадратом на конце для завинчивания ключом, применяемый для соединения деталей или листов, где не должна выступать головка болта. После ввинчивания квадратная головка срубается (рис. 20.2).

Рис. 20.2. Гужон

Откадной болт — болт, головка которого выполнена в виде подвижной части шарнирного соединения (рис. 20.3).

Призонный болт — болт, диаметр гладкой части стержня которого определяют из условия обеспечения работы соединения на срез.

Фундаментный болт — болт со специальной формой головки, служащий для крепления оборудования к фундаменту. Специальная форма головки может представлять собой раздвинутые лапки прорезной части стержня, отогнутую часть стержня и т. д.

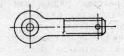

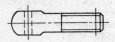

Рис. 20.3. Откидной болт

Невыпадающий винт — винт, диаметр гладкой части стержня которого меньше внутреннего диаметра резьбы.

Самонарезающий винт — винт, образующий специальную резьбу в отверстии одного из соединяемых пластмассовых или металлических изделий.

Установочный винт — винт с концом специальной формы, служащий для фиксации изделий друг относительно друга. Специальная форма конца может быть цилиндрической, конической, плоской и т. п.

Пружинный штифт — цилиндрический штифт трубчатого сечения с продольным пазом по его длине, свернутый из «пружинной» стали.

Гайка-барашек — гайка с плоскими выступающими элементами для передачи крутящего момента (рис. 20.4).

Рис. 20.4. Гайка-барашек

Закрытая гайка-барашек (рис. 20.5).

Колпачковая гайка — гайка со сферической и плоской торцевой по-

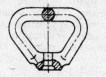

Рис. 20.5. Закрытая гайка-барашек

верхностями и глухим резьбовым отверстием (рис. 20.6).

Корончатая гайка — шестигранная гайка, часть которой выполнена

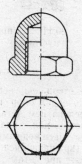

Рис. 20.6. Колпачковая гайка

в виде цилиндра с радиально расположенными прорезями под шплинт (рис. 20.7).

Рис. 20.7. Корончатая гайка шестигранная

* **Круглая гайка** — гайка, имеющая форму цилиндра. По своей конструкции применяются круглые гайки с радиальными и торцевыми шлицами или радиальными отверстиями под ключ (рис. 20.8, а—в).

Плоская шайба — шайба с плоской опорной поверхностью.

Пружинная шайба — разрезная

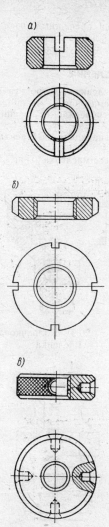

Рис. 20.8. Круглая гайка: *а* — с радиальными шлицами; *б* — с торцевыми шлицами; *в* — с радиальными отверстиями

круглая шайба, концы которой расположены в разных плоскостях, служащая для предотвращения самоотвинчивания крепежных изделий при ее упругой деформации под нагрузкой.

Стопорная шайба — шайба, служащая для предотвращения самоотвинчивания крепежных изделий при помощи конструктивных элементов в виде лапок, зубьев и т. д.

20.2. МАСЛЕНКИ

* **Масленка** — устройство для подачи смазочных материалов на трущиеся поверхности машин и механизмов.

* **Колпачковая масленка** (рис. 20.9).

* **Пресс-масленка** (рис. 20.10).

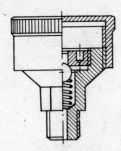

Рис. 20.9. Колпачковая масленка

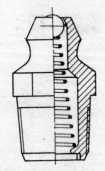

Рис. 20.10. Пресс-масленка

20.3. МУФТЫ

* **Муфта** — устройство для соединения (разъединения) двух валов, передающее крутящий момент от одного вала к другому без изменения его величины и направления.

* **Упругая муфта** — муфта для соединения валов, подверженных резким колебаниям крутящего момента, допускающая некоторую несоосность соединяемых валов, а также обладающая свойством виброизоляции (рис. 20.11).

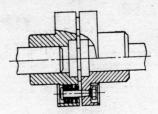

Рис. 20.11. Упругая муфта

20.4. ОСИ

* **Ось** — стержень, неподвижный относительно своих опор и несущий вращающиеся на нем детали (неподвижная ось) или вращающийся в опорах с насаженными на нем деталями (вращающаяся ось); не предназначен при этом передавать крутящий момент.

20.5. ПОДШИПНИКИ

Подшипник — опора или направляющая, которая определяет положение движущихся частей по отношению к другим частям механизма.

Подшипники качения [1]

Подшипник качения — подшипник, работающий по принципу трения качения.

Шариковый подшипник качения, шарикоподшипник — подшипник с шариками в качестве тел качения (рис. 20.12).

Роликовый подшипник качения, роликоподшипник — подшипник с роликами в качестве тел качения (рис. 20.13).

Радиальный шариковый (роликовый) подшипник качения, радиальный подшипник — шариковый (ро-

---

[1] Подробнее в ГОСТ 24995—81. Подшипники качения. Термины и определения.

168

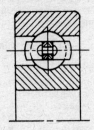

Рис. 20.12. Шариковый подшипник

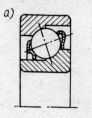
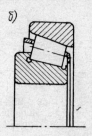

Рис. 20.14. Радиально-упорный подшипник: *а* — шариковый; *б* — роликовый

ликовый) подшипник качения, предназначенный для восприятия радиальных нагрузок (рис. 20.12, рис. 20.13).

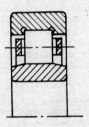

Рис. 20.13. Роликовый подшипник

Рис. 20.15. Упорный подшипник: *а* — шариковый; *б* — роликовый

Самоустанавливающийся упорный подшипник качения — упорный подшипник со сферической поверхностью базового торца, допускающий угловые смещения оси вала и корпуса (рис. 20.17).

Радиально-упорный шариковый (роликовый) подшипник качения, радиально-упорный подшипник — шариковый (роликовый) подшипник качения, предназначенный для восприятия радиальной и осевой нагрузок (рис. 20.14, *а, б*).

Упорный шариковый (роликовый) подшипник качения, упорный подшипник — шариковый (роликовый) подшипник качения, предназначенный для восприятия осевой нагрузки (рис. 20.15, *а, б*).

Упорно-радиальный шариковый (роликовый) подшипник качения — шариковый (роликовый) подшипник качения, предназначенный для восприятия преимущественно осевой нагрузки и имеющий угол контакта 45° и более (рис. 20.16, *а, б*).

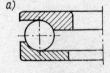

Рис. 20.16. Упорно-радиальный подшипник качения: *а* — шариковый; *б* — роликовый

Комбинированный подшипник качения, комбинированный подшипник — подшипник качения, представляющий собой сочетание радиального и упорного подшипников и предназначенный для восприятия радиальной и осевой нагрузок (рис. 20.18).

Рис. 20.17. Самоуста-навливающийся упор-ный подшипник качения

Однорядный подшипник каче-ния, однорядный подшипник — под-шипник качения с одним рядом тел качения.

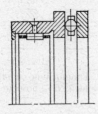

Рис. 20.18. Комбиниро-ванный подшипник ка-чения

Двухрядный подшипник качения, двухрядный подшипник — подшипник качения с двумя рядами тел каче-ния.

Многорядный подшипник каче-ния — подшипник качения с более чем двумя рядами тел качения.

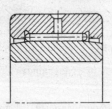

Рис. 20.19. Игольчатый роликовый подшипник качения

Игольчатый роликовый подшип-ник качения — роликовый подшипник качения с игольчатыми роликами в качестве тел качения (рис. 20.19).

Подшипники скольжения[1]

Подшипник скольжения — опора или направляющая, в которой трение вала происходит при скольжении и которая определяет положение вала по отношению к другой части меха-низма.

Осевой подшипник скольжения, осевой подшипник — подшипник скольжения, воспринимающий уси-лия, направленные параллельно или по оси вращения.

Радиальный подшипник сколь-жения, радиальный подшипник — подшипник скольжения, восприни-мающий усилия, направленные пер-пендикулярно оси вращения.

Гидродинамический подшип-ник — подшипник скольжения, пред-назначенный для работы в режиме гидравлической смазки.

Гидростатический подшипник — подшипник скольжения, предназна-ченный для работы в режиме гидро-статической смазки.

Самоустанавливающийся под-шипник скольжения, самоустанавли-вающийся подшипник — подшипник скольжения, в конструкции которого предусмотрена самоустановка вкла-дыша по валу.

Самосмазывающийся пористый подшипник — подшипник скольжения или втулка подшипника (обычно из спеченного подшипникового материа-ла), поры которого могут заполнять-ся однократно или периодически смазочным материалом.

Корпус радиального подшипни-ка скольжения, корпус подшипни-ка — деталь или узел подшипника скольжения, в которой устанавли-вается вкладыш или втулка под-шипника.

Вкладыш подшипника скольже-ния, вкладыш подшипника — смен-ная деталь подшипника скольжения, внутренняя поверхность которой яв-ляется поверхностью трения.

---

[1] Подробнее в ГОСТ 18282—72. Подшипники скольжения машин. Тер-мины и определения.

Втулка подшипника скольжения,
втулка подшипника — трубчатый
вкладыш радиального подшипника
скольжения.

Подушка — деталь подшипника,
опорная поверхность которой имеет
возможность самоустанавливаться.

Упорное кольцо — кольцо, устанавливаемое в радиальном подшип-
нике скольжения для восприятия
осевых усилий.

20.6. ПРОБКИ

* **Пробка** — изделие, имеющее
наружную или внутреннюю резьбу
с гранями под ключ или со шлицем
под отвертку, предназначенное для
плотного закрытия отверстий.

* **Пробка — заглушка** — пробка,
предназначенная для закрытия отверстий приемных патрубков (трубопроводов, концевой арматуры), для
приема (выдачи) сжатого воздуха,
газов и других рабочих сред
(рис. 20.20).

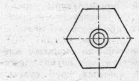

Рис. 20.20. Пробка-заглушка

* **Спускная пробка** — пробка,
предназначенная для слива различных жидкостей из полостей механизмов, аппаратов, трубопроводов
(рис. 20.21).

Рис. 20.21. Спускная пробка

20.7. РЫМ-БОЛТЫ

* **Рым-болт** — изделие, представляющее собой грузовое кольцо, выполненное за одно целое со стерж-
нем, часть или вся длина которого
снабжена резьбой; закрепляется на
судовых механизмах, на оборудовании и их частях для удобства транспортировки, монтажных и ремонтных работ, а также для закрепления
деталей судовых устройств.

20.8. ШПОНКИ

* **Шпонка** — деталь, устанавливаемая между валом (осью) и по-
саженными на него деталями, служащая для устранения их относи-
тельного вращения, а в отдельных
случаях и осевого перемещения.

21.

ТЕХНОЛОГИЯ СУДОСТРОЕНИЯ

21.1. ТЕХНОЛОГИЧЕСКАЯ ПОДГОТОВКА СУДОСТРОИТЕЛЬНОЙ ВЕРФИ

Судостроительное производство — совокупность производственных процессов постройки судна, выполняемых в цехах верфи.

Конструктивно - технологический метод выпуска рабочих конструкторских документов верфи — метод выпуска рабочих конструкторских документов верфи, предусматривающий полную технологическую разбивку деталей, сборочных единиц и комплектующих изделий судна на технологические комплекты верфи.

Изделие машиностроительной части предприятия — строителя судна, изделие МСЧ — комплектующее изделие, изготавливаемое на предприятии-строителе независимо от обводов корпуса судна.

Производство машиностроительной части предприятия-строителя судна, производство МСЧ — совокупность производственных процессов изготовления изделия МСЧ, осуществляемых на основе рабочих конструкторских документов, установленных стандартами Единой системы конструкторской документации.

Производство корпусообрабатывающее — совокупность производственных процессов по изготовлению деталей корпуса, начиная от получения и складирования материала до комплектации и складирования готовых и скомплектованных деталей.

Производство сборочно-сварочное — совокупность производственных процессов по сборке и сварке узлов секций и блоков секций корпуса судна с их насыщением.

Производство корпусостроительное (стапельное) — совокупность производственных процессов постройки корпуса судна, начиная от его формирования на построечном месте до спуска на воду, включая изготовление блоков корпуса судна.

Производство трубообрабатывающее — совокупность производственных процессов по изготовлению труб, определению конфигурации и предварительному монтажу судовых трубопроводов на судне.

Производство механомонтажное — совокупность производственных процессов по сборке агрегатов в цехе, по монтажу главных и вспомогательных механизмов, устройств, теплообменных аппаратов, валопроводов, тяжеловесного электрооборудования и донно-бортовой арматуры, по монтажу устройств с электроизоляцией от корпуса судна, по окончательному монтажу и испытанию трубопроводов на герметичность.

Производство изделий корпусодостроечной номенклатуры, производство КДН — совокупность производственных процессов по изготовлению в цехах верфи изделий МСЧ.

Производство по монтажу слесарно-корпусного насыщения, изготовлению и монтажу труб судовой вентиляции — совокупность производственных процессов по монтажу обрешетников, каркасов для формирования помещений в модульной системе и других металлических конструкций, доизоляционных и послеизоляционных креплений дельных вещей, металлического оборудования и мебели, деталей крепления, рангоута, такелажа.

Производство и монтаж изделий отделки и оборудования судовых помещений — совокупность производственных процессов изготовления в цехах верфи неметаллических и композитных деталей, узлов и изделий, предназначенных для оборудования судовых помещений; монтаж деталей и изделий, предназначенных для отделки и оборудования судовых помещений.

Производство по монтажу изоляции и лакокрасочным покрытиям — совокупность производственных процессов подготовки поверхностей конструкций, монтажа изоляции, нанесения антикоррозионных и лакокрасочных покрытий.

Производство по испытаниям и сдаче судов — совокупность производственных процессов по испытаниям и сдаче судов.

Производство электромонтажное — совокупность производственных процессов по монтажу кабельных сетей; установке, включению, регулировке и сдаче электрооборудования, систем автоматики и специальной техники.

Период постройки судна — часть производственного процесса, выделяемая по типовым событиям, характеризующим важнейшие этапы постройки судна.

Достапельный период постройки судна — часть производственного процесса постройки судна, включающая совокупность техкомплектов, выполняемых между типовыми событиями: «обработка металла корпуса начата», «сборка судна на построечном месте начата, закладка произведена».

Продолжительность достапельного периода постройки судна — часть общей продолжительности постройки судна, равная разности между сроками наступления типовых событий: «сборка судна на построечном месте начата, закладка произведена», «обработка металла корпуса начата».

Стапельный период постройки судна — часть производственного процесса постройки судна, включающая совокупность техкомплектов, выполняемых между типовыми событиями: «сборка судна на построечном месте начата, закладка произведена», «судно на воду спущено».

Продолжительность стапельного

периода постройки судна — часть общей продолжительности постройки судна, равная разности между сроками наступления типовых событий: «судно на воду спущено», «сборка судна на построечном месте начата, закладка произведена».

Достроечный период постройки судна — часть производственного процесса постройки судна, включающая совокупность техкомплектов, выполняемых между типовыми событиями: «судно на воду спущено», «швартовные испытания начаты».

Продолжительность достроечного периода постройки судна — часть общей продолжительности постройки судна, равная разности между сроками наступления типовых событий: «швартовные испытания начаты», «судно на воду спущено».

Сдаточный период постройки судна — часть производственного процесса постройки судна, включающая совокупность техкомплектов, выполняемых между типовыми событиями: «швартовные испытания начаты», «приемный акт подписан».

Продолжительность сдаточного периода постройки судна — часть общей продолжительности постройки судна, равная разности между сроками наступления типовых событий: «приемный акт подписан», «швартовные испытания начаты».

Технологический комплект верфи, техкомплект верфи — совокупность работ, выполняемых без перерывов в строгой технологической последовательности цехом или предметно-замкнутым участком цеха по определенной конструкции, результатом выполнения которых является конечная продукция цеха, необходимая для начала работ смежного цеха или сданная заказчику по построечному документу.

Технологический подкомплект верфи — совокупность работ в составе технологического комплекта, выполняемая специализированным участком цеха, результатом выполнения которых является конечная продукция участка, необходимая для работ смежного участка по этому технологическому комплекту или завершающая его.

Бригадо-комплект верфи — совокупность работ в составе технологического подкомплекта верфи, выполняемых бригадой, результатом выполнения которых является конечная продукция бригады, необходимая для работ смежной бригады по этому подкомплекту или завершающая его.

Технологический этап верфи — часть соответствующего периода постройки судна, включающая совокупность технологических комплектов верфи, выполняемых между типовыми событиями.

Цехоэтап верфи — часть технологического этапа, включающая совокупность технологических комплектов верфи, выполняемых цехом.

Норма трудоемкости постройки судна — затраты труда основных производственных рабочих, необходимых для выполнения работ по постройке судна, включая дополнительные работы, вызванные конструктивными изменениями в процессе постройки, и дополнительные затраты труда, обусловленные изменениями технологических процессов, а также отклонениями от нормальных условий труда.

Плановая трудоемкость постройки судна — условно-постоянный трудовой норматив на пятилетний период для условий постройки головного и серийных судов одного проекта.

Технологическая трудоемкость постройки судна — затраты труда основных производственных рабочих, необходимые для выполнения работ по постройке судна, предусмотренных рабочими технологическими процессами.

Фактическая трудоемкость постройки судна — фактическая затрата труда основных производственных рабочих по постройке судна, учтенная бухгалтерией на основании рабочих нарядов и других документов по всем системам оплаты труда.

Техническая готовность судна — реализованная плановая трудоемкость (нормо-ч, %) и процесс постройки судна на заданные моменты времени (сроки наступления типовых событий, даты последних чисел каждого месяца, 1 января каждого года постройки судна).

Организация судостроительного производства — совокупность взаимосвязанных процессов согласования коллективных действий работников предприятия, направленных на рациональное сочетание в пространстве и во времени живого труда со средствами производства и предметами труда в целях выполнения планов постройки судна при минимальных трудовых и материальных затратах.

Головное судно — первое судно, строящееся по данному проекту в условиях предприятия-строителя.

Серийно освоенное судно — судно, в результате постройки которого все проектные и технологические решения являются полностью отработанными.

Головная серия судов — группа судов, в которую включается головное судно и все последующие до серийно освоенного судна.

Генеральный график создания головного судна — сетевая модель, отображающая последовательность наступления типовых событий головного судна на стадиях проектирования, подготовки производства, постройки и испытаний, а также изготовления и поставки основного контрагентского оборудования.

Каскадный график постройки серийных судов проекта — информационная модель специального вида, отображающая наступление типовых событий постройки и испытаний серийных судов проекта, а также изготовления и поставки основного оборудования.

Конструкторская подготовка производства верфи — совокупность взаимосвязанных процессов по разработке проектных конструкторских документов, ведомостей заказа материалов и оборудования, принципиальных технологии и организации постройки судна.

Технологическая подготовка производства верфи, ТПП верфи — совокупность взаимосвязанных процессов, обеспечивающих технологическую готовность предприятия к постройке судов нового проекта, а также заданный рост технического

174

уровня производства верфи и каждого из его видов.

Технологическое проектирование верфи — проектирование конечной целью которого является выпуск технологических документов верфи.

Технологические документы верфи — графические и текстовые документы, которые отдельно или в совокупности определяют технологические процессы в каждом из видов производства верфи.

Технологическая готовность производства к постройке судов — наличие на предприятии комплектов конструкторских, организационно-технологических и технологических документов, а также средств технологического оснащения в каждом из видов производства верфи, обеспечивающих постройку судов нового проекта.

Технический уровень производства верфи — относительная характеристика производства верфи, основанная на комплексном показателе, численно характеризующем качество средств технологического оснащения и технологических процессов в каждом из его видов.

Система технологической подготовки производства верфи, СТПП верфи — система организации и управления процессом ТПП верфи, СТПП верфи включает: типовые информационные и рабочие модели ТПП по каждому из видов производства и производства верфи в целом; типовые схемы документооборота, единые организационные структуры служб ТПП и положения о них; типовые положения о планировании, контроле и регулировании процесса.

Организация технологической подготовки производства верфи — согласование работ по технологической подготовке производства к постройке судов нового проекта с работами других видов подготовки производства и процессами постройки этих судов.

Модель технологической подготовки производства верфи — сетевая модель ТПП верфи, информационно взаимосвязанная с сетевыми моделями других видов подготовки производства и комплексными сетевыми моделями постройки судов производственной программы предприятия.

Имитационное моделирование технологической подготовки производства верфи—моделирование ТПП верфи в интерактивном режиме в целях обеспечения рационального распределения трудовых ресурсов на выполнение работ по подготовке производства к постройке судов.

Система автоматизированного проектирования технологической подготовки производства верфи—система, функционирующая в интерактивном режиме на основе использования единой с САПР судов базы данных и обеспечивающая автоматизацию процессов технологического проектирования для каждого из видов производства верфи.

Интерактивный режим функционирования САПР ТПП верфи — режим функционирования САПР ТПП верфи, при котором конечные пользователи осуществляют технологическое проектирование на основе проведения машинных экспериментов с использованием имитационного моделирования процессов ТПП верфи.

21.2. МОДУЛЬНО-АГРЕГАТНЫЙ МЕТОД ПРОЕКТИРОВАНИЯ И ПОСТРОЙКИ СУДОВ

Общие понятия

Модульно-агрегатный метод проектирования и постройки судна, МАМ ППС — метод проектирования и постройки судна, при котором технические и специальные средства объединяют в сборочно-монтажные единицы по функциональному территориальному и функционально-территориальному признакам, МАМ ППС позволяет сократить цикл постройки судна за счет независимого выполнения сборочно-монтажных работ и формирования корпуса судна, улучшения ремонтопригодности, модернизации и переоборудования судна.

Агрегатирование — конструктивно и технологически целесообразное объединение технических и специальных средств по их функциональной общности в сборочно-монтажные единицы.

Зональное агрегатирование—составная часть модульно-агрегатного метода проектирования и постройки судов, представляющая собой конструктивно и технологически целесообразное объединение технических и специальных средств по их территориальной общности в сборочно-монтажные единицы.

Сборочно-монтажная единица, СМЕ — совокупность технических и специальных средств, трубопроводов, кабеля и других изделий, скомпонованных на несущей конструкции с целью переноса сборочно-монтажных работ в цеховые условия или на отдельное построечное место.

Сборочно-корпусная единица, СКЕ—совокупность корпусных конструкций одной или нескольких классификационных характеристик (далее в тексте — конструктивных групп), собираемых на отдельном построечном месте (секция, блок секций и т. п.).

Модульная сборочно-монтажная единица, МСМЕ — стандартизованная или унифицированная сборочно-монтажная единица, основанная на модульных принципах проектирования.

Модульная сборочно-корпусная единица, МСКЕ — унифицированная внутрипроектная или межпроектная сборочно-корпусная единица, основанная на модульных принципах проектирования.

Элемент сборочно-монтажной единицы, ЭСМЕ — специфицированная составная часть сборочно-монтажной единицы.

Несущая конструкция сборочно-монтажной единицы, КН — штатный базовый элемент сборочно-монтажной единицы, на котором компонуются технические и специальные средства, представляющие собой специально разработанную или штатную корпусную конструкцию судна или одно из входящих в ее состав технических средств.

Объемный метод проектирования сборочно-монтажной единицы—основной метод проектно-конструкторской отработки компонентов сборочно-монтажных единиц.

Виды сборочно-монтажных единиц

Трубная панель, ПТ—сборочно-монтажная единица, состоящая из труб и арматуры одной или нескольких конструктивных групп, смонтированных при необходимости на несущей конструкции.

Кабельная панель, ПК — сборочно-монтажная единица, состоящая из нарезанных и оконцованных кабелей или пучков кабеля, составляющих кабельную трассу в целом, смонтированных на несущей конструкции.

Модульная отделочная панель — сборочно-монтажная единица, представляющая собой элемент конструкции для формирования и отделки судовых помещений, размеры которого кратны принятому модулю; состоит из конструктивно-отделочного и изоляционного материалов, обеспечивающих ее жесткость тепло- и звукоизоляцию панели (ндп. *монтажный узел*).

Сборочный узел, УС — сборочно-монтажная единица, состоящая из труб и арматуры одной или нескольких конструктивных групп, несущей конструкцией которой может быть специально разработанная конструкция или одно из входящих в ее состав технических средств.

Монтажный узел, МУ—сборочно-монтажная единица, состоящая из технических и специальных средств одной конструктивной группы, объединенных по функционально-территориальному признаку, несущей конструкцией которой может быть специально разработанная конструкция или одно из входящих в ее состав технических средств.

Агрегат — сборочно-монтажная единица, состоящая из технологических и специальных средств различных конструкторских групп, объединенных по признаку функциональной общности, имеющая в составе основной механизм (определяющий его функциональную принадлежность с обслуживающими техническими и специальными средствами, предназначенная для выполнения на судне самостоятельной функции (ндп. *агрегатированная установка*).

176

Монтажный блок — сборочно-монтажная единица, состоящая из технических и специальных средств различных конструктивных групп, объединенных на специально разработанной несущей конструкции по признаку территориальной общности.

Блок зональный, БЗ — сборочно-монтажная единица, состоящая из технических и специальных

21.3. ДЕФЕКТЫ ИЗГОТОВЛЕНИЯ КОРПУСА СУДНА

Бухтина — местная деформация обшивки (набора) в виде выпучины или вмятины.

Волнистость — бухтина в виде волнообразных выпучин и вмятин по свободной кромке полотнища (набора).

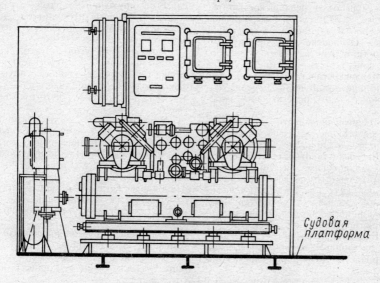

Рис. 21.1. Зональный блок

средств различных конструктивных групп, объединенных на несущей конструкции, которой является штатная корпусная конструкция судна (жестко или на амортизаторах соединенная с другими корпусными конструкциями) (ндп. *зональный монтажный блок*) (рис. 21.1).

Блок-модуль судна, БМС — сборочно-монтажная единица, состоящая из корпусных конструкций одного или группы смежных помещений с установленными в них техническими и специальными средствами, представляющая собой изготавливаемую на отдельном построечном месте часть судна, предназначенная для выполнения одной или нескольких самостоятельных функций и имеющая перспективы применения в составе различных проектов судов.

Волнистость стенки шпангоута — разность отклонений стенки шпангоута от линии разметки, измеренных в двух соседних точках.

«Домики» — прогиб листовых деталей полотнищ (набора) в районе сварных соединений узлов, секций, блоков и корпуса в целом.

Завал — искажение узлов наклона набора к обшивке или углов наклона между стенкой и пояском сварного набора.

«Зуб» — взаимное смещение контурных кромок листов полотнища (набора) вдоль стыка или паза.

Местные деформации — отклонение формы корпусных конструкций на отдельных участках от заданной плазом или чертежом.

Негоризонтальность — наибольшее расстояние от точек реальной поверхности (профиля) до прилегающей горизонтальной плоскости.

Непараллельность — разность наибольшего и наименьшего расстояний между прилегающими плоскостями (линиями) на заданной площади или длине.

Неперпендикулярность плоскостей, осей или оси и плоскости — отклонение угла между плоскостями, осями или осью и плоскостью от прямого (90°) угла, выраженное в линейных единицах на заданной длине. Отклонение от перпендикулярности определяется от прилегающих поверхностей или линий.

Неплоскостность — наибольшее расстояние от точек реальной поверхности до прилегающей плоскости.

Непрямолинейность — наибольшее расстояние от точек реального профиля до прилегающей прямой.

Несоосность относительно общей оси — наибольшее расстояние от оси рассматриваемой поверхности до общей оси двух или нескольких номинально соосных поверхностей вращения в пределах длины рассматриваемой поверхности.

Нецилиндричность — наибольшее расстояние от точек реальной поверхности до прилегающего цилиндра.

21.4. ТЕХНОЛОГИЯ ТРУБООБРАБАТЫВАЮЩЕГО ПРОИЗВОДСТВА

Общие понятия

Труба — полое (пустотелое) цилиндрическое или профильное изделие, имеющее большую по сравнению с сечением длину.

Забойная труба — труба, служащая для компенсации отклонений, возникающих при изготовлении и монтаже трубопроводов, деталей слесарно-монтажного насыщения и оборудования.

Эталонная труба — труба, служащая для сохранения и воспроизведения информации для изготовления труб без пригоночных работ на последующие суда одной серии.

Припуск трубы — концевая часть трубы, удаляемая в процессе изготовления и пригонки.

Погиб — изогнутый участок трубы.

Унифицированный погиб — погиб, имеющий унифицированный радиус и угол.

Заданный угол погиба — угол, указанный в чертеже или карте трубы.

Угол пружения — угол, характеризующий величину упругой деформации трубы после снятия изгибающего усилия.

Поправочный угол — угол поворота планшайбы трубогибочного станка до возникновения упругопластической деформации, определяющей величину холостого хода станка.

Расчетный угол — угол погиба, равный сумме заданного угла, угла пружения и поправочного угла.

Фактический угол погиба — угол погиба трубы после снятия изгибающего усилия.

Радиус погиба — радиус дуги, измеренный по осевой линии, который соединяет два прямолинейных участка трубы.

Овальность — эллипсообразное изменение сечения трубы.

Утонение — уменьшение толщины стенки трубы в процессе изготовления.

Гофры — складки на внутренней части погиба трубы.

Вмятина — углубление в стенке трубы, не имеющее острых кромок.

Забоина — углубление в стенке трубы с острыми кромками.

Прижог — повреждение поверхности трубы, вызванное кратковременным или длительным контактом трубы с токоведущими металлическими деталями, находящимися под напряжением.

Технологические процессы и операции

Разметка — нанесение на трубу точек и линий, указывающих размеры и контуры поверхностей, подлежащих обработке и сборке.

Резка — разделение трубы на части режущим инструментом, газовой горелкой и другими способами.

Гибка — придание трубе изогнутой формы на станках в холодном состоянии, на станках с индукционным нагревом, на плитах с нагревом в газовых или электрических горнах.

Вырезка отверстий — удаление части стенки трубы для последующего присоединения отростков и других деталей.

Отрезка припусков — отделение от трубы припусков.

Раздача конца — соосное увеличение диаметра конца трубы на цилиндр или конус.

Обжатие конца — соосное уменьшение диаметра конца трубы.

Калибровка конца — обработка конца трубы для повышения точности формы и размера.

Отбортовка — загиб кромки трубы по фланцу или стенки трубы при образовании отверстия под отросток или штуцер.

Развальцовка — соединение трубы с сопрягаемыми деталями за счет ее расширения специальным инструментом.

Торцовка — механическая обработка (подрезка) концевых частей трубы.

Зиговка — образование выступов на конце трубы под дюритовое соединение.

Пригонка — придание трубе определенной формы при уточнении размеров по месту установки трубы.

Технологическая изоляция — временная защита труб различными материалами и способами с целью сохранения исходного состояния наружной поверхности труб на всех стадиях изготовления, а также после установки на штатное место.

Укупорка — установка и пломбирование заглушек на концах труб и арматуры, обеспечивающих сохранность чистоты внутренней поверхности.

Предварительная установка — расстановка и временное раскрепление труб на штатном месте.

Оборудование и оснастка

Поточная линия обработки труб — комплекс оборудования, взаимно связанного и работающего согласованно с определенным заданным ритмом по определенному технологическому процессу.

Трубогибочный станок — технологическое оборудование для обработки трубы методом гибки.

Гибочный диск — сменная деталь трубогибочного станка, предназначенная для получения погиба при гибке трубы в холодном состоянии (рис. 21.2).

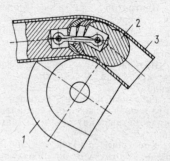

Рис. 21.2. Трубогибочная оснастка
1 — гибочный диск; *2* — дорн; *3* — труба

Ползун — сменная деталь трубогибочного станка, предназначенная для поджатия трубы к гибочному диску при гибке трубы в холодном состоянии.

Дорн — сменная деталь трубогибочного станка, вводимая внутрь трубы к месту погиба с целью исключения образования овальности и гофр на погибе в процессе гибки трубы в холодном состоянии. По конструктивному исполнению дорны подразделяются на ложкообразные, шарообразные и шарнирные (рис. 21.2).

Трубообрезной станок — технологическое оборудование для обработки труб методом резки.

Трубонарезной станок — технологическое оборудование, предназначенное для нарезания резьбы на концах трубы

Трубообрезной навесной станок — технологическое оборудование, закрепляемое на трубе, предназначенное для резки трубы.

Фланцепроточный станок — технологическое оборудование, предназначенное для механической обработки уплотнительной поверхности фланцев и колец, а также для обработки торцов труб под сварку.

Навесной станок для снятия фаски — технологическое оборудование, закрепляемое на трубе, предназначенное для обработки под сварку внешних и внутренних фасок на торцах трубы.

Центратор — приспособление для выверки и соосной установки перед сваркой двух соединяемых труб или трубы с деталями соединений.

Позиционер — приспособление для крепления и сборки труб на стенде.

Гибочный шаблон — образец для изготовления и контроля правильности геометрических форм и размеров труб.

Контурный шаблон — гибочный шаблон, согнутый по образующей трубы.

Осевой шаблон — гибочный шаблон, согнутый по геометрической оси трубы.

Постоянный шаблон — гибочный шаблон, используемый для гибки трубы в процессе постройки нескольких судов серии.

Каркасный макет — приспособление для изготовления трубы, определяющее положение трубы и фланца (рис. 21.3).

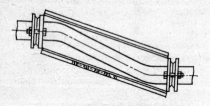

Рис. 21.3. Каркасный макет

Осевой макет — приспособление для изготовления трубы, определяющее положение фланца и осевую линию трубы (рис. 21.4).

Контрмакет — приспособление для пригонки трубы, изготовленной по осевому макету.

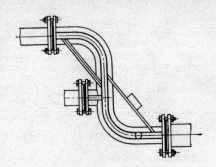

Рис. 21.4. Осевой макет

Контрфланец — фланец, упрощенной конструкции, применяемый при изготовлении контрмакета.

Фальшфланец — фланец, упрощенной конструкции, применяемый при изготовлении осевого макета.

21.5. СУДОВОЕ ЭЛЕКТРОМОНТАЖНОЕ ПРОИЗВОДСТВО

Общие понятия

Судовое электромонтажное производство — вид судостроительного производства, объединяющий судовые электромонтажные и регулировочно-сдаточные работы, выполняемые электромонтажными предприятиями судостроительной промышленности.

Судовые электромонтажные работы, ЭМР — подвид судового электромонтажного производства, объединяющий процессы монтажа электрических линий, токопроводов и судового электрооборудования.

Регулировочно-сдаточные работы, РСР — подвид судового электромонтажного производства, объединяющий настроечные работы, подготовку к испытаниям и испытания электрооборудования, электрических линий и тоководов.

Настроечные работы, НР — производственный процесс, обеспечивающий приведение совокупности электрооборудования и электрических линий судна в состояние, заданное в его рабочей документации.

Метод электромонтажа — совокупность технологических и организационных правил выполнения судовых электромонтажных работ.

Метод настройки (испытаний) — совокупность технологических и организационных правил настройки (испытаний) судового электрооборудования, кабельных линий и токопроводов.

Объект электромонтажа — судно или его часть, в которой выполняются электромонтажные работы.

Объект настройки — любое судовое электрооборудование, электрические линии и токопроводы или их совокупность, являющиеся предметом труда в процессе настройки.

Технологическая готовность электромонтажного предприятия, технологическая готовность — наличие на электромонтажном предприятии комплектов рабочей документации электромонтажных и регулировочно-сдаточных работ и средств технологического оснащения, необходимых для обеспечения постройки данного судна с установленными технико-экономическими показателями.

Технологическая подготовка производства судовых электромонтажных работ — совокупность взаимосвязанных процессов, обеспечивающих технологическую готовность электромонтажного предприятия к монтажу, настройке и испытаниям электрооборудования, электрических линий и токопроводов при соблюдении установленных сроков постройки и обеспечении заданного качества выполнения работ.

Технология судовых электромонтажных работ — область технологии судостроения как науки, изучающая сущность процессов электромонтажа, настройки и испытаний судового электрооборудования и электрических линий, их взаимосвязь и закономерности развития; совокупность технологических процессов и методов электромонтажа, используемых в судовом электромонтажном производстве.

Технологический процесс электромонтажа (настройки) — часть электромонтажных (настроечных) работ, содержащая целенаправленные действия специалиста по измерению и (или) контролю состояния предметов труда, объектов электромонтажа или объектов настройки с помощью средств технологического оснащения.

Электромонтажная технологичность конструкции судна — совокупность свойств конструкции судна, определяющих ее приспособленность к достижению оптимальных затрат труда при выполнении электромонтажных работ для заданных показателей качества, объема строительства судов и условий выполнения электромонтажных работ.

Методы электромонтажа

Автономно-районный метод, автономный метод — метод электромонтажа, предусматривающий выполнение работ в автономных районах, определенных проектом судна, последовательно во времени и в заданной очередности.

Агрегатно-блочный метод, агрегатный метод — метод электромонтажа, при котором ЭМР выполняют параллельно во времени во многих сборочно-монтажных единицах в последовательности их укрупнения и одновременно с изготовлением корпуса судна.

Модульный метод — метод электромонтажа, при котором основной объем работ выполняют в цеховых условиях, а на судне производится практически только сопряжение функциональных модульных сборочно-монтажных единиц, из которых собирают судно.

Параллельный метод — метод электромонтажа, предусматривающий одновременное выполнение работ во всем объекте электромонтажа.

Методы настройки

Интегральный метод — метод настройки, при котором процесс настройки начинают после окончания электромонтажа объектов настройки с операции «проверка объекта настройки».

Метод пробного включения — метод настройки, характерный тем, что процесс настройки всего объекта настройки начинают с операции «проверка функционирования».

Последовательный метод — метод настройки, характерный тем, что выполнение процесса настройки начинают с составных частей объекта настройки, а затем переходят к настройке объекта в целом.

Объекты электромонтажа

Автономный район, АР — объект электромонтажа, формируемый из одного или нескольких строительных районов или блоков судна.

Электромонтажный район, ЭР — объект электромонтажа, формируемый из помещений или районов открытой палубы при территориальном делении судна или из постов и рубок при схемном делении судна на объекты электромонтажа.

Кабель внешней связи — кабель, выходящий за пределы объекта электромонтажа или оболочку судового электрооборудования.

Кабель внутренней связи — кабель полностью расположенный в пределах объекта электромонтажа или внутри оболочки электрооборудования.

Кабельный соединитель — электротехническое изделие, предназначенное для соединения кабелей на границах объектов электромонтажа.

Магистраль заземления — специальный электрический проводник с двумя или более ответвлениями, прокладываемый на судах с неметаллическим корпусом, предназначенный для подключения к нему заземляющих проводников.

Магистральный кабель — кабель, проходящий хотя бы через одну водонепроницаемую конструкцию судна.

Местный кабель — кабель, расположенный в одном или в смежных помещениях, не проходящий через водонепроницаемые конструкции судна.

Монтажный комплект электрооборудования, монтажный комплект — совокупность схем подключения, применяемых для выполнения электромонтажных работ, составных частей электрооборудования, предназначенных для подключения кабелей внешних связей, к токоведущей арматуре.

Модуль внешних связей — составная часть электрооборудования, предназначенная для подключения кабелей внешних связей до установки остальных составных частей электрооборудования.

Монтажная зона электрооборудования — площадь вокруг элементов подключения, ограниченная неснимаемыми на период электромонтажа деталями.

Монтажный объем электрооборудования — объем над монтажными зонами, предназначенный для обеспечения доступа к элементам подключения при электромонтаже.

Судовое электрооборудование, электрооборудование — любое электротехническое устройство, монтируемое на судне, вырабатывающее, потребляющее, передающее или преобразующее электроэнергию, имеющее отдельную оболочку и электрические связи, выходящие за ее пределы.

Элемент заземления — конструкция или деталь, размещенная на корпусе судна, на оболочке, каркасе электрооборудования, магистрали заземления; предназначена для подключения заземляющих проводников.

Электромонтажное изделие — изделие, применяемое для крепления или заземления электрооборудования и кабелей, а также для уплотнения мест прохода кабелей.

Монтаж кабелей

Затяжка кабеля — перемещение кабеля в процессе монтажа судовых электрических линий.

Заземление кабелей — технологический процесс, обеспечивающий получение электрической цепи с заданными свойствами между корпусом судна или магистралью заземления и оплетками или экранами кабеля.

Защитная концевая заделка, защитная заделка — концевая заделка, обеспечивающая защиту от света, паров масел и агрессивных жидкостей (кислот, щелочей и др.) и механических воздействий.

Защитное оконцевание — технологический процесс выполнения защиты разделанного конца кабеля или провода от воздействия всех или отдельных внешних дестабилизирующих факторов.

Контактное оконцевание — технологический процесс обработки концов токоведущих жил кабелей или проводов, обеспечивающий их присоединение к выводам электрооборудования и образование электрического контакта с заданными свойствами.

Концевая заделка — конец кабеля или провода после выполнения его контактного и защитного оконцеваний.

Маршрут кабеля — последовательность характерных точек электрических линий, указывающая расположение кабеля на судне.

Очередь затяжки — затягиваемая при заданной расстановке электромонтажников группа кабелей, для которой указаны пункт затяжки и последовательность затяжки кабелей, образующих эту группу.

Последовательная затяжка кабелей — затяжка кабелей один за другим.

Пучок кабелей — несколько местных кабелей, имеющих одинаковый маршрут по всей длине или несколько магистральных кабелей, имеющих одинаковый маршрут от начального до конечного помещений.

Пучковая затяжка кабелей — одновременная затяжка всех или нескольких кабелей пучка.

Разделка кабеля — технологический процесс удаления внешних и внутренних защитных и изоляционных оболочек, выполняемый перед оконцеванием кабеля.

Соединение кабелей — технологический процесс получения электрического соединения двух отрезков кабеля с образованием в месте соединения всех защитных и изоляционных оболочек и экранов (ндп. *сращивание кабелей*).

Схема затяжки кабелей — текстовой или графический документ, в котором дан маршрут кабеля, начальные и конечные помещения, наименование и координаты оборудования, указаны кабельные коробки, через которые он проходит, а также очередность его затяжки.

Теплозащитная концевая заделка, теплозащитная заделка — разновидность защитной заделки, обеспечивающая также защиту от воздействия температур, превышающих значения, установленные технической документацией на кабель.

Уплотнительная концевая заделка, уплотнительная заделка — разновидность защитной заделки, исключающая проникновение влаги паров масел и агрессивных жидкостей (кислот, щелочей и др.) под оболочку кабеля и изоляцию жилы.

Средства технологического оснащения

Имитатор — средство технологического оснащения в процессах настройки, предназначенное для имитации сигналов и воздействий, поступающих на объекты настройки и обработки сигналов и информации. В зависимости от назначения различают имитаторы двух типов. Первые — имитаторы периферийных устройств, предназначены для настройки пультов, панелей и т. п. Они имитируют сигналы, поступающие на эти изделия от датчиков, исполнительных механизмов и др. Вторые — имитаторы пультов, предназначены для настройки датчиков, исполнительных элементов и т. п. Они принимают сигналы от датчиков и исполнительных элементов и имитируют сигналы, поступающие на них с пульта.

Монтажный макет электрооборудования (макет электрооборудования, макет-аналог) — изделие, имитирующее конфигурацию электрооборудования, его монтажные зоны и объемы, узлы крепления, элементы ввода и подключения кабелей и трубопроводов с соблюдением отдельных размеров; предназначено для макетирования помещений судна и выполнения монтажных работ до установки электрооборудования.

Монтажный шаблон электрооборудования, шаблон электрооборудования — изделие, имитирующее монтажные зоны и монтажные объемы электрооборудования или его части, а также узлы крепления, элементы ввода и подключения внешних связей; предназначено для выполнения ЭМР до установки электрооборудования (ндп. *макет-шаблон*).

Стенд — имитатор, предназначенный для установки и закрепления на нем объекта настройки.

22.

РЕМОНТ СУДОВ

22.1. ОБЩИЕ ПОНЯТИЯ

Система технического обслуживания и ремонта судов — совокупность взаимосвязанных технических средств, материалов, документов и исполнителей, необходимых и достаточных для поддержания и восстановления заданных значений технико-эксплуатационных характеристик судов, входящих в эту систему.

Ремонт судна — комплекс операций по восстановлению исправного или работоспособного состояния судна на определенный интервал времени.

Техническое состояние судна — совокупность изменяющихся свойств судна, установленная в нормативно-технической документации и определяемая значениями технико-эксплуатационных характеристик в данный момент времени.

Модернизация судна — совокупность операций по изменению конструкции судна (элемента судна) с целью улучшения технико-эксплуатационных характеристик, включая характеристики условий труда и быта экипажа.

Переоборудование судна — совокупность операций по изменению конструкции судна с целью изменения его функционального назначения.

22.2. ВИДЫ РЕМОНТА

Капитальный ремонт судна — ремонт судна, выполняемый для восстановления его технико-эксплуатационных характеристик до значений, близких к построечным с заменой и (или) восстановлением любых элементов, включая базовые.

Средний ремонт судна — ремонт судна, выполняемый для восстановления его технико-эксплуатационных характеристик до заданных значений с заменой и (или) восстановлением элементов ограниченной номенклатуры.

Текущий ремонт судна — ремонт судна, выполняемый для поддержания его технико-эксплуатационных характеристик в заданных пределах с заменой и (или) восстановлением отдельных быстроизнашивающихся элементов.

Заводской ремонт судна — ремонт судна, выполняемый на предприятии.

Доковый (слиповый) ремонт судна — ремонт подводной части судна, выполняемый в доке (слипе).

Межрейсовый (межпоходовый) ремонт судна — ремонт судна, выполняемый между рейсами (походами) для поддержания исправного или работоспособного состояния его отдельных элементов.

Гарантийный ремонт судна — ремонт судна, выполняемый силами и средствами строителя судна или исполнителя ремонта в течение гарантийного срока для восстановления технико-эксплуатационных характеристик судна до значений, установленных в нормативно-технической документации на постройку или ремонт, при условии выполнения экипажем судна правил технической эксплуатации.

Аварийный ремонт судна — неплановый ремонт судна, выполняемый для устранения причин и последствий повреждений, вызванных аварийным случаем.

Восстановительный ремонт судна — неплановый ремонт судна, выполняемый для устранения последствий повреждений, вызванных стихийным бедствием.

22.3. ЭТАПЫ РЕМОНТА

Подготовка к ремонту судна — совокупность организационно-технических мероприятий судовладельца и предприятия, выполняемых для обеспечения своевременного начала и окончания ремонта судна с заданным качеством.

Нулевой этап ремонта судна — комплекс операций при подготовке к ремонту судна, выполняемых предприятием по заказу судовладельца с целью сокращения продолжительности и улучшения качества ремонта судна.

Начало ремонта судна — момент окончания приемки судна на ремонт предприятием от судовладельца.

Дефектация судна — определение вида технического состояния судна, состава и объема операций, обеспечивающих восстановление после ремонта значений технико-эксплуатационных характеристик судна до заданных.

Технологический этап ремонта судна — законченная определенная часть ремонта судна, представляющая собой комплекс взаимосвязанных операций, установленный в технологической документации.

Окончание ремонта судна — момент окончания приемки судна после ремонта судовладельцем от предприятия.

22.4. МЕТОДЫ РЕМОНТА

Обезличенный метод ремонта — метод ремонта, при котором не сохраняется принадлежность восстановленных составных частей к определенному экземпляру изделия.

Агрегатный метод ремонта — обезличенный метод ремонта, при котором неисправные агрегаты заменяются новыми или заранее отремонтированными.

Поточный метод ремонта — метод, при котором ремонт выполняется на специализированных рабочих местах в определенных технологической последовательности и ритме.

23.

СТАНДАРТИЗАЦИЯ, УНИФИКАЦИЯ И СПЕЦИАЛИЗАЦИЯ ПРОИЗВОДСТВА ПРОДУКЦИИ

23.1. СТАНДАРТИЗАЦИЯ

Стандартизация — деятельность, заключающаяся в нахождении решений для повторяющихся задач в сфере науки, техники и экономики, направленная на достижение оптимальной степени упорядочения определенной области. Стандартизация призвана упорядочивать не только промышленное производство, но и любые области человеческой деятельности, где ее проявления и результаты имеют повторяющийся характер.

* **Национальная стандартизация** — стандартизация, проводимая в масштабах одной страны.

* **Международная стандартизация** — стандартизация, в которой принимают участие несколько (два или более) суверенных государств.

Нормативно-технический документ, НТД — документ, устанавливающий требования к объемам стандартизации, обязательный для исполнения в определенных областях деятельности, разработанный в установленном порядке и утвержденный компетентным органом.

Стандарт — нормативно-технический документ, регламентирующий требования к однородной продукции (в необходимых случаях к конкретной продукции), правила, обеспечивающие ее разработку, производство и применение, а также требования к иным объектам стандартизации.

* **Стандарт Совета экономической взаимопомощи**, стандарт СЭВ— стандарт предназначенный для нормативно-технического обеспечения задач углубления и совершенствования сотрудничества, развития социалистической экономической интеграции и научно-технического прогресса стран — членов СЭВ, применяемый в народном хозяйстве и договорно-правовых отношений сотрудничающих стран.

* **Система стандартов** — совокупность стандартов, объединенных целевой направленностью на решение определенной проблемы (задачи) и устанавливающих согласованные правила, нормы и требования к взаимосвязанным объектам стандартизации.

Технические условия, ТУ — нормативно-технический документ, устанавливающий требования к конкретной продукции и являющийся неотъемлемой частью комплекта технической документации на продукцию, на которую они распространяются.

* **Категории нормативно-технических документов** — подразделение НТД в зависимости от сферы действия и утверждающих их органов. НТД разделяют на государственные, отраслевые и республиканские стандарты, технические условия.

* **Виды стандартов** — разделение стандартов в зависимости от содержания и характера устанавли-

ваемых ими правил, норм и требований, а также объектов стандартизации. К видам относятся стандарты: параметров, размеров, типов, конструкций, марок, сортамента, приемки, методов контроля, общих требований и др.

Сфера действия стандарта — совокупность объединений, предприятий и организаций союзного, республиканского и местного подчинения во всех отраслях народного хозяйства, для которых внедрение и соблюдение данного стандарта является обязательным (сфера действия стандарта определяется их категорией).

Область распространения стандарта — объекты стандартизации, на которые распространяются требования данного стандарта.

Объект стандартизации — объект, который должен быть стандартизован.

* **Стандарт на продукцию** — стандарт, областью распространения которого является группа однородной продукции или конкретная продукция.

Общетехнический стандарт — стандарт, область распространения которого охватывает общие для всей продукции или для различных ее группировок требования, нормы, правила, допуски и посадки, классы точности, термины и определения, обеспечивающие техническое единство и взаимосвязи различных областей науки, техники и производства.

Организационно - методический стандарт — стандарт, устанавливающий правила, обеспечивающие разработку, производство и эксплуатацию продукции: порядок проведения исследований, проектирования, производства и обеспечения использования продукции и т. п.

Руководящий документ, РД—документ, определяющий организационно-методические или общетехнические правила проведения работ и утвержденный компетентным органом.

Головная организация по стандартизации, ГОС — общесоюзная служба стандартизации, осуществляющая организационно-методическое и научно-техническое руководство работами по стандартизации и унификации в соответствующих отраслях народного хозяйства, а также для выполнения наиболее важных работ по стандартизации в пределах установленной специализации.

Базовая организация по стандартизации, БОС — общесоюзная служба стандартизации, назначенная из числа головных организаций по видам продукции (головных научно-исследовательских институтов и конструкторских бюро) и осуществляющая научно-техническое руководство работами по стандартизации и унификации закрепленных за ней групп продукции и обеспечения технического единства по ним в народном хозяйстве.

23.2. УНИФИКАЦИЯ

* **Унификация** — рациональное сокращение числа объектов одинакового функционального назначения.

Унификация изделий — приведение изделий к единообразию на основе установления рационального числа их разновидностей.

Межотраслевая унификация изделий — унификация изделий одинакового или близкого назначения, изготавливаемых (применяемых) двумя и более отраслями промышленности.

Отраслевая унификация изделий — унификация изделий одинакового или близкого назначения, изготавливаемых (применяемых) одной отраслью промышленности.

* **Унификация изделий на предприятии** — унификация изделий, изготавливаемых данным предприятием.

* **Внутрипроектная унификация изделий** — унификация в пределах одного проекта конкретного изделия, например, судна.

* **Межпроектная унификация изделий** — унификация осуществляемая в пределах проектов двух и более изделий.

* **Уровень унификации изделия** — насыщенность изделия унифицированными составными частями.

* **Унифицированная составная часть группы изделий** — взаимозаменяемая составная часть двух и более изделий данной группы и комплекса.

* **Показатель унификации** — количественная характеристика (совокупность характеристик) выполнения поставленной задачи (группы задач) по унификации.

* **Симплификация** — метод унификации, заключающийся в простом сокращении числа типов, типоразмеров и других разновидностей изделий и материалов до количества технически и экономически целесообразного с точки зрения удовлетворения существующих потребностей.

* **Типизация** — сокращение многообразия объектов стандартизации и унификации и определение наиболее целесообразных типов, моделей марок продукции, принципиальных схем, технологических процессов разработки, производства и методов работ.

* **Унифицированное изделие** — изделие, примененное в конструкторской документации нескольких изделий.

23.3. ПРОДУКЦИЯ

Продукция — материальный продукт труда, добытый или изготовленный (выработанный) в конкретном производственном процессе и предназначенный для удовлетворения общественной или личной потребности.

* **Промышленная продукция, продукция** — объекты промышленного производства, предназначенные для применения в сферах производства, эксплуатации или потребления.

* **Группа однородной продукции, ГОП** — это максимально возможная совокупность продукции, характеризующаяся общностью функционального назначения, областью применения конструктивно-технологического решения и номенклатуры основных показателей ее качества.

* **Конкретная продукция** — это типы, марки, модели продукции, характеризующиеся определенными конструктивно - технологическими

решениями, принципами действия, свойствами, составом, конкретными значениями показателей ее функционального назначения.

* **Продукция народнохозяйственного назначения** — продукция, разрабатываемая и изготавливаемая для удовлетворения потребностей народного хозяйства, населения и экспорта.

* **Продукция производственно-технического назначения** — продукция, используемая в качестве средств промышленного и сельскохозяйственного производства.

* **Товары народного потребления, ТНП** — продукция, выпускаемая для продажи населению с целью непосредственного использования ее для удовлетворения материальных и культурных потребностей.

* **Продукция серийного производства** — продукция, изготавливаемая периодически повторяющимися партиями.

* **Продукция массового производства** — продукция, непрерывно изготавливаемая в течение продолжительного времени при большом объеме выпуска.

* **Продукция единичного производства** — продукция, выпускаемая единовременно или периодически отдельными единицами.

* **Продукция повторяющегося единичного производства** — продукция единичного производства, периодически изготовляемая отдельными единицами при условии, что интервал времени между выпуском предыдущей и последующей единиц продукции превышает ее производственный цикл.

* **Продукция разового изготовления** — продукция единичного производства в виде отдельных изделий или партии продукции, изготавливаемых единовременно и не предусмотренных к повторному производству.

* **Продукция основного производства** — товарная продукция, предназначенная для поставки.

* **Продукция вспомогательного производства** — продукция, предназначенная только для собственных нужд предприятия, изготовляющего ее.

* **Освоенная продукция** — продукция установившегося промышленного производства, выпускаемая предприятием в заданном объеме.

Единица продукции — отдельный экземпляр штучной продукции или определенное в установленном порядке количество нештучной или штучной продукции.

Качество продукции — совокупность свойств продукции, обусловливающих ее пригодность удовлетворять определенным потребностям в соответствии с ее назначением.

Технический уровень продукции — относительная характеристика качества продукции, основанная на сопоставлении значений показателей, характеризующих техническое совершенство оцениваемой продукции с соответствующими базовыми значениями.

* **Изделие** — единица промышленной продукции, количество которой может исчисляться в штуках или экземплярах.

* **Специфицированное изделие** — изделие, состоящее из нескольких составных частей.

* **Неспецифицированное изделие** — изделие, не имеющее составных частей.

Комплектующее изделие — изделие предприятия-поставщика, применяемое как составная часть изделия, выпускаемого предприятием-изготовителем.

* **Покупное изделие** — комплектующее изделие, получаемое предприятием в готовом виде и изготовленное по технической документации предприятия-поставщика.

* **Кооперированное изделие** — комплектующее изделие, получаемое предприятием в готовом виде и изготовленное по его технической документации.

* **Типоразмерный ряд изделий** — совокупность типоразмеров изделий, числовые значения главного параметра которых находятся в параметрическом ряду.

* **Типоразмер изделия** — изделие данного типа и исполнения с определенными значениями параметров.

* **Тип изделия** — классификационная группировка изделий, сходных по назначению, принципам дей-

ствия, конструктивному исполнению и номенклатуре параметров.

* **Базовое изделие** — конкретное изделие, основные составные части которого обязательны для применения при конструировании изделий ряда. Оно должно обеспечивать разработку модификаций за счет дополнительного присоединения, снятия (замены) или изменения пространственного сочетания различных составных частей.

* **Модификация изделия** — изделие, созданное на основе другого изделия (базового изделия), имеющее то же значение главного параметра и различия в конструкции, изменяющие область его применения или специализирующие его назначение.

* **Деталь** — изделие, изготовленное из однородного по наименованию и марке материала без применения сборочных операций.

Запасная часть — составная часть изделия, предназначенная для замены находящейся в эксплуатации такой же части с целью поддержания или восстановления исправности или работоспособности изделия.

Комплект ЗИП — запасные части, инструменты, принадлежности и материалы, необходимые для технического обслуживания и ремонта изделий и скомплектованные в зависимости от назначения и особенностей их использования.

23.4. СПЕЦИАЛИЗАЦИЯ ПРОИЗВОДСТВА

* **Специализация производства** — выделение из множества производственных звеньев таких, которые предназначены для выпуска однородной продукции или для выполнения однородных технологических процессов. Специализация производства может быть предметной, поузловой, подетальной и технологической.

* **Объект специализации производства** — это производственные звенья, которыми могут быть мини-

стерства, промышленные объединения, предприятия, цехи, участки.

* **Признак специализации производства** — однородная продукция или однородные технологические процессы.

* **Централизация производства** — специализация производства, проводимая с производственными звеньями, которые входят в одно звено управления народным хозяйством.

* **Межотраслевая специализация производства** — специализация производства, проводимая с производственными звеньями, которые выпускают продукцию, закрепленную за различными министерствами (ведомствами).

* **Отраслевая специализация производства** — специализация производства, проводимая с производственными звеньями, которые выпускают продукцию, закрепленную за одним министерством. Отраслевая специализация производства может быть межведомственной и ведомственной. При межведомственной специализации производства предприятия, выпускающие однородную продукцию, которая закреплена за одним министерством, принадлежат разным министерствам (ведомствам).

* **Заводская специализация производства** — специализация производства, осуществляемая с производственными участками одного предприятия.

* **Кооперирование производства** — организация производственных связей между предприятиями для совместного изготовления однородной продукции при сохранении ими самостоятельности.

* **Специализированное производство** — производственное звено, выделенное в результате специализации производства и характеризуемое установленными признаками продукции или признаками специализации технологических процессов.

* **Централизованное производство** — специализированное производство, входящее в определенное звено управления народным хозяйством.

23.5. СЕРТИФИКАЦИЯ

Сертификация соответствия — действие третьей стороны, доказывающее, что обеспечивается необходимая уверенность в том, что должным образом идентифицированная продукция, процесс или услуга соответствует конкретному стандарту или другому нормативному документу.

Система сертификации — система, располагающая собственными правилами процедуры и управления для проведения сертификации соответствия.

Система сертификации однородной продукции (процессов, услуг) — система сертификации, относящаяся к определенной продукции, процессам и услугам, на которые распространяются одни и те же конкретные стандарты и правила и та же самая процедура.

Соответствие — соответствие продукции, процесса или услуги установленным требованиям.

Соответствие назначению — способность изделия, процесса или услуги выполнять определенную функцию при заданных условиях.

Удостоверение соответствия — действие испытательной лаборатории третьей стороны, доказывающее, что конкретный испытательный образец соответствует конкретному стандарту или другому нормативному документу.

Сертификат соответствия — документ, изданный в соответствии с правилами системы сертификации, указывающий, что обеспечивается необходимая уверенность в том, что должным образом идентифицированная продукция, процесс или услуга соответствует конкретному стандарту или другому нормативному документу.

Знак соответствия (в области сертификации) — защищенный в установленном порядке знак, применяемый или выданный в соответствии с правилами системы сертификации, указывающий, что обеспечивается необходимая уверенность в том, что данная продукция, процесс или услуга соответствует конкретному стандарту или другому нормативному документу.

Свидетельство (в области сертификации) — документ, изданный в соответствии с правилами системы сертификации, посредством которого орган по сертификации наделяет лицо или орган правом использовать сертификаты или знаки соответствия для своей продукции, процессов или в соответствии с правилами соответствующей системы сертификации.

Орган сертификации — орган, проводящий сертификацию соответствия.

Член системы сертификации — орган по сертификации, действующий в соответствии с правилами данной системы и имеющий возможность участвовать в управлении системой.

Система аккредитации (лабораторий) — система, располагающая собственными правилами процедуры и управления для осуществления аккредитации лабораторий.

Аккредитация (лабораторий) — официальное признание того, что испытательная лаборатория правомочна осуществлять конкретные испытания или конкретные типы испытаний.

Аккредитованная лаборатория — испытательная лаборатория, прошедшая аккредитацию.

Критерии аккредитации (лабораторий) — совокупность требований, используемых органами по аккредитации, которым должна удовлетворять испытательная лаборатория, для того чтобы быть аккредитованной.

Аттестация лаборатории — проверка испытательной лаборатории с целью определения ее соответствия установленным критериям аккредитации лаборатории.

Политика в области качества — основные направления и задачи предприятия в области качества, сформулированные его высшим руководством.

Система качества — организационная структура, ответственность, процедуры и ресурсы, направленные на внедрение административного управления качеством.

Система оценки — система, имеющая свои правила процедуры и управления, необходимые для проведения оценки, результатом которой является выдача документа о регистрации и последующее его ведение.

Петля качества — схематическая модель взаимозависимых видов деятельности, влияющих на качество изделия или услуги на различных этапах от определения потребностей до оценки их удовлетворения.

Аттестующий орган — третья сторона, которая оценивает и регистрирует системы качества поставщиков на соответствие стандартам на системы качества.

Документ о регистрации — документ, подтверждающий соответствие системы качества поставщика стандартам на системы качества и другой дополнительной документации, необходимой для этой системы.

Соглашение по признанию — соглашение, основанное на принятии одной стороной результатов, предоставленных другой стороной, которые получены от применения одного или нескольких установленных элементов системы сертификации.

Руководство по качеству (испытательной лаборатории) — документ или комплект документов, в которых изложены конкретные методы и процедуры, позволяющие лаборатории выполнять задачи в области качества и обеспечить доверие к своей работе.

Заказчик — любая организация или лицо, пользующееся услугами испытательной лаборатории. Под этим термином может иметься в виду как коммерческий заказчик, так и орган по сертификации, пользующийся услугами испытательной лаборатории.

Поставщик — сторона, несущая ответственность за изделие, процесс или услугу и способная гарантировать обеспечение их качества. Это определение может распространяться на изготовителей, оптовых торговцев, импортеров, посредников, организаций по представлению услуг.

Заявление изготовителя о соответствии — заявление изготовителя под его полную ответственность о том, что продукция, процесс или услуга соответствуют конкретному стандарту или другому нормативному документу.

24.

МЕТРОЛОГИЯ [1]

Метрология — наука об измерениях, методах и средствах обеспечения их единства и способах достижения требуемой точности.

Законодательная метрология — раздел метрологии, включающий комплексы взаимосвязанных и взаимообусловленных общих правил, требований и норм, а также другие вопросы, нуждающиеся в регламентации и контроле со стороны государства, направленные на обеспечение единства измерений и единообразия средств измерений.

24.1. ФИЗИЧЕСКИЕ ВЕЛИЧИНЫ

Физическая величина, величина — характеристика одного из свойств физического объекта (физической системы, явления или процесса), общая в качественном отношении многим физическим объек-

---

[1] Более подробные сведения приведены в ГОСТ 16263. ГСИ. Метрология. Термины и определения.

там, но и в количественном отношении индивидуальная для каждого объекта.

Размер физической величины, размер величины — количественная определенность физической величины, присущая конкретному материальному объекту, системе, явлению или процессу. В машиностроении широко применяют термин «размер», подразумевая под ним значение физической величины — длины, свойственной какой-либо детали.

Значение физической величины, значение величины, значение — оценка размера физической величины в виде некоторого числа принятых для нее единиц.

Истинное значение физической величины, истинное значение величины, истинное значение — значение физической величины, которое идеальным образом отражало бы в качественном и количественном отношениях соответствующую физическую величину.

Действительное значение физической величины, действительное значение величины, действительное значение — значение физической величины, найденное экспериментальным путем и настолько близкое к истинному значению, что для поставленной измерительной задачи может его заменить.

Основная физическая величина, основная величина — физическая величина, входящая в систему величин и условно принятая в качестве независимой от других величин этой системы.

Производная физическая величина, производная величина — физическая величина, входящая в систему и определяемая через основные величины этой системы.

Размерность физической величины, размерность величины — выражение в форме степенного одночлена составленного из произведений символов основных физических величин в различных степенях и отражающее связь данной физической величины с физическими величинами, принятыми в данной системе величин за основные и с коэффициентом пропорциональности, равным единице.

Показатель размерности физической величины, показатель размерности — показатель степени, в которую возведена размерность основной физической величины, входящая в размерность производной физической величины.

Размерная физическая величина, размерная величина — физическая величина, в размерности которой хотя бы одна из основных физических величин возведена в степень, не равную нулю.

Безразмерная физическая величина, безразмерная величина — физическая величина, в размерность которой основные физические величины входят в степени, равной нулю.

24.2. ЕДИНИЦЫ ФИЗИЧЕСКИХ ВЕЛИЧИН

Единица физической величины, единица величина, единица — физическая величина фиксированного размера, которой условно присвоено числовое значение, равное 1, и применяемая для количественного выражения однородных физических величин.

* **Основная единица системы единиц,** основная единица — единица основной физической величины в данной системе единиц. Основные единицы Международной системы единиц СИ: метр (м), килограмм (кг), секунда (с), ампер (А), кельвин (К), моль (моль) и кандела (кд). Из сочетаний основных единиц образуются производные единицы, например, единица скорости — метр в секунду (м/с), единица плотности — килограмм на метр кубический (кг/м³). Путем прибавления к основным единицам установленных приставок образуются кратные (например, километр) или дольные (например, микрометр) единицы.

* **Производная единица системы единиц,** производная единица — единица производной физической величины системы единиц, образованная в соответствии с уравнением, связывающим ее с основными единицами или же с основными единицами или же с основными и уже определен-

192

ными производными. Например, 1 м/с — единица скорости, образованная из основных единиц СИ — метра и секунды.

  * **Размер единицы физической величины,** размер единицы — количественная определенность единицы физической величины, воспроизводимой или хранимой средством измерений.

24.3. ИЗМЕРЕНИЯ ФИЗИЧЕСКИХ ВЕЛИЧИН

  * **Измерение физической величины,** измерение величины, измерение — совокупность операций по применению технического средства, хранящего единицу физической величины, заключающихся в сравнении (в явном или неявном виде) измеряемой величины с ее единицей с целью получения значения этой величины (или информации о нем) в форме, наиболее удобной для использования.

  * **Равноточные измерения** — ряд измерений какой-либо величины, выполненных одинаковыми по точности средствами измерений и в одних и тех же условиях.

  * **Неравноточные измерения** — ряд измерений какой-либо величины, выполненных несколько различными по точности средствами измерений и (или) в несколько разных условиях.

  * **Однократное измерение** — измерение, выполненное один раз.

  * **Многократное измерение** — измерение одного и того же размера физической величины, результат которого получен из нескольких следующих друг за другом измерений, т. е. состоящее из ряда однократных измерений.

  * **Статическое измерение** — измерение физической величины, принимаемой в соответствии с конкретной измерительной задачей за неизменную на протяжении времени измерения.

  * **Динамическое измерение** — измерение изменяющейся по размеру физической величины и, если необходимо, ее изменения во времени.

  * **Технические измерения** — измерения, выполненные с помощью рабочих средств измерений. Например, измерение давления пара в котле с помощью манометра.

  * **Метрологические измерения** — измерения при помощи эталонов и образцовых средств измерений с целью воспроизведения единиц физических величин для передачи их размера рабочим средствам измерений. Измерения, выполняемые образцовым средством измерений при поверке рабочих средств измерений, относятся к метрологическим измерениям. При измерениях могут сравниваться показания рабочих средств измерений с показаниями образцового средства измерений или образцовых средств измерений.

  Абсолютное измерение — измерение, основанное на прямых измерениях одной или нескольких основных величин и (или) использовании значений физических констант.

  Относительное измерение — измерение отношения величины к одноименной величине, играющей роль единицы, или изменения величины по отношению к одноименной величине, принимаемой за исходную.

  Прямое измерение — измерение, проводимое прямым методом, при котором искомое значение физической величины получают непосредственно.

  Косвенное измерение — измерение, проводимое косвенным методом, при котором искомое значение физической величины определяют на основании результатов прямых измерений других физических величин, функционально связанных с искомой величиной.

  * **Объект измерения** — тело (физическая система, процесс, явление и т. д.), которое характеризуется одной или несколькими измеряемыми или подлежащими измерению физическими величинами.

  * **Область измерений** — совокупность измерений физических величин, свойственных какой-либо области науки или техники и выделяющаяся своей спецификой (механические, магнитные, акустические, измерения ионизирующих излучений и др.).

  * **Вид измерений** — часть области измерений, имеющая свои осо-

бенности и отличающаяся однородностью измеряемых величин.

* **Качество измерений** — по аналогии с понятием «качество продукции» под качеством измерений понимается совокупность их свойств, обусловливающих соответствие средств, метода, методики, условий измерений и состояния единства измерений требованиям измерительной задачи (техники безопасности, экологического, экономического и других факторов).

24.4. СРЕДСТВА ИЗМЕРИТЕЛЬНОЙ ТЕХНИКИ

* **Средства измерительной техники**, измерительная техника — обобщающее понятие, охватывающее технические средства, специально предназначенные для измерений.

Средство измерений — техническое средство (или их комплекс), предназначенное для измерений, имеющее нормированные метрологические характеристики, воспроизводящее и (или) хранящее единицу физической величины, размер которой принимается неизменным (в пределах установленной погрешности) в течение известного интервала времени.

* **Рабочее средство измерений** — средство измерений, предназначенное для измерений, не связанных с передачей размера единицы другим средствам измерений.

* **Метрологическое средство измерений** — средство измерений, предназначенное для метрологических целей: воспроизведения единицы и (или) ее хранения или передачи размера единицы рабочим средствам измерений.

* **Основное средство измерений** — средство измерений той физической величины, значение которой необходимо получить в соответствии с измерительной задачей.

Вспомогательное средство измерений — средство измерений той физической величины, влияние которой на основное средство измерений или объект измерений необходимо учесть для получения результатов измерений требуемой точности.

* **Стандартизованное средство измерений** — средство измерений, изготовленное в соответствии с требованиями государственного или отраслевого стандарта.

* **Нестандартизуемое средство измерений** — уникальное средство измерений, предназначенное для специальной измерительной задачи, в стандартизации требований к которому нет необходимости.

Измерительный прибор, прибор — средство измерений, предназначенное для получения значений измеряемой физической величины в установленном диапазоне.

Показывающий измерительный прибор, показывающий прибор — измерительный прибор, допускающий только отсчитывание показаний значений измеряемой величины (микрометр).

Аналоговый измерительный прибор, аналоговый прибор — измерительный прибор, показания которого или выходной сигнал являются непрерывной функцией измерений измеряемой величины (стеклянный ртутный термометр).

Суммирующий измерительный прибор, суммирующий прибор — измерительный прибор, показания которого функционально связаны с суммой двух или нескольких величин, подводимых к нему по различным каналам.

Интегрирующий измерительный прибор, интегрирующий прибор — измерительный прибор, в котором значение измеряемой величины определяется путем ее интегрирования по другой величине (электрический счетчик электроэнергии).

Измерительный прибор сравнения, прибор сравнения — измерительный прибор, предназначенный для непосредственного сравнения измеряемой величины с величиной, значение которой известно (равноплечие весы).

Измерительная система, ИС — совокупность функционально объединенных мер, измерительных приборов, измерительных преобразователей, ЭВМ и других технических средств, размещенных в разных точках контролируемого пространства (среды, объекта и т. п.) с целью измерений одной или нескольких физических величин, свойственных этому пространству (объекту, среде и т. п.).

* **Стандартный образец,** СО — образец вещества (материала) с установленными в результате метрологической аттестации значениями одной или более величин, характеризующими свойство или состав этого вещества (материала).

Измерительный преобразователь, ИП — техническое средство, служащее для преобразования измеряемой величины в другую величину или сигнал измерительной информации, удобный для обработки, хранения, дальнейших преобразований, индикации или передачи и имеющее нормированные метрологические характеристики.

* **Датчик** — конструктивно обособленный первичный измерительный преобразователь, от которого поступают сигналы измерительной информации (он «дает» информацию).

* **Средство сравнения** — средство измерений, техническое средство или специально создаваемая среда, дающие возможность выполнять сличения друг с другом мер однородных величин или же показаний измерительных приборов. Рычажные весы, на одну чашу которых устанавливается образцовая гиря, а на другую поверяемая,— есть средство их сравнения.

* **Узаконенное средство измерений** — средство измерений, признанное годным и допущенное компетентным органом для применения.

* **Метрологическая характеристика средства измерений,** метрологическая характеристика, МХ — характеристика одного из свойств средства измерений, влияющих на результат измерений или его погрешность. Основными метрологическими характеристиками являются диапазон измерений (или показаний) и различные составляющие погрешности средства измерений.

* **Чувствительность средства измерений,** чувствительность — свойство средства измерений, определяемое отношением изменения выходного сигнала этого средства

к вызывающему его изменению измеряемой величины.

* **Смещение нуля** — показание средства измерений, отличное от нуля при входном сигнале, равном нулю.

* **Средства поверки** — обобщенное понятие, охватывающее эталоны, образцовые средства измерений, поверочные установки.

* **Тип средств измерений** — совокупность средств измерений, одного и того же назначения, основанных на одном и том же принципе действия, имеющих одинаковую конструкцию и изготовленных по одной и той же технической документации и технологии.

* **Вид средств измерений** — совокупность средств измерений, предназначенных для измерений данного вида физической величины. Вид средств измерений может включать несколько их типов.

24.5. ИЗМЕРЕНИЯ

Принцип измерений — физическое явление или эффект, положенные в основу измерений тем или иным типом средств измерений (использование силы тяжести при измерении массы взвешиванием).

Метод измерений — прием или совокупность приемов сравнения измеряемой физической величины с ее единицей в соответствии с реализованным принципом измерений. Различают несколько основных методов измерений: непосредственной оценки, сравнения с мерой, дифференциальный или разностный, нулевой, контактный и бесконтактный.

Метод сравнения с мерой, метод сравнения — метод измерений, в котором измеряемую величину сравнивают с величиной, воспроизводимой мерой, например, измерение массы на рычажных весах с уравновешиванием гирями (мерами массы с известным значением).

Результат измерения физической величины, результат измерения, результат — значение величины, полученное путем ее измерения.

Сходимость результатов измерений, сходимость измерений — характеристика качества измерений, отражающая близость друг к другу результатов измерений одной и той же величины, выполненных повторно одними и теми же средствами, одним и тем же методом, в одинаковых условиях и с одинаковой тщательностью.

* **Погрешность результата измерения,** погрешность измерения — отклонение результата измерения $x_{изм}$ от действительного (истинного) значения измеряемой величины $x_д$, определяемое по формуле

$$\Delta x_{изм} = x_{изм} - x_д,$$

где $\Delta x_{изм}$ — погрешность измерения.

* **Погрешность средства измерений** — разность между показанием средства измерений и истинным (действительным) значением измеряемой физической величины.

Стабильность средства измерений, стабильность — качественная характеристика средства измерений, отражающая неизменность во времени его метрологических характеристик.

Точность средства измерений — характеристика качества средства измерений, отражающая близость его погрешности к нулю.

Класс точности средства измерений, класс точности — обобщенная характеристика средства измерений, выражаемая пределами его допускаемых основной и дополнительных погрешностей, а также другими характеристиками, влияющими на точность.

* **Предел допускаемой погрешности средства измерений,** предел допускаемой погрешности, допускаемая погрешность — наибольшее значение погрешности средства измерений, устанавливаемое нормативно-техническим документом для данного типа средств измерений, при котором оно еще признается годным к применению.

* **Нормируемые метрологические характеристики типа средств измерений,** нормируемые метрологические характеристики — наиболее рациональная совокупность метрологических характеристик конкретного типа средств измерений, устанавливаемая нормативно-техническими документами на средства измерений.

24.6. ЭТАЛОНЫ ЕДИНИЦ ФИЗИЧЕСКИХ ВЕЛИЧИН

Эталон единицы физической величины, эталон — средство измерений или комплекс средств измерений, которые предназначены для воспроизведения и хранения единицы и передачи ее размера нижестоящим по поверочной схеме средствам измерений и утвержденные в качестве эталона в установленном порядке.

Первичный эталон — эталон, обеспечивающий воспроизведение единицы с наивысшей в стране (по сравнению с другими эталонами той же единицы) точностью.

Государственный эталон — первичный или специальный эталон, официально утвержденный в качестве исходного для страны.

Вторичный эталон — эталон, получающий размер единицы путем сличения с первичным эталоном рассматриваемой единицы.

Эталон-свидетель — вторичный эталон, предназначенный для проверки сохранности и неизменности государственного эталона и для замены его в случае порчи или утраты.

Эталон-копия — вторичный эталон, предназначенный для передачи размера единицы рабочим эталонам.

Рабочий эталон — вторичный эталон, применяемый для передачи размера единицы образцовым средствам измерений высшей точности, и в отдельных случаях — наиболее точным рабочим средствам измерений.

* **Международный эталон** — эталон, принятый по международному соглашению в качестве первичного международного эталона и служащий для согласования с ним размеров единиц, воспроизводимых и хранимых национальными эталонами.

* **Национальный эталон** — эталон, являющийся принадлежностью отдельного государства.

Образцовое средство измерений — средство измерений, предназначенное для поверки подчиненных образцовых и рабочих средств измерений.

24.7. МЕТРОЛОГИЧЕСКАЯ СЛУЖБА И ЕЕ ДЕЯТЕЛЬНОСТЬ

Метрологическая служба — сеть организаций, отдельная организация или отдельное подразделение, на которое возложена ответственность за метрологическое обеспечение измерений. Различают понятия «государственная метрологическая служба», «ведомственная метрологическая служба страны», «метрологическая служба предприятия (организации)».

* Метрологическая служба страны — совокупность государственной и ведомственных метрологических служб.

* Поверочная лаборатория — орган метрологической службы, выполняющий поверку средств измерений в соответствии с предоставленным ему правом.

* Поверитель — специалист поверочной лаборатории, проводящий поверку тех или иных средств измерений, специально подготовленный и допущенный к этому виду работ.

Единство измерений — характеристика качества измерений, заключающаяся в том, что их результаты выражаются в узаконенных единицах, размеры которых в установленных пределах равны размерам воспроизведенных единиц, а погрешности результатов измерений известны с заданной вероятностью и не выходят за установленные пределы.

Поверка средства измерений, поверка — установление пригодности средства измерений к применению на основании экспериментально определяемых метрологических характеристик и контроля их соответствия установленным требованиям.

25.

ИСПЫТАНИЯ И КОНТРОЛЬ КАЧЕСТВА ПРОДУКЦИИ

25.1. ИСПЫТАНИЯ

Испытания — экспериментальное определение количественных и (или) качественных характеристик свойств объекта испытаний как результата воздействия на него, при его функционировании, при моделировании объекта и (или) воздействий.

Условия испытаний — совокупность воздействующих факторов и (или) режимов функционирования объекта при испытаниях.

Нормальные условия испытаний — условия испытаний, установленные нормативно-технической документацией (НТД) на данный вид продукции.

Вид испытаний — классификационная группировка испытаний по определенному признаку.

Категория испытаний — вид испытаний, характеризуемый организационным признаком их проведения и принятием решений по результатам оценки объекта в целом.

Объект испытаний — продукция, подвергаемая испытаниям.

Образец для испытаний — продукция или ее часть, или проба, непосредственно подвергаемые эксперименту при испытаниях.

Опытный образец — образец продукции, изготовленный по вновь разработанной рабочей документации для проверки путем испытаний соответствия его заданным техническим требованиям с целью принятия решения о возможности постановки на производство и (или) использования по назначению.

Модель для испытаний — изделие, процесс, явление, математическая модель, находящиеся в определенном соответствии с объектом испытаний и (или) воздействиями на него и способные замещать их в процессе испытаний.

Макет для испытаний — изделие, представляющее упрощенное воспроизведение объекта испытаний или его части и предназначенное для испытаний.

Метод испытаний — правила применения определенных принципов и средств испытаний.

Объем испытаний — характеристика испытаний, определяемая количеством объектов и видов испытаний, а также суммарной продолжительностью испытаний.

Программа испытаний — организационно-методический документ, обязательный к выполнению, устанавливающий объект и цели испытаний, виды, последовательность и объем проводимых экспериментов, порядок, условия, место и сроки проведения испытаний, обеспечение и отчетность по ним, а также ответственность за обеспечение и проведение испытаний.

Методика испытаний — организационно-методический документ, обязательный к выполнению, включающий метод испытаний, средства и условия испытаний, отбор проб, алгоритмы выполнения операций по определению одной или нескольких взаимосвязанных характеристик свойств объекта, формы представления данных и оценивания точности, достоверности результатов, требования техники безопасности и охраны окружающей среды.

Аттестация методики испытаний — определение обеспечиваемых методикой значений показателей точности, достоверности и (или) воспроизводимости результатов испытаний и их соответствия заданным требованиям.

Средство испытаний — техническое устройство, вещество и (или) материал для проведения испытаний.

Испытательное оборудование — средство испытаний, представляющее собой техническое устройство для воспроизведения условий испытаний.

Аттестация испытательного оборудования — определение нормированных точностных характеристик испытательного оборудования, их соответствия требованиям нормативно-технической документации и установление пригодности этого оборудования к эксплуатации.

Система испытаний — совокупность средств испытаний, исполнителей и определенных объектов испытаний, взаимодействующих по правилам, установленным соответствующей нормативной документацией.

Точность результатов испытаний — свойство испытаний, характеризуемое близостью результатов испытаний к действительным значениям характеристик объекта, в определенных условиях испытаний.

Воспроизводимость результатов испытаний — характеристика результатов испытаний, определяемая близостью результатов повторных испытаний объекта.

Данные испытаний — регистрируемые при испытаниях значения характеристик свойств объекта и (или) условий испытаний, наработок, а также других параметров, являющихся исходными для последующей обработки.

Результат испытаний — оценка характеристик свойств объекта, установления соответствия объекта заданным требованиям по данным испытаний, результаты анализа качества функционирования объекта в процессе испытаний.

Протокол испытаний — документ, содержащий необходимые сведения об объекте испытаний, применяемых методах, средствах и условиях испытаний, результаты испытаний, а также заключение по результатам испытаний, оформленный в установленном порядке.

Испытательный полигон — территория и испытательные сооружения на ней, оснащенные средствами испытаний и обеспечивающие испытания объекта в условиях, близких к условиям эксплуатации объекта.

Испытательная организация — организация, на которую в установленном порядке возложено проведение испытаний определенных видов продукции или проведение определенных видов испытаний.

Головная организация по государственным испытаниям продукции — организация, которая утверждена в принятом порядке для проведения на государственном уровне испытаний установленных важнейших видов продукции производственно-технического и культурно-бытового назначения.

Государственный испытательный центр — специализированное подразделение головной организации по государственным испытаниям, предназначенное для проведения государственных испытаний установленных важнейших видов продукции производственно-технического и культурно-бытового назначения.

Республиканский (региональный) испытательный центр — организация, утвержденная в принятом порядке для проведения определенных категорий испытаний закрепленных видов продукции, выпускаемой и (или) разрабатываемой предприятиями и организациями республики (региона) независимо от их ведомственной подчиненности.

Ведомственный испытательный центр — организация, на которую министерством или ведомством возложено проведение определенных категорий испытаний закрепленных видов продукции, выпускаемой и (или) разрабатываемой предприятиями и организациями данного министерства или ведомства.

Испытательное подразделение — подразделение организации, на которое руководством последней возложено проведение испытаний для своих нужд.

Базовое испытательное подразделение головной организации, базовое подразделение — подразделение, назначенное в принятом порядке для проведения испытаний определенных видов продукции или видов испытаний из числа закрепленных за головной организацией по государственным испытаниям.

Опорный пункт головной организации по государственным испытаниям продукции, опорный пункт — организация, являющаяся потребителем продукции, подлежащей испытаниям, назначенная в принятом порядке для проведения испытаний этой продукции в эксплуатационных условиях.

Аттестация испытательных организаций и подразделений — удостоверение компетентности испытательных организаций и подразделений и их оснащенности, обеспечивающих проведение на должном техническом уровне всех предусмотренных нормативно-технической документацией испытаний закрепленных видов продукции и (или) видов испытаний.

25.2. ВИДЫ ИСПЫТАНИЙ

Исследовательские испытания — испытания, проводимые для изучения определенных характеристик свойств объекта.

Контрольные испытания — испытания, проводимые для контроля качества объекта.

Сравнительные испытания — испытания аналогичных по характеристикам или одинаковых объектов, проводимые в идентичных условиях для сравнения характеристик их свойств.

Определительные испытания — испытания, проводимые для определения значений характеристик объекта с заданными значениями показателей точности и (или) достоверности.

Государственные испытания — испытания установленных важнейших видов продукции, проводимые головной организацией по государственным испытаниям, или приемочные испытания, проводимые государственной комиссией или испытательной организацией, которой предоставлено право их проведения.

Межведомственные испытания — испытания продукции, проводимые комиссией из представителей нескольких заинтересованных министерств и (или) ведомств, или приемочные испытания установленных видов продукции для приемки составных частей объекта, разрабатываемого совместно несколькими ведомствами.

Ведомственные испытания — испытания, проводимые комиссией из представителей заинтересованного министерства или ведомства.

Доводочные испытания — исследовательские испытания, проводимые при разработке продукции с целью оценки влияния вносимых в нее изменений для достижения заданных значений показателей ее качества.

Предварительные испытания — контрольные испытания опытных образцов и (или) опытных партий продукции с целью определения возможности их предъявления на приемочные испытания.

Приемочные испытания — контрольные испытания опытных образцов, опытных партий продукции или изделий единичного производства, проводимые соответственно с целью решения вопроса о целесообразности постановки этой продукции на производство и (или) использования по назначению.

Квалификационные испытания — контрольные испытания установочной серии или первой промышленной партии, проводимые с целью оценки готовности предприятия к выпуску продукции данного типа в заданном объеме.

Предъявительские испытания — контрольные испытания продукции, проводимые службой технического контроля предприятия-изготовителя перед предъявлением ее для приемки представителем заказчика, потребителя или других органов приемки.

Приемо-сдаточные испытания — контрольные испытания продукции при приемочном контроле.

Периодические испытания — контрольные испытания выпускаемой продукции, проводимые в объемах и в сроки, установленные нормативно-технической документацией, с целью контроля стабильности качества продукции и возможности продолжения ее выпуска.

Инспекционные испытания — контрольные испытания установленных видов выпускаемой продукции, проводимые в выборочном порядке с целью контроля стабильности качества продукции специально уполномоченными организациями.

Типовые испытания — контрольные испытания выпускаемой продукции, проводимые с целью оценки эффективности и целесообразности вносимых изменений в конструкцию, рецептуру или технологический процесс.

Аттестационные испытания — испытания, проводимые для оценки уровня качества продукции при ее аттестации по категориям качества.

Сертификационные испытания — контрольные испытания продукции, проводимые с целью установления соответствия характеристик ее свойств национальным и (или) международным нормативно-техническим документам.

Лабораторные испытания — испытания объекта, проводимые в лабораторных условиях.

Стендовые испытания — испытания объекта, проводимые на испытательном оборудовании.

Полигонные испытания — испытания объекта, проводимые на испытательном полигоне.

Натурные испытания — испытания объекта в условиях, соответствующих условиям его использования по прямому назначению с непосредственным оцениванием или контролем определяемых характеристик свойств объекта.

Испытания с использованием моделей.

Эксплуатационные испытания — испытания объекта, проводимые при эксплуатации.

Нормальные испытания — испытания, методы и условия проведения которых обеспечивают получение необходимого объема информации о характеристиках свойств объекта в такой же интервал времени, как и в предусмотренных условиях эксплуатации.

Ускоренные испытания — испытания, методы и условия проведения которых обеспечивают получение необходимой информации о характеристиках свойств объекта в более короткий срок, чем при нормальных испытаниях.

Сокращенные испытания — испытания, проводимые по сокращенной программе.

Механические испытания — испытания на воздействие механических факторов.

Климатические испытания — испытания на воздействие климатических факторов.

Термические испытания — испытания на воздействие термических факторов.

Радиационные испытания — испытания на воздействие радиационных факторов.

Электромагнитные испытания — испытания на воздействие электромагнитных полей.

Электрические испытания — испытания на воздействие электрического напряжения, тока или поля.

Магнитные испытания — испытания на воздействие магнитного поля.

Химические испытания — испытания на воздействие специальных сред.

Биологические испытания — испытания на воздействие биологических факторов.

Неразрушающие испытания — испытания с применением неразрушающих методов контроля.

Разрушающие испытания — испытания с применением разрушающих методов контроля.

Испытания на прочность — испытания, проводимые для определения значений воздействующих факторов, вызывающих выход значений характеристик свойств объекта за установленные пределы или его разрушение.

Испытания на устойчивость — испытания, проводимые для контроля способности изделия выполнять свои функции и сохранять значения параметров в пределах установленных норм во время действия на него определенных факторов.

Функциональные испытания — испытания, проводимые с целью определения значений показателей назначения объекта.

Испытания на надежность — испытания, проводимые для определения показателей надежности в заданных условиях.

Испытания на безопасность.

Испытания на транспортабельность.

Граничные испытания — испытания, проводимые для определения зависимостей между предельно допустимыми значениями параметров объекта и режимом эксплуатации.

Технологические испытания — испытания, проводимые при изготовлении продукции с целью оценки ее технологичности.

25.3. КОНТРОЛЬ

Технический контроль, контроль — проверка соответствия объекта установленным техническим требованиям.

Контроль качества продукции — контроль количественных и (или) качественных характеристик свойств продукции.

Оценивание качества продукции — определение значений характеристик продукции с указанием точности и (или) достоверности.

Объект технического контроля — подвергаемая контролю продукция, процессы ее создания, применения, транспортирования, хранения, технического обслуживания и ремонта, а также соответствующая техническая документация.

Вид контроля — классификационная группировка контроля по определенному признаку.

Объем контроля — количество объектов и совокупность контролируемых признаков, устанавливаемых для проведения контроля.

Метод контроля — правила применения определенных принципов и средств контроля.

Метод разрушающего контроля — метод контроля, при котором может быть нарушена пригодность объекта к применению.

Метод неразрушающего контроля — метод контроля, при котором не должна быть нарушена пригодность объекта к применению.

Средство контроля — техническое устройство, вещество и (или) материал для проведения контроля.

Контролируемый признак — характеристика объекта, подвергаемая контролю.

Контрольная точка — место расположения первичного источника информации о контролируемом параметре объекта контроля.

Контрольный образец — единица продукции или ее часть, или проба, утвержденные в установленном порядке, характеристики которых приняты за основу при изготовлении и контроле такой же продукции.

Система контроля — совокупность средств контроля, исполнителей и определенных объектов контроля, взаимодействующих по правилам, установленным соответствующей нормативной документацией.

Система ведомственного контроля — система контроля, осуществляемая органами министерства или ведомства.

Автоматизированная система контроля — система контроля, обеспечивающая проведение контроля с частичным непосредственным участием человека.

Автоматическая система контроля — система контроля, обеспечивающая проведение контроля без непосредственного участия человека.

25.4. ВИДЫ КОНТРОЛЯ

Производственный контроль — контроль, осуществляемый на стадии производства.

Эксплуатационный контроль — контроль, осуществляемый на стадии эксплуатации.

Входной контроль — контроль продукции поставщика, поступившей к потребителю или заказчику и предназначаемой для использования при изготовлении, ремонте или эксплуатации продукции.

Операционный контроль — контроль продукции или процесса во время выполнения или после завершения технологической операции.

Приемочный контроль — контроль продукции, по результатам которого принимается решение о ее пригодности к поставкам и (или) использованию.

Инспекционный контроль — контроль, осуществляемый специально уполномоченными лицами с целью проверки эффективности ранее выполненного контроля.

Сплошной контроль — контроль каждой единицы продукции в партии.

Выборочный контроль — контроль, при котором решение о контролируемой совокупности или процессе принимают по результатам проверки одной или нескольких выборок.

Летучий контроль — контроль, проводимый в случайное время.

Непрерывный контроль — контроль, при котором поступление информации о контролируемых параметрах происходит непрерывно.

Периодический контроль — контроль, при котором поступление информации о контролируемых параметрах происходит через установленные интервалы времени.

Разрушающий контроль.

Неразрушающий контроль.

Измерительный контроль — контроль, осуществляемый с применением средств измерений.

Регистрационный контроль — контроль, осуществляемый регистрацией значений контролируемых параметров продукции или процессов.

Органолептический контроль — контроль, при котором первичная информация воспринимается органами чувств.

Визуальный контроль — органолептический контроль, осуществляемый органами зрения.

Технический осмотр — контроль, осуществляемый в основном при помощи органов чувств и, в случае необходимости, средств контроля, номенклатура которых установлена соответствующей документацией.

УКАЗАТЕЛЬ ТЕРМИНОВ

210

Реактор 46
— *атомный* (ндп.) 46
— *баковый* (ндп.) 46
— водо-водяной 47
— *давления* (ндп.) 46
— жидкометаллический 47
— интегральный 46
— кипящий 46
корпусный 46
— с водой под давлением 46
— с прямым циклом 47
— *теплоэнергетический* (ндп.) 46
— транспортный 46
— энергетический 46
— ядерный 46
Ребро жесткости корпуса 25
Реверберация морская 158
Регенерация воздуха * 67
Регулятор
— *давления* (ндп.) 124
— расхода 124
Редуктор давления (ндп.) 124
Режим
— насоса кавитационный 80
— — номинальный 80
— — оптимальный 80
— функционирования САПР ТПП верфи интерактивный 175
Резерв
— *вращающийся* (ндп.) 139
— *горячий* (ндп.) 139
— мощности судовой электроэнергетической системы включенный 139
— — невключенный 139
— *холодный* (ндп.) 139
Резка 178
Результат 195
— измерения 195
— — физической величины 195
— испытаний 198
Рейка
— *водомерная* (ндп.) 161
— уровенная 161
Реле времени (ндп.) 125
Реле электрическое 148
Ремонт судна 184
— аварийный 185
— гарантийный 184
— восстановительный 185
— доковый (слиповый) 184
— заводской 184
— капитальный 184
— межрейсовый (межпоходовый) 184
— средний 184
— текущий 184
Реостат
— пусковой 148
— пускорегулирующий 149

Репитер
— курса судна 156
— скорости судна 156
Ресивер 127
Рефрижератор
— приемно-транспортный промыслового флота 18
— производственный 18
Рефрижератор-снабженец приемно-транспортный 19
Решетка
— вентиляционная концевая 73
— *компенсирующая* (ндп.) 49
— тепловыделяющей сборки концевая 47
Робот подводный 14
Ролики тросовых проводок * 113
Роликоподшипник 168
Ролл-трейлер 112
Рольганг (ндп.) 111
РОС 155
Ростры 32
Ротор
— крыльчатого движителя 57
— нагнетателя 58
Роульс
— для швартовных канатов 102
— якорной цепи 101
РС 155
РСР 180
Рубка
— рулевая * 39
— судна 32
— штурманская * 39
Рудерпост съемный 96
Рукав металлический (ндп.) 89
Рукав пожарный 35
Руководство по качеству (испытательной лаборатории) 191
Руль 94
— активный 115
— — судовой 115
— балансирный 94
— за дейдвудом 94
— за кронштейном 94
— за рудерпостом 95
— небалансирный 94
— подвесной 94
— полубалансирный 94
— с двумя и более штырями 95
— с одним штырем 95
— с опорой в пятке ахтерштевня 95
— со съемным рудерпостом 95
Румпель 94
Ручка-задрайка судовая 133
Рыбина (ндп.) 18
Рыболовство 19
Рым-болт * 171

233

ОГЛАВЛЕНИЕ